JESUS
DE NAZARÉ

Do batismo no Jordão à transfiguração

2ª edição
4ª reimpressão

Joseph Ratzinger
Bento XVI

Jesus de Nazaré

Do batismo no Jordão à transfiguração

Tradução
José Jacinto Ferreira de Farias, SCJ

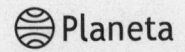

Planeta

Copyright © Libreria Editrice Vaticana, Città del Vaticano, 2007
Copyright © RCS Libri S.p.A., Milano, 2007
Copyright © Editora Planeta do Brasil, 2007, 2017
Todos os direitos reservados.
Título original: *Jesus von Nazareth*

Coordenação editorial: Rogério Eduardo Alves
Preparação: Roberta O. Stracieri
Revisão: Tulio Kawata e Patrícia Alves Santana
Diagramação: Gustavo Abumrad
Índices remissivos e onomástico: Ricardo Nakamiti
Capa: Fabio Oliveira

CIP-BRASIL. CATALOGAÇÃO NA PUBLICAÇÃO
SINDICATO NACIONAL DOS EDITORES DE LIVROS, RJ

R186j

Ratzinger, Joseph
  Jesus de Nazaré : do batismo no Jordão à transfiguração / Joseph Ratzinger ; tradução José Jacinto Ferreira de Farias. – 2. ed. – São Paulo : Planeta, 2016.

  Tradução de: Jesus von Nazareth
  ISBN 978-85-422-0836-8

  1. Jesus Cristo - Personalidade e missão. 2. Vida religiosa - Cristianismo. 3. Jesus Cristo - Ensinamentos. I. Farias, José Jacinto Ferreira. II. Título.

16-35525   CDD: 232
                                        CDU: 27-31

MISTO
Papel produzido a partir
de fontes responsáveis
FSC® C011188

Ao escolher este livro, você está apoiando o manejo responsável das florestas do mundo

2022
Todos os direitos desta edição reservados à
Editora Planeta do Brasil Ltda.
Rua Bela Cintra, 986, 4º andar – Consolação
São Paulo – SP – CEP 01415-002
www.planetadelivros.com.br
faleconosco@editoraplaneta.com.br

Sumário

Prefácio — 9

Introdução
Um primeiro olhar sobre o mistério de Jesus — 21

Capítulo 1
O batismo de Jesus — 27

Capítulo 2
As tentações de Jesus — 39

Capítulo 3
O Evangelho do Reino de Deus — 57

Capítulo 4
O Sermão da Montanha — 71
   1. As bem-aventuranças — 76
   2. A *Tora* do Messias — 99

Capítulo 5
A oração do Senhor   121

Capítulo 6
Os discípulos   153

Capítulo 7
A mensagem das parábolas   165
   1. Essência e finalidade das parábolas   165
   2. Três grandes parábolas – narrativas de S. Lucas   173

Capítulo 8
As grandes imagens de São João   193
   1. Introdução: a questão joanina   193
   2. As grandes imagens do Evangelho de S. João 209

Capítulo 9
Duas balizas importantes no caminho de Jesus:
a confissão de Pedro e a transfiguração   247
   1. A confissão de Pedro   247
   2. A transfiguração   260

Capítulo 10
As autoafirmações de Jesus   271
   1. O Filho do homem   273
   2. O Filho   283
   3. Eu sou   291

Nota editorial   301

Indicações bibliográficas 303
    Capítulo 1: O batismo de Jesus 304
    Capítulo 2: As tentações de Jesus 305
    Capítulo 3: O Evangelho do Reino de Deus 305
    Capítulo 4: O Sermão da Montanha 305
    Capítulo 5: A oração do Senhor 306
    Capítulo 6: Os discípulos 307
    Capítulo 7: A mensagem das parábolas 307
    Capítulo 8: As grandes imagens de São João 308
    Capítulo 9: Duas balizas importantes no caminho de Jesus: a confissão de Pedro e a transfiguração 309
    Capítulo 10: As autoafirmações de Jesus 310

Lista de abreviações 313

Índice de citações bíblicas e documentos do magistério 315
    1. Antigo Testamento 315
    2. Novo Testamento 319
    3. Documentos do magistério 326

Índice onomástico 327

Prefácio

Já há muito tempo que a ideia de um livro sobre Jesus, cuja primeira parte apresento aqui ao público, acompanha-me. No tempo da minha juventude – nas décadas de 1930 e 1940 –, houve uma série de livros verdadeiramente entusiasmantes sobre Jesus: Karl Adam, Romano Guardini, Franz Michel Willam, Giovanni Papini, Jean Daniel-Rops, para apenas citar alguns nomes. Nos livros de todos esses autores, o retrato de Jesus era esboçado a partir dos Evangelhos, tal como Ele como homem viveu sobre a terra, mas – sendo totalmente homem – tendo trazido ao mesmo tempo Deus ao homem, com o qual Ele, como Filho, era um só. Deste modo, por meio do homem Jesus, tornava-se visível Deus, e, a partir de Deus, a imagem correta do homem.

A partir dos anos 1950, a situação alterou-se. A cisão entre o "Jesus histórico" e o "Cristo da fé" tornou-se cada vez mais profunda, afastando-se ambos rapidamente cada vez mais um do outro. Mas o que pode significar a fé em Jesus Cristo, o Filho do Deus vivo, se o homem Jesus foi totalmente diferente daquele que os evangelistas representam e daquele que a Igreja, partindo dos Evangelhos, anuncia?

Os progressos da pesquisa histórico-crítica conduziram a distinções sempre mais refinadas entre camadas de tradição, por trás das quais a figura de Jesus, à qual precisamente a fé se refere, tornou-se sempre menos clara, perdeu sempre mais contornos. Mas, ao mesmo tempo, as reconstruções de Jesus, que deviam ser procuradas por trás das tradições dos evangelistas e das suas fontes, tornaram-se cada vez mais contrastantes: desde o revolucionário antirromano, que trabalha pela queda dos poderes constituídos e fracassa, até o manso moralista, que tudo aprova e que assim, de um modo inconcebível, acaba Ele mesmo por moralmente se afundar. Quem lê várias destas reconstruções, umas ao lado das outras, pode rapidamente verificar que elas são muito mais fotografias dos autores e dos seus ideais do que reposição de um ícone, entretanto tornado confuso. Por isso foi crescendo a desconfiança a respeito destas imagens de Jesus; mas a sua figura foi progressivamente se afastando cada vez mais de nós.

Como resultado comum de todas estas tentativas, ficou a impressão de que sabemos com segurança pouco sobre Jesus e de que a fé na sua divindade só posteriormente é que tenha formado a sua imagem. Esta impressão, entretanto, ganhou mais terreno na consciência geral da cristandade. Uma tal situação é dramática para a fé, porque se torna inseguro o seu ponto de referência mais autêntico: a íntima amizade com Jesus, da qual tudo depende, ameaça cair no vazio.

O exegeta católico de língua alemã, talvez o mais significativo da segunda metade do século XX, Rudolf Schnackenburg, sentiu, muito intensamente e de um modo clarividente, a necessidade da fé que resultou deste estado de coisas e, ante a insuficiência de todas as representações "históricas" de Jesus, que entretanto a exegese tinha criado, ofereceu uma última grande obra: *A pessoa de Cristo no espelho dos quatro Evangelhos* (Herder, 1993). O livro pretende ser uma ajuda para os crentes cristãos, "que se sentem inseguros por causa da pesquisa histórica, se fundamentarem na fé na pessoa de Jesus Cristo como o portador da salvação e como o redentor do mundo" (p. 6). No final do livro, afirma Schnackenburg, como resultado de investigações feitas ao longo de toda a vida, "que, por meio do esforço científico com os métodos histórico-críticos, é com dificuldade e de um modo deficiente que é possível alcançar uma visão autêntica da figura histórica de Jesus de

Prefácio

Nazaré (p. 348); que nós por meio do "esforço da exegese científica [...] de observar tradições e de regressar ao que é credível [...] somos arrastados de um lado para o outro [...] numa discussão permanente e sem descanso sobre a história das tradições e das narrações" (p. 349).

A partir das pressões dos métodos, que ele considera ao mesmo tempo obrigatórios e insuficientes, continua a persistir uma certa discordância a respeito da representação autêntica da figura de Jesus: Schnackenburg mostra-nos a imagem de Cristo dos Evangelhos, mas a vê construída a partir de diversas camadas da tradição, por meio das quais só de longe é possível se perceber o Jesus "real". "É pressuposta a base histórica, mas é ultrapassada pela visão da fé dos Evangelhos", escreve (p. 353). Embora sobre este aspecto não subsistam dúvidas, permanece, no entanto, envolta em certa obscuridade, a questão de saber-se em que medida a "base histórica" é suficiente. Mas o ponto decisivo, que se oferece também como um juízo realmente histórico, foi claramente posto em evidência por Schnackenburg: a relação e a ligação com Deus (p. 353). "A pessoa de Jesus permanece obscura, irreal e inexplicável sem este fundamento em Deus" (p. 354).

Este é também o ponto em torno do qual este meu livro é construído: ele vê Jesus a partir da sua comunhão com o Pai, a qual é o centro autêntico da sua personalidade, sem a qual nada se pode compreender e a partir da qual Ele se torna presente para nós hoje.

No entanto, na representação concreta da figura de Jesus, tentei decididamente ir além de Schnackenburg. Segundo esse autor, o elemento problemático na definição da relação entre as tradições e a história tal como ela aconteceu aparece claramente na frase: os Evangelhos "querem por assim dizer revestir com carne o Filho de Deus misteriosamente aparecido sobre a terra..." (p. 354). Aproveito para dizer: eles não tiveram de O "revestir" com carne, Ele tinha realmente encarnado. Todavia, esta carne se deixa encontrar no emaranhado das tradições?

No prefácio do seu livro, Schnackenburg nos diz que se sente obrigado ao método histórico-crítico, para cuja aplicação na teologia católica a Encíclica *Divino afflante spiritu* abriu as portas em 1943 (p. 9). Esta Encíclica foi, na realidade, um importante ponto de referência para a exegese católica. No entanto, desde então, a discussão metodológica, quer no interior quer fora da Igreja católica, afastou-se muito desse ponto; desenvolveram-se perspectivas metodológicas essencialmente novas – tanto no que diz respeito ao trabalho estritamente histórico quanto no que concerne ao jogo de relações entre a teologia e o método histórico na explicação da Sagrada Escritura. Um decisivo passo para a frente foi dado pela Constituição Conciliar *Dei Verbum* sobre a *divina revelação*. Além disso, são importantes dois documentos da Pontifícia Comissão Bíblica: *A interpretação da Bíblia na Igreja* (Città del Vaticano, 1993) e *O povo judeu e a sua Escritura Sagrada na Bíblia cristã* (Città del Vaticano, 2001), os quais oferecem um juízo amadurecido no campo da exegese.

Mesmo que em linhas muito gerais, gostaria de indicar as orientações metodológicas resultantes desses dois documentos que me orientaram na elaboração do meu livro. Em primeiro lugar, que o método histórico – precisamente a partir da essência íntima da teologia e da fé – constitui uma dimensão irrenunciável ao trabalho exegético. Efetivamente, é essencial para a fé bíblica que ela se refira a um acontecimento realmente histórico. Ela não narra a história como símbolo que se situa acima de verdades históricas, mas fundamenta-se sobre a história, que tem de acontecer sobre o chão desta terra. O *factum historicum* não é para ela uma cifra simbólica que se possa trocar, mas sim base constitutiva: *Et incarnatus est*; professamos com estas palavras a nossa fé na efetiva entrada de Deus na história real.

  Se excluirmos esta história, a fé cristã será como tal abolida e transformada em outra forma de religião. Então, se a história, se a facticidade entendida neste sentido pertence essencialmente à fé cristã, ela tem de se expor ao método histórico – é a própria fé que o exige. A referida Constituição Conciliar sobre a divina revelação diz isto muito claramente no nº 12 e utiliza propositalmente alguns elementos metodológicos concretos, que devem ser tomados em consideração na explicação da Escritura. Mais pormenorizado é o documento da Pontifícia Comissão Bíblica sobre a interpretação da Sagrada Escritura no capítulo "Métodos e aproximações para a interpretação".

O método histórico-crítico, repetimos, permanece irrenunciável a partir da estrutura da fé cristã. Mas devemos acrescentar duas coisas: primeiro, ele é uma das dimensões fundamentais da explicação, mas não esgota a tarefa da explicação para aquele que vê nos escritos bíblicos a única Sagrada Escritura e que acredita ter sido ela inspirada por Deus. Retomaremos este ponto mais detalhadamente.

Em segundo lugar, é importante que sejam conhecidos os limites do próprio método histórico-crítico. O seu primeiro limite consiste, para aquele que se sente hoje interpelado pela Bíblia, no preceito de que o método histórico por definição deve deixar a palavra tal como ela está no passado. Como método histórico, procura o contexto histórico passado no qual os textos surgiram. Procura conhecer e compreender o passado o melhor possível – tal como foi em si mesmo –, para também averiguar o que o autor queria ou podia dizer num determinado momento, no contexto do seu pensamento e da sua vida. Na medida em que o método histórico permanece fiel a si próprio, deve procurar a palavra não só como algo do passado, mas também deixá-la ficar no passado. Ele pode, neste ponto, supor contatos com o presente, procurar aplicações para o presente, mas não pode fazer que com isso se torne "atual" – aí ultrapassaria os seus limites. O rigor na explicação do que se passou constitui precisamente a sua força, mas também o seu limite.

Com isso se prende ainda outro aspecto. Como método histórico, ele pressupõe a mesma medida na relação dos acontecimentos da história e por isso deve tratar as palavras que tem diante de si como palavras humanas. Numa reflexão cuidadosa, pode talvez "pressentir" a "mais-valia" que se esconde na palavra, uma dimensão mais elevada; por meio da palavra humana, por assim dizer, pode escutar mais além e então abrir a dinâmica de autotranscendência do método; contudo, o seu objeto próprio é a palavra humana como humana.

Finalmente, ele vê cada um dos livros da Escritura no seu ponto temporal histórico e classifica-os depois segundo as suas fontes, mas a unidade de todos estes escritos como "Bíblia" não é para ele um dado histórico imediato. Naturalmente, ele pode ver as fases de desenvolvimento das tradições e, nessa medida, para lá dos livros individuais, perceber o acesso à única "Escritura"; mas de imediato deve necessariamente regressar à origem de cada um dos textos e assim colocá-los no seu passado, de modo que possa então completar este regresso por meio de um avanço para a unidade que os textos formam.

Finalmente, deve manter-se como limite a todo esforço pelo conhecimento do passado, que nunca deve ultrapassar o campo da hipótese, porque nunca podemos agarrar o passado e transportá-lo para o presente. Certamente, há hipóteses com elevado grau de certeza, mas em geral devemos manter-nos conscientes dos limites das nossas certezas – a história, precisamente a exegese moderna, torna estes limites evidentes.

Está assim, por um lado, indicado o sentido do método histórico--crítico e, por outro, descritos também os seus limites. Juntamente com os limites, tornou-se – assim espero – claro que o método, a partir da sua essência própria, remete para além de si mesmo e leva em si uma íntima abertura para métodos complementares. Na palavra do passado, já se ouve a pergunta sobre a sua atualidade; na palavra humana, ecoa algo maior; os diversos escritos remetem para o processo vivo da única Escritura, que neles acontece.

Precisamente a partir desta última observação desenvolveu-se, há cerca de trinta anos na América, o projeto da "exegese canônica", cuja intenção consiste em ler os textos individuais no conjunto da única Escritura, na qual todos os textos particulares acedem a uma nova luz. A constituição do Concílio Vaticano II sobre a revelação já tinha evidenciado isto claramente no nº 12 como um princípio fundamental da exegese teológica: quem quiser entender a Escritura dentro do espírito no qual ela foi escrita terá de considerar o conteúdo e a unidade de toda a Escritura. O Concílio acrescenta que deveria aqui tomar-se também em consideração a tradição viva de toda a Igreja e a analogia da fé (as íntimas correspondências da fé).

Fixemo-nos agora na unidade da Escritura. Ela é um dado teológico, no entanto não é simplesmente colocada sobre um conjunto de escritos em si mesmo heterogêneo. A moderna exegese mostrou como o processo de sedimentação na escrita das palavras transmitidas na Escritura ocorre por meio de novas releituras: os textos antigos são, numa nova situação, novamente acolhidos, compreendidos, relidos. Nesta nova leitura, nesta leitura continuada, em calmas correções, aprofundamentos e ampliações, ocorre a formação da Escritura como um processo da palavra, que lentamente abre as suas potencialidades interiores, as quais estão escondidas como sementes, mas que se abrem perante o desafio de novas situações, de novas experiências e sofrimentos.

Quem observa este processo – certamente não linear, muitas vezes dramático e, no entanto, progressivo – a partir de Jesus Cristo pode reconhecer uma direção no todo: que o Antigo e o Novo Testamento pertencem um ao outro. Certamente, a hermenêutica cristológica, que vê em Jesus Cristo a chave do conjunto e a partir d'Ele aprende a compreender a Bíblia como uma unidade, pressupõe uma decisão da fé que não pode surgir de um método puramente histórico. Mas esta decisão da fé traz em si a razão – razão histórica – e permite ver a íntima unidade da Escritura e assim também compreender, de novo, cada uma das peças do caminho, sem lhe retirar a sua originalidade histórica.

"Exegese canônica" – ler os textos particulares da Bíblia na sua totalidade – é uma dimensão essencial da explicação, que não está em contradição com o método histórico-crítico, mas que de um modo orgânico o desenvolve e lhe permite tornar-se autêntica teologia.

Gostaria de evidenciar mais dois aspectos da exegese teológica. A explicação histórico-crítica do texto procura indagar o sentido preciso do início das palavras, como eram entendidas no seu espaço e no seu momento temporal. Isto é bom e importante. No entanto – independentemente da certeza apenas relativa de tais reconstruções –, é importante ter presente que cada palavra humana, pelo seu próprio peso, já transporta em si mais do que aquilo de que o autor no seu momento possa ter estado imediatamente consciente. Esta mais-valia interior da palavra, que transcende o seu momento, só alcança a sua validade a partir das palavras que foram amadurecidas no processo da história da fé. Aí o autor não fala simplesmente a partir de si mesmo nem para si mesmo. Ele fala a partir de uma história comum, que o transporta e na qual ao mesmo tempo estão presentes, já em surdina, as possibilidades do seu futuro, do seu mais vasto caminho.

O processo das leituras continuadas e dos desenvolvimentos de palavras não teria sido possível se não estivessem presentes nas próprias palavras estas íntimas aberturas. Neste momento, podemos, por assim dizer, pressentir, mesmo historicamente, o que significa inspiração: o autor fala não como um sujeito privado, fechado em si. Ele fala no interior de uma comunidade viva e, portanto, num movimento vivo e histórico, mas no qual está em ação uma força que é maior e que o conduz. Há dimensões da palavra às quais a antiga doutrina dos quatro sentidos da Escritura aludiu no seu núcleo de um modo inteiramente adequado. Os quatro sentidos da Escritura não são sentidos individuais que estão uns ao lado dos outros, mas precisamente dimensões de uma palavra que transcende o instante.

E com isto já está recordado o segundo aspecto sobre o qual ainda queria falar. Cada um dos livros da Escritura, tal como esta como um todo, não é simples literatura. A Escritura cresceu no e a partir do sujeito vivo, que é o povo de Deus peregrino, e vive nele. Poderia dizer-se que os livros da Escritura se referem a três sujeitos que atuam uns com os outros. Em primeiro lugar, está o autor individual ou o grupo de autores, aos quais devemos um escrito. Esses autores não são, entretanto, escritores autônomos no sentido moderno, mas sim pertencentes ao sujeito comum do povo de Deus, a partir do qual e para o qual falam, que é assim o autêntico e mais profundo autor das Escrituras. E de novo: este povo não subsiste em si mesmo, mas sabe-se conduzido e interpelado por Deus, que no mais profundo dele fala – por meio de homens e da sua humanidade.

A relação com o sujeito "povo de Deus" é vital para a Escritura. Por um lado, esse livro – a Escritura – é a medida que tem em Deus a sua origem e a força que dirige o povo, mas, por outro, a Escritura vive só e precisamente nesse povo, que na Escritura a si mesmo se supera e assim, em última instância a partir da palavra encarnada, torna-se precisamente povo de Deus. O povo de Deus – a Igreja – é o sujeito vivo da Escritura; nela, as palavras bíblicas estão sempre presentes. Todavia, faz parte disso que esse povo se receba a si mesmo a partir de Deus, em última instância a partir de Cristo, e se deixe ordenar, conduzir e dirigir por Ele.

Eu julgava dever estas indicações metodológicas ao leitor, porque elas determinam o caminho da minha explicação da figura de Jesus no Novo Testamento. Para a minha representação de Jesus, isto significa, principalmente, que eu confio nos Evangelhos. Naturalmente, pressupõe-se tudo o que o Concílio e a moderna exegese nos dizem sobre os gêneros literários, sobre a intenção narrativa, sobre o contexto comunitário dos Evangelhos e o seu falar neste contexto vivo. Então, acolhendo tudo isto – tanto quanto me foi possível –, quis tentar representar o Jesus dos Evangelhos como o Jesus real, como o "Jesus histórico" no sentido autêntico. Estou convencido, e espero que também o leitor possa ver, que esta figura é mais lógica e historicamente considerada mais compreensível do que as reconstruções com as quais fomos confrontados nas últimas décadas. Penso que precisamente este Jesus – o dos Evangelhos – é uma figura racional e manifestamente histórica.

Só quando se deu algo de extraordinário, quando a figura e as palavras de Jesus radicalmente ultrapassaram a média de todas as esperanças e expectativas, é que se esclarecem a sua crucificação e também a sua ação. Cerca de vinte anos depois da morte de Jesus, já encontramos no grande hino cristológico da Carta aos Filipenses (Fl 2,6-11) uma cristologia plenamente desenvolvida, na qual se proclama que Jesus era igual a Deus, mas que se desfez de si mesmo, fez-se homem, humilhou-se até a morte na cruz, e que agora Lhe é devida a veneração cósmica, a adoração que Deus anunciou no profeta Isaías (Is 45,23) como devida apenas a Ele.

 A pesquisa crítica faz a si mesma, com razão, esta pergunta: o que aconteceu nesses vinte anos desde a crucificação de Jesus? A ação de representações de comunidades anônimas, cujos portadores procura descobrir-se, não esclarece nada na realidade. Como é que grandezas coletivas desconhecidas podiam ser criativas? Convencer e, assim, se impor? Não é então, mesmo historicamente, muito mais lógico que o grandioso se encontre no princípio e que a figura de Jesus na realidade acabe com todas as categorias disponíveis e que apenas a partir do mistério de Deus se deixe entender? Todavia, acreditar que Ele realmente como homem era Deus, e isto encoberto em parábolas, e que deu a conhecer de um modo sempre mais inequívoco, tudo isto ultrapassa as possibilidades do método histórico. Inversamente, quando a partir desta convicção da fé se leem estes textos com o método histórico e a sua abertura interior para algo de maior, eles se abrem e então aparecem um caminho e uma figura que são dignos de fé. Também se torna claro o esforço que se manifesta em muitos níveis nos escritos do Novo Testamento pela figura de Jesus e a profunda harmonia desses escritos, apesar de todas as diferenças que se mantêm.

É claro que eu, com esta visão da figura de Jesus, vou mais além daquilo que, de um modo representativo para grande parte da exegese atual, Schnackenburg diz, por exemplo. Mas espero que se torne claro ao leitor que este livro não foi escrito contra a exegese moderna, mas com grande gratidão pelo muito que ela nos ofereceu e nos oferece. Ela nos abriu uma grande abundância de material e de perspectivas, que nos permitem tornar presente a figura de Jesus numa vivacidade e numa profundidade que não podíamos sequer imaginar há algumas décadas. Eu tentei simplesmente, indo além da básica explicação

Prefácio

histórico-crítica, aplicar os novos conhecimentos metodológicos, que nos permitem uma interpretação da Bíblia autenticamente teológica, bem como interpelar a fé, mas sem querer nem poder abandonar a seriedade histórica.

Não preciso certamente dizer que este livro não é de modo nenhum um ato de magistério, mas unicamente expressão da minha procura pessoal "do rosto do Senhor" (cf. Sl 27,8). Por isso, cada um está livre para me contradizer. Peço apenas aos leitores um adiantamento de simpatia, sem o qual não há nenhuma compreensão.

Como disse no princípio deste prefácio, durante muito tempo, eu me ocupei interiormente com este livro. Os primeiros trabalhos neste sentido puderam ser feitos nas férias de verão de 2003. Em agosto de 2004, dei a forma final aos capítulos de 1 a 4. Depois da minha eleição para bispo de Roma, aproveitei todos os momentos livres para levar adiante o livro.

Mas, por não saber quanto tempo e força ainda me serão oferecidos, decidi-me por publicar agora como primeira parte do livro os 10 primeiros capítulos, que vão do batismo no rio Jordão à confissão de Pedro e à transfiguração.

Com a segunda parte espero, então, poder entregar o capítulo sobre as histórias da infância, que eu deixei agora para trás, porque me pareceu sobretudo urgente apresentar a figura e a mensagem de Jesus no seu ministério e, assim, ajudar no crescimento de uma relação viva com Ele.

Roma, festa de S. Jerônimo.
30 de setembro de 2006.
Joseph Ratzinger – Bento XVI

Introdução
Um primeiro olhar sobre o mistério de Jesus

No Livro do Deuteronômio, encontra-se uma promessa, que, sendo inteiramente diferente da esperança messiânica de outros livros do Antigo Testamento, tem, no entanto, significado decisivo para a compreensão da figura de Jesus. Não é prometido nem um rei de Israel e do mundo nem um novo Davi, mas um novo Moisés. O próprio Moisés é indicado como profeta. Assim, a categoria do profeta, distinguindo-se do mundo das religiões circunvizinhas, é vista como algo inteiramente próprio e diferente, como precisamente só se dá em Israel: este novo e de natureza diferente decorre da particularidade da fé em Deus que foi oferecida a Israel.

Em todos os tempos, o homem não se interrogou apenas a respeito do seu fim último; quase mais ainda do que da obscuridade das suas origens ocupa-se o homem com a reserva do futuro, do qual ele se aproxima. Ele quer rasgar a cortina; ele quer saber o que acontecerá para escapar do mal e para ir ao encontro da salvação. As religiões não estão apenas ordenadas para o futuro; as religiões procuram, de certo modo, levantar o véu do futuro. Elas são importantes precisamente porque sabem mediar sobre o que há de vir e podem, assim, indicar ao homem o caminho que deve tomar para não fracassar. Por isso é que praticamente todas as religiões desenvolveram formas de visão do futuro.

O Livro do Deuteronômio refere-se, no nosso texto, as diversas formas de "abertura" para o futuro que eram usadas no ambiente circunvizinho de Israel: "Quando entrares na terra que o Senhor te há de dar, não imitarás as abominações dos povos dessa terra. Não haja ninguém no meio de ti que faça passar pelo fogo o seu filho ou a sua filha; ou se dê à prática de encantamentos, ou se entregue a augúrios, à adivinhação ou à magia, ao feiticismo, ao espiritismo, aos sortilégios ou à evocação dos mortos. Porque o Senhor abomina os que se entregam a semelhantes práticas..." (Dt 18,9-12).

Quão difícil era manter semelhante renúncia, quão difícil era suportá-la, mostra-o a história do fim de Saul: ele mesmo tinha imposto este mandamento e tentado erradicar toda a magia, mas, antes da batalha perigosa contra os filisteus, que tinha pela frente, o silêncio de Deus torna-se para ele quase insuportável, e ele se põe a cavalo e vai encontrar-se com uma vidente em Endor, para que lhe chame o espírito de Samuel, a fim de lhe abrir a visão sobre o futuro: "Se o Senhor não fala, então um outro deve retirar o véu do amanhã..." (cf. 1 Sam 28).

O capítulo 18 do Deuteronômio, que estigmatiza todas estas formas de capturar o futuro como "abominação" aos olhos de Deus, contrapõe a esta adivinhação o outro caminho de Israel – o caminho da fé, e isto na forma de uma promessa: "o Senhor, teu Deus, suscitará em teu favor um profeta saído das tuas fileiras [...] é a ele que escutarás" (Dt 18,15). Em primeiro lugar, parece que isto é apenas o anúncio da instituição do profetismo em Israel, e ao profeta parece que é atribuída a explicação do presente e do futuro. A crítica aos falsos profetas, que repetidamente se encontra nos livros proféticos com grande severidade, mostra o perigo que há de os profetas assumirem o papel de adivinhos, se comportarem como eles e como eles forem consultados, com o que Israel cai naquilo em que a autêntica missão dos profetas seria precisamente impedir.

A conclusão do Deuteronômio retoma a promessa e dá-lhe uma surpreendente virada, que vai muito além da instituição do profetismo, e assim oferece à figura do profeta o seu autêntico sentido. Aí é dito: "Nunca mais apareceu em Israel um profeta semelhante a Moisés com quem o Senhor falava face a face..." (Dt 34,10). Sobre esta conclusão do quinto livro de Moisés paira uma profunda melancolia: a promessa de "um profeta como eu..." até agora ainda não se cumpriu. E agora se torna claro que, com aquela palavra, não era visada simplesmente a instituição do estado profético, que já existia, mas outra coisa e muito mais: o anúncio de um novo Moisés. Tinha-se tornado claro que a tomada de posse da terra na Palestina não fora a entrada na salvação; que Israel continuava a esperar a sua autêntica libertação; que era necessário um êxodo de uma espécie radical e que para isso se precisava de um novo Moisés.

E agora é dito também o que distinguira Moisés, o que fora único e essencial desta figura: ele havia se relacionado com Deus "face a face"; como o amigo fala com o amigo, era assim que ele tinha falado com Deus (Ex 33,11). O decisivo na figura de Moisés não são as ações maravilhosas que a seu respeito são contadas, não são as obras e os sofrimentos no caminho desde a "casa de escravidão no Egito" através do deserto até o limiar da Terra Prometida. Decisivo é que ele tenha falado com Deus como um amigo: era somente daqui que podiam vir as suas obras, era somente daqui que podia vir a lei, que devia ensinar a Israel o caminho no curso da história.

E agora se torna claro que o profeta não é a variante israelita do adivinho, como de fato era amplamente considerado e como muitos falsos profetas se entenderam, mas que ele significa algo totalmente diferente: ele não está aí para comunicar acontecimentos de amanhã ou de depois de amanhã, para assim servir à curiosidade humana ou à humana necessidade de segurança. Ele nos mostra o rosto de Deus e assim nos mostra o caminho que devemos seguir. O futuro de que se trata no seu ensinamento vai além do que se pergunta a um adivinho. Ele é indicação do caminho para o autêntico "êxodo", o qual consiste em que, em todos os caminhos da história, deve ser procurado e encontrado o caminho para Deus como a autêntica direção. Profecia neste sentido está em estrita correspondência com a fé de Israel no Deus único, é a sua transposição para a vida concreta de uma comunidade diante de Deus e orientada para Deus.

"Nunca mais apareceu em Israel um profeta como Moisés..." Este diagnóstico confere à profecia "um profeta como eu o Senhor teu Deus [...] fará surgir" uma virada escatológica. Israel deve esperar por um novo Moisés, que ainda não apareceu, mas que há de surgir na hora certa. E o autêntico distintivo deste "profeta" será que ele se relaciona com Deus face a face como um amigo com o seu amigo. O seu distintivo é a proximidade com Deus, de tal modo que ele pode comunicar, em primeira mão, a vontade e a palavra genuína de Deus. E é isto que salva, era isto que Israel – que toda a humanidade – esperava.

Mas aqui devemos nos recordar de uma outra história notável sobre a relação de Moisés com Deus, que é narrada no Livro do Êxodo. Aí nos é referido o pedido que Moisés fez a Deus: "Mostra-me a tua glória" (Ex 33,18). O pedido não é atendido: "Tu não podes contemplar o meu rosto" (Ex 33,20). Moisés obtém um lugar próximo a Deus na concavidade de uma rocha junto da qual Deus passa com a sua glória. Deus cobre o rosto durante a sua passagem com a sua própria mão, que finalmente retira: "Assim tu podes ver-me de costas, pois o meu rosto não o podes ver" (Ex 33,23).

Este texto misterioso desempenhou um papel essencial na história da mística cristã e judaica; a partir dele, procurou distinguir-se até que ponto pode ir o contato com Deus nesta vida e por onde passam os limites da visão mística. Para a nossa questão é importante reter que a intimidade de Moisés com Deus, que faz dele o grande mediador da revelação, o mediador da aliança, tem os seus limites. Ele não contempla o rosto de Deus, mesmo introduzido na nuvem da proximidade de Deus e mesmo se pode falar com Ele como amigo. Deste modo, a promessa de um "profeta como eu" traz consigo, de maneira implícita, uma expectativa ainda maior: que ao último profeta, ao novo Moisés, será oferecido o que foi recusado ao primeiro Moisés – ver real e imediatamente o rosto de Deus e assim poder falar inteiramente a partir da visão, não simplesmente a partir de um "olhar Deus por trás". Assim, a expectativa está por si mesma ligada à ideia de que o novo Moisés será mediador de uma aliança superior àquela que Moisés pôde trazer do Sinai (cf. Hb 9,11-24).

Neste contexto, devemos ler a conclusão do prólogo de S. João: "Ninguém jamais viu a Deus; o Filho unigênito que repousa no seio do Pai é que no-lo deu a conhecer" (Jo 1,18). Em Jesus cumpriu-se a promessa do novo Moisés. N'Ele se realiza agora plenamente o que em Moisés se encontrava apenas de um modo fraturado: Ele vive diante do rosto de Deus, não apenas como amigo, mas como Filho; Ele vive na mais íntima unidade com o Pai.

A partir deste ponto, podemos então compreender realmente a figura de Jesus, tal como a encontramos no Novo Testamento, tudo o que nos é contado em palavras, ações, sofrimentos, na glória; tudo isso está ancorado aqui. Se omitirmos este autêntico centro, passamos ao lado da figura autêntica de Jesus; então ela se torna contraditória e, em última análise, incompreensível. A questão que cada leitor do Novo Testamento deve levantar – aonde é que Jesus foi buscar a sua doutrina, onde é que se pode esclarecer a sua aparição –, esta questão só a partir daqui é que pode ser realmente respondida. A reação dos seus ouvintes era clara: essa doutrina não tem a sua origem em nenhuma escola. Ela é totalmente diferente do que se pode aprender nas escolas. Ela não é uma explicação à maneira da interpretação tal como é dada nas escolas. Ela é diferente; é explicação "com autoridade": retomaremos este diagnóstico dos seus ouvintes quando refletirmos sobre as palavras de Jesus e aprofundarmos o seu sentido.

A doutrina de Jesus não vem da aprendizagem humana, seja ela de que espécie for. Ela vem do contato imediato com o Pai, do diálogo "face a face", da visão Daquele que repousa no seio do Pai. Ela é a palavra do Filho. Sem esta base interior, ela seria temeridade. Assim julgaram os doutores do tempo de Jesus, precisamente porque não podiam admitir este fundamento interior, o ver e o conhecer face a face.

Para a compreensão de Jesus, são fundamentais as sempre recorrentes notícias segundo as quais Jesus se retirava "para o monte" e lá rezava toda a noite, "sozinho" com o Pai. Estas curtas notícias abrem um pouco o véu do mistério, permitem-nos lançar um olhar para o interior da existência filial de Jesus, para a fonte da sua ação, da sua doutrina e do seu sofrimento. Esta "oração" de Jesus é a conversa do Filho com o Pai, para a qual são introduzidas a consciência e a vontade, a alma humana de Jesus, de tal modo que a "oração" humana pode tornar-se participação na comunhão do Filho com o Pai.

A famosa verificação de Harnack – de que a mensagem de Jesus era mensagem sobre o Pai, à qual o Filho não pertencia e na qual, de acordo com a mensagem de Jesus, não entrava a cristologia –, corrige-se aqui por si mesma. Jesus só pode falar do Pai, como Ele o faz, porque é o Filho e está na comunhão filial com o Pai. A cristológica dimensão, ou seja, o mistério do Filho como revelador do Pai, portanto a cristologia, está presente em todo o discurso e em toda a ação de Jesus.

Mais uma coisa importante se torna aqui evidente: dissemos que na comunhão filial de Jesus com o Pai a alma humana de Jesus era envolvida no ato da oração. "Quem vê Jesus vê o Pai" (Jo 14,9). O discípulo que caminha com Jesus será assim introduzido com Ele na comunhão com Deus. E isto é que é autenticamente redentor: a superação dos limites da humanidade, que já está posta desde a criação por meio da imagem de Deus como esperança e como possibilidade do homem.

CAPÍTULO 1
O batismo de Jesus

O ministério de Jesus começa com o seu batismo no rio Jordão por João Batista. Enquanto S. Mateus data este acontecimento de um modo formal apenas com as palavras "naqueles dias", S. Lucas situa-o conscientemente no grande contexto da história mundial, o que nos fornece uma informação temporal muito precisa. No entanto, S. Mateus também oferece uma certa datação, haja vista a genealogia de Jesus, colocada no início do seu Evangelho, construída a partir de Abraão e de Davi e que apresenta Jesus como o herdeiro da palavra de Deus dada a Abraão, bem como das promessas de Deus a Davi, a quem Deus tinha prometido um reino eterno, apesar de todos os pecados de Israel e passando por todas as correções de Deus. Segundo essa genealogia, a história articula-se em três períodos de catorze gerações cada um (14 é o valor numérico do nome Davi): ela se divide no período que vai de Abraão até Davi, de Davi até o exílio babilônico, e segue-se então mais um período de catorze gerações. Ora, é precisamente isto que, passadas novamente catorze gerações, anuncia que chegou a hora do Messias, do reino davídico renovado como instauração do próprio reino de Deus.

De acordo com os destinatários judeu-cristãos, aos quais o Evangelho de S. Mateus se dirige, esta é de fato uma genealogia histórico-salvífica judaica, que muito indiretamente considera a história do mundo, tendo em vista que o reino do Messias, como reino de

Deus, diz respeito naturalmente ao mundo todo. Também a datação concreta permanece por isso vaga, porque a própria enumeração das gerações é organizada não tanto a partir de uma estrutura histórica, mas sim da promessa que se desdobra em três etapas, e, portanto, não visa a uma precisa fixação temporal.

    Observemos aqui desde já que S. Lucas não coloca a genealogia de Jesus no início do seu Evangelho, mas liga-a à história do batismo como sua conclusão. Ele nos diz que Jesus na ocasião tinha cerca de trinta anos, portanto já havia alcançado a idade própria para iniciar seu ministério. Com a sua genealogia – ao contrário de S. Mateus –, S. Lucas, partindo de Jesus, regride para a história passada; Abraão e Davi aparecem sem relevo especial; a genealogia regride até Adão e, consequentemente, até a criação, e então ao nome de Adão S. Lucas acrescenta o de Deus. É assim evidenciada a missão universal de Jesus: Ele é filho de Adão, Filho do Homem. Por meio da sua humanidade todos nós pertencemos a Ele, e Ele a nós; n'Ele a humanidade recomeça e n'Ele chega ao seu fim.

Mas voltemos à história de João Batista. Nas narrativas sobre a infância, S. Lucas já fornece duas importantes informações temporais. Acerca do início da vida de João Batista, ele nos diz que deve ser situado "no tempo de Herodes, rei da Judeia" (1,5). Mas, enquanto a informação temporal a respeito de João Batista permanece no interior da história judaica, a história da infância de Jesus começa com as seguintes palavras: "E naqueles dias saiu um decreto de César Augusto..." (2,1). A grande história do mundo, representada pelo Império Romano, aparece assim no horizonte, como pano de fundo.

Este fio é retomado por S. Lucas ao introduzir a história de João Batista no início do ministério de Jesus. Diz de um modo solene e preciso: "Ora, no décimo quinto ano do império de Tibério César, sendo Pôncio Pilatos governador da Judeia, e Herodes tetrarca da Galileia, e Filipe, seu irmão, tetrarca da Itureia e da Traconítides, e Lisânias tetrarca da Abilina; sendo príncipes dos sacerdotes Anás e Caifás..." (3,1s). De novo é indicado o lugar temporal de Jesus na história do mundo com a nomeação do imperador romano: o ministério de Jesus não deve ser visto como algo mítico, que pode ao mesmo tempo significar tudo e nada; é um acontecimento histórico datável com rigor, com toda a seriedade da história humana verídica, com a sua unicidade, cujo modo de contemporaneidade com todos os tempos se distingue totalmente da intemporalidade do mito.

Porém não se trata apenas de datação: o imperador e Jesus personificam duas diferentes ordens de realidade, as quais não devem excluir-se totalmente, mas que, na sua oposição, trazem em si o rastilho de um conflito ligado às questões fundamentais da humanidade e da existência humana. "Dai a Deus o que é de Deus e a César o que é de César", dirá Jesus mais tarde e assim exprimirá a essencial compatibilidade de ambas as esferas (Mc 12,17). Mas, quando o império interpreta a si mesmo como algo divino, como já está apontado na autoapresentação de Augusto como o portador da paz ao mundo e como o redentor da humanidade, deve então o cristão "obedecer antes a Deus do que aos homens" (At 5,29); então os cristãos tornam-se "mártires", testemunhas de Cristo, o qual morreu na cruz sob Pôncio Pilatos como "a testemunha fiel" (Ap 1,5). Com a menção do nome de Pôncio Pilatos, a sombra da cruz já está presente no início do ministério de Jesus. A cruz anuncia-se também com os nomes de Herodes, Anás e Caifás.

Mas, ao se colocarem lado a lado o imperador e os príncipes, entre os quais a Terra Santa estava repartida, mostra-se ainda outra coisa. Todos esses príncipes dependem da Roma pagã. O reino de Davi está destroçado, a sua "cabana", desmoronada (cf. Am 9,11s); o descendente, que é pai legal de Jesus, é um carpinteiro na província da Galileia ocupada por uma população pagã. Israel vive de novo na escuridão de Deus, as promessas a Abraão e a Davi parece terem se afundado no silêncio de Deus. Vale de novo a lamentação: já não temos profetas, parece que Deus abandonou o seu povo. E por isso mesmo estava a nação cheia de distúrbios.

Movimentos opostos, esperanças e expectativas determinavam o clima religioso e político. Por volta do tempo do nascimento de Jesus, Judas, o galileu, havia apelado para a revolta, que fora de um modo sangrento abafada pelos romanos. O seu partido – os zelotes – subsistiu, pronto para o terror e a violência, para restaurar de novo a liberdade de Israel; é possível que um ou outro dos doze apóstolos de Jesus – Simão, o zeloso, e talvez também Judas Iscariotes – tenham vindo desta direção. Os fariseus – com os quais constantemente nos deparamos nos Evangelhos – procuravam seguir à risca as instruções da *Tora*, a fim de evitar ajustar-se ao processo de unificação cultural helenista e romana, que se impunha no espaço do Império Romano e ameaçava nivelar Israel ao modo de viver dos povos pagãos do resto do mundo. Já os saduceus, na maioria aristocratas e sacerdotes, procuraram viver um tipo de judaísmo iluminado e baseado no modelo espiritual da época e, assim, autogovernar-se sob o domínio romano. Depois da destruição de Jerusalém (70 d.C.), desapareceram, enquanto o modo de vida dos fariseus encontrou uma figura permanente no judaísmo marcado pela *Mischna* e pelo *Talmude*. Quando nos Evangelhos observamos as fortes oposições entre Jesus e os fariseus e como a sua morte na cruz estava em estreita oposição ao programa dos zelotes, não devemos esquecer que acorriam a Jesus pessoas de todas as origens e que a mais antiga comunidade cristã contava com não poucos sacerdotes e antigos fariseus.

Nos anos após a Segunda Guerra Mundial, uma descoberta ocasional deu origem a escavações que só agora trouxeram ao nosso conhecimento um vasto movimento que antes era apenas conhecido de fontes literárias sob o nome de essênios: a comunidade de Qumran. Tratava-se de um grupo que havia se afastado do templo de Herodes e do seu culto e que, nos desertos da Judeia, dera origem não só a comunidades monásticas, mas também a um conjunto de famílias fundamentado numa motivação religiosa, além de gerar uma rica documentação bem como um ritual próprio especialmente constituído por abluções litúrgicas e orações comunitárias. A séria credibilidade destes escritos toca-nos: parece que João Batista, Jesus e a sua família estavam próximos dessa comunidade. Em todo o caso, há nos escritos de Qumran muitos pontos de contato com a mensagem cristã. Não devemos descartar a hipótese de que João Batista tenha vivido algum tempo nessa comunidade e lá tenha recebido parte da sua formação religiosa.

Todavia, o aparecimento de João Batista foi algo absolutamente novo. O batismo para o qual ele apela distingue-se das demais abluções religiosas. Não é reiterável e deve ser o concreto cumprimento de uma mudança que precisa determinar de um modo novo e para sempre toda a vida. Ele está ligado a um veemente apelo a um novo modo de pensar e de agir, ligado sobretudo ao anúncio do juízo de Deus e à proclamação de alguém maior que há de vir depois de João. O quarto Evangelho nos diz que João Batista "não conhecia" este "maior" cujo caminho queria preparar (Jo 1,30-33). Mas sabe que a sua missão é estar ali como alguém que prepara o caminho a outro totalmente misterioso; que toda a sua missão está orientada para Ele.

Nos quatro Evangelhos, esta missão é descrita com uma citação tirada de Isaías: "Uma voz clama no deserto: preparai o caminho para o Senhor! Endireitai para Ele os caminhos!" (Is 40,3). S. Marcos acrescenta ainda uma combinação de Malaquias (3,1) e do Êxodo (23,20), que também encontramos noutro lugar em S. Mateus (11,10) e em S. Lucas (1,76; 7,27): "Eu envio o meu mensageiro diante de ti; ele deve preparar o caminho para ti" (Mc 1,2). Em todos esses textos do Velho Testamento, existe uma intervenção salvadora de Deus, o qual sai do seu lugar escondido para julgar e para salvar: é para Ele que a porta deve ser aberta, que o caminho deve ser preparado. Com a pregação de João Batista, todas estas antigas palavras de esperança se tornaram realidade: era algo novo que se anunciava.

Podemos imaginar a impressão extraordinária que a figura e a mensagem de João Batista deviam provocar na efervescente atmosfera de Jerusalém daquela época. Finalmente, estava de novo ali um profeta, cuja própria vida o identificava como tal. Finalmente, anuncia-se de novo a ação de Deus na história. João batiza com água, mas o "maior", aquele que batizará com o Espírito Santo e com o fogo, já se encontra à porta. Por isso não devemos, de modo nenhum, considerar exageradas as informações de S. Marcos: "Toda a Judeia e todos os habitantes de Jerusalém corriam para ele; confessavam os seus pecados e deixavam-se batizar por ele no Jordão"

(1,5). Do batismo de João faz parte a confissão – a declaração dos pecados; o judaísmo daquele tempo conhecia várias confissões formalmente genéricas dos pecados, mas também a confissão totalmente pessoal, na qual eram enumerados todos os atos pecaminosos (Gnilka, *Das Matthäusevangelium* I, p. 68). Trata-se de vencer verdadeiramente a existência até então pecadora, de partir para uma vida nova, para uma vida transformada.

 O decorrer do batismo simboliza isso. Aí está, por um lado, a simbologia da morte no ato de mergulhar, por trás do qual se encontra a simbologia da morte provocada pelo dilúvio exterminador e demolidor. O oceano aparecia no pensamento antigo como a permanente ameaça do cosmo, da Terra; o dilúvio original, que podia sepultar toda a vida. No ato de mergulhar, o rio podia também assumir essa simbologia. Mas como corrente ele é principalmente símbolo da vida: as grandes correntes – o Nilo, o Eufrates, o Tigre – são os grandes doadores da vida. Também o Jordão é fonte de vida para o seu ambiente – até hoje. Trata-se de purificação, de libertação da sujidade do passado, que pesa sobre a vida e a desfigura; de recomeço; e isso quer dizer: morte e ressurreição, portanto, começar a vida de novo. Pode-se dizer então que se trata de renascimento. Tudo isso só será expressamente desenvolvido na teologia cristã do batismo, mas já está presente na descida e na subida do Jordão.

Como dissemos, da Judeia e de Jerusalém vinham em massa para o batismo. Mas agora acontece algo novo: "Naqueles dias Jesus veio de Nazaré na Galileia e foi batizado por João no Jordão" (Mc 1,9). Até então não tinha sido dita nenhuma palavra sobre peregrinos da Galileia; tudo parecia limitar-se à região da Judeia. Mas o que há de propriamente novo não é isto, que Jesus venha de uma outra região geográfica, por assim dizer, de longe. O que é verdadeiramente novo é que Jesus queira ser batizado, que entre na multidão triste dos pecadores, que aguardam nas margens do rio Jordão. O batismo implicava uma confissão dos pecados. Na sua essência, era uma confissão dos pecados e a tentativa de se despojar de uma vida falhada e de receber uma nova vida. Podia Jesus fazer isso? Como Ele podia confessar pecados? Como Ele podia separar-se da sua vida anterior diante de uma vida nova? Os cristãos deviam se colocar esta questão. O diálogo entre João Batista e Jesus, segundo S. Mateus nos conta, exprime também a sua própria pergunta a Jesus: "Eu é que devia ser por Ti batizado e Tu vens ter comigo?" (Mt 3,14). S. Mateus conta a este respeito: "Jesus, porém, respondeu-lhe: Deixa lá por agora, pois convém que se cumpra toda a justiça. João então permitiu-o" (3,15).

O sentido desta enigmática resposta não é fácil de decifrar. Em todo o caso, esconde-se no termo *achri* – "por agora" – uma certa reserva: numa situação específica, provisória, prevalece um determinado modo de agir. Decisivo para a interpretação da resposta de Jesus é o sentido da palavra "justiça": toda a "justiça" deve ser cumprida. Justiça é neste mundo, no qual Jesus está, a resposta do homem à *Tora*, aceitar toda a vontade de Deus, levar o "jugo do reino de Deus", tal como fora formulado. O batismo de João Batista não foi previsto pela *Tora*, mas Jesus reconhece--o com esta palavra – "justiça" – como expressão para o ilimitado sim à vontade de Deus, como acolhimento obediente do seu jugo.

Porque se na descida a este batismo estão contidos uma confissão dos pecados e um pedido de perdão para um novo começo, então também está contida neste sim toda a vontade de Deus num mundo marcado pelo pecado, uma expressão da solidariedade com os homens, que se tornaram culpados, mas que se dirigem para a justiça. Somente a partir da cruz e da ressurreição é que todo o sentido deste processo se tornou reconhecível. Ao descerem para a água, os batizandos confessam os seus pecados e procuram ser libertos deste peso que representa terem caído na culpa. O que é que Jesus fez então? S. Lucas, que em todo o seu Evangelho dirige um olhar atento à oração de Jesus, que o representa sempre como o orante – em conversa com o Pai –, diz-nos que Jesus recebeu o batismo enquanto orava (3,21). A partir da cruz e da ressurreição tornou-se claro para a cristandade o que estava acontecendo: Jesus tomou sobre os seus ombros o peso da culpa de toda a humanidade; levou-a pelo Jordão abaixo. Ele inaugura o seu ministério inserindo-se no lugar dos pecadores. Ele inaugura-o com a antecipação da cruz. Ele é, por assim dizer, o verdadeiro Jonas, que disse para os marinheiros: "Pegai em mim e atirai-me ao mar" (Jon 1,12). Todo o significado do batismo de Jesus, o seu levar "toda a justiça", só na cruz é que se revela: o batismo é a aceitação da morte pelos pecados da humanidade, e a voz do batismo – "Este é o meu filho bem-amado" (Mc 3,17) – é já um chamado de atenção para a ressurreição. Assim se compreende também como na própria linguagem de Jesus a palavra "batismo" aparece como designação da sua morte (Mc 10,38; Lc 12,50).

Somente a partir daqui é possível compreender o batismo cristão. A antecipação da morte na cruz, que aconteceu no batismo de Jesus, e a antecipação da ressurreição, que se tinha anunciado na voz celeste, tornam-se agora realidade. Assim, o batismo de João na água torna-se pleno e perfeito com o batismo de Jesus na vida e na morte. Seguir o convite para o batismo significa então entrar no lugar do batismo de Jesus e, assim, na sua identificação conosco, receber a nossa identificação com Ele. O ponto da sua antecipação da morte tornou-se para nós agora o ponto da nossa antecipação da ressurreição: S. Paulo desenvolveu esta íntima relação na sua teologia do batismo (Rm 6), sem expressamente falar do batismo de Jesus no Jordão.

A Igreja oriental desenvolveu e aprofundou, na sua liturgia e na sua teologia icônica, esta compreensão do batismo de Jesus. Ela vê uma relação bastante profunda e rica entre o conteúdo da festa da Epifania (proclamação da filiação divina pela voz celeste; a Epifania é o dia do batismo no Oriente) e a Páscoa. Na palavra de Jesus a João, "convém que se cumpra toda a justiça" (Mt 3,15). Ela vê a antecipação da palavra do Getsêmani "Pai... não se faça a minha vontade, mas a tua" (Mt 26,39); os cânticos litúrgicos do dia 3 de janeiro correspondem aos da Quarta-Feira Santa, os do dia 4 de janeiro, aos da Quinta-Feira Santa, os do dia 5 de janeiro, aos da Sexta-Feira Santa e do Sábado Santo.

A iconografia acolhe estas correspondências. O ícone do batismo de Jesus mostra a água como um túmulo de água que corre, que tem a forma de uma escura caverna, que, por sua vez, é o sinal iconográfico do Hades, o reino dos mortos, o inferno. A descida de Jesus a este túmulo de água a correr, a este inferno, que o envolve totalmente, é a pré-realização da descida ao reino dos mortos: "Tendo mergulhado na água, prendeu o que era forte" (cf. Lc 11,22), diz S. Cirilo de Jerusalém. E S. João Crisóstomo escreve: "Mergulhar e emergir são a representação da descida ao inferno e da ressurreição". Os tropários da liturgia bizantina acrescentam ainda outra referência simbólica: "Outrora o Jordão recuou perante o manto de Eliseu (*Elischa*), as águas dividiram-se e abriram um caminho seco como verdadeira imagem para o batismo, pelo qual nós atravessamos a estrada da vida" (Evdokimov, pp. 275-276).

O batismo de Jesus é assim entendido como repetição de toda a história, no qual o passado é agarrado e o futuro, antecipado: a entrada nos pecados dos outros é descida ao "Inferno" – não apenas, como em Dante, observando –, mas compadecendo, operando uma mudança no sofrimento e assim transfigurando-o, derrubando e arrombando as portas do abismo. Ele é descida à habitação do mal, luta com o "forte", que mantém os homens cativos (e como estamos todos na realidade presos pelas potências que de um modo anônimo nos manipulam!). Este "forte" e, visto a partir das próprias forças da história do mundo, invencível é dominado e amarrado por aquele que é mais forte, o qual, como Deus, pode absorver toda a culpa do mundo e morrer – nada omitindo na descida para a identidade com os caídos. Esta luta é a "virada" do ser, que consegue uma nova constituição, que prepara um novo céu e uma nova terra. O sacramento – o batismo – a partir daqui aparece como participação na luta de Jesus pela transformação do mundo na mudança da vida que acontece na sua descida e na sua subida.

Será que, com esta interpretação da Igreja e com esta transformação do acontecimento do batismo de Jesus, nós nos afastamos muito da Bíblia? Faz bem, neste contexto, escutar o quarto Evangelho, segundo o qual João Batista, ao ver Jesus, disse: "Eis o cordeiro de Deus que tira o pecado do mundo" (1,29). Sobre esta palavra, que na liturgia romana é dita antes da distribuição da comunhão, foram feitas muitas tentativas de interpretação. O que significa "cordeiro de Deus"? Como Jesus é designado como "cordeiro" e em que medida é que este "cordeiro" tira o pecado do mundo, vence-o de tal modo que lhe retira a sua essência e realidade?

    Joachim Jeremias ofereceu a ajuda decisiva para se compreender corretamente esta palavra e – mesmo historicamente – poder considerá--la autêntica palavra de João Batista. Antes de mais nada, é preciso reconhecer duas alusões do Velho Testamento. O cântico de Isaías (53,7) compara o servo de Deus sofredor a um cordeiro que é levado para o matadouro: "Como um cordeiro perante a tesoura assim ele não abriu a sua boca". Mais importante ainda é que Jesus foi crucificado numa festa de Páscoa e então devia aparecer como o verdadeiro cordeiro pascal no qual se realiza plenamente o que significara o cordeiro pascal por ocasião da saída do Egito: libertação do domínio mortal no Egito e desimpedimento para o Êxodo, para a peregrinação para a liberdade da promessa. A partir da Páscoa, a simbologia do cordeiro tornou-se fundamental para a compreensão de Jesus; encontramo-la em S. Paulo (1 Cor 5,7), em S. João (19,36), na Primeira Carta de Pedro (1 Pd 1,19), e no Apocalipse (por exemplo, 5,6).

    Além disso, J. Jeremias chama a atenção para o fato de que a mesma palavra hebraica *talia* significa tanto criança como servo (ThWNT I 343). Assim, pode a palavra do Batista ter sido referida em primeiro lugar ao Servo de Deus, o qual com a sua expiação vicária "leva em si" os pecados do mundo; mas deu ao mesmo tempo a entender que ele é o verdadeiro cordeiro pascal que, expiando, apaga o pecado do mundo. "Paciente como um cordeiro para o sacrifício, encaminhou-se para a morte o salvador que está a morrer na cruz em representação de toda a humanidade; pela força expiadora da sua morte inocente ele... apagou o pecado de toda a humanidade..." (ThWNT I 343s). Se na aflição provocada pela opressão egípcia o sangue do cordeiro pascal foi decisivo para a libertação de Israel, assim se situa agora o Filho, que se tornou o servo – o pastor, o cordeiro –, já não apenas para Israel, mas para a libertação do "mundo" – para toda a humanidade.

Deste modo, é indicado o grande tema da universalidade da missão de Jesus. Israel não está ali apenas para si mesmo, mas a sua eleição é o caminho pelo qual Deus quer chegar a todos: o tema da universalidade vai aparecer-nos como o autêntico ponto central, o cerne, da missão de Jesus; com a palavra do "cordeiro de Deus", que carrega em si o pecado do mundo, ele (o tema da universalidade da missão de Jesus) aparece no quarto Evangelho logo no início do caminho de Jesus.

A palavra acerca do "cordeiro de Deus" interpreta, se assim podemos dizer, o caráter teológico do batismo de Jesus já iluminado a partir da cruz, da sua descida na profundidade da morte. Todos os quatro Evangelhos relatam, de modos diferentes, que, ao sair Jesus das águas, o céu "rasgou-se" (Mc), abriu-se (Mt e Lc); que o Espírito "como uma pomba" desceu sobre Ele e que nesse momento foi ouvida uma voz do céu, a qual segundo S. Marcos e S. Lucas se dirige a Jesus "Tu és...", ao passo que segundo S. Mateus diz acerca d'Ele: "Este é o meu filho muito amado, no qual pus todo o meu agrado" (3,18). A imagem da pomba pode ser uma recordação do adejar do Espírito sobre as águas de que fala o relato da criação (Gn 1,2); aparece por meio da palavrinha "como" ("como" uma pomba) como "comparação para aquilo que em rigor não pode ser descrito..." (Gnilka, op.cit. p. 78). Nós havemos de encontrar de novo a mesma voz celeste na transfiguração de Jesus, na qual todavia é acrescentado o imperativo: "Escutai-O". Então havemos de meditar melhor sobre o sentido dessas palavras.

Neste momento, gostaria apenas de muito brevemente sublinhar três aspectos. Em primeiro lugar, a imagem da abertura do céu: sobre Jesus o céu está aberto. A sua comunhão de vontade com o Pai, "toda a justiça", que Ele realiza, abre o céu, cuja essência precisamente consiste em que lá a vontade de Deus é plenamente realizada. A isso se acrescenta então a proclamação que vem de Deus, do Pai, da missão de Jesus, a qual, porém, não explica uma ação, mas sim o seu ser: Ele é o Filho muito amado, sobre o qual repousa o bom agrado de Deus. Finalmente, gostaria de observar que aqui nos encontramos com o Filho, com o Pai e com o Espírito Santo: o mistério do Deus trinitário insinua-se, mistério que no entanto só na totalidade do caminho de Jesus pode ser desvelado em toda a sua profundidade. Nessa medida, pode estender-se um arco que vai desde este início do caminho de Jesus até àquela palavra com a qual, como ressuscitado, Ele envia os seus discípulos ao mundo: "... Ide a todos os povos e... batizai-os em nome do Pai e do Filho e do Espírito Santo..." (Mt 28,19s). O batismo, que a partir de então os discípulos de Jesus administram, é a admissão ao batismo de Jesus – à realidade que Ele então antecipou. É assim que alguém se torna cristão.

Numa vasta corrente da investigação liberal, o batismo de Jesus foi interpretado como uma experiência de vocação: aqui, Ele, que até então teria levado uma vida perfeitamente normal na província da Galileia, teria feito uma experiência radical; aqui teria tomado consciência de uma especial relação com Deus e da sua missão religiosa, a qual teria resultado do tema das expectativas dominantes então em Israel e que adquiriram uma nova forma com João Batista, bem como da sua comoção pessoal durante o próprio decorrer do batismo. Mas sobre tudo isto não se encontra nada nos textos. Por mais erudita que esta concepção possa parecer, ela deve ser muito mais incluída no gênero dos romances sobre Jesus do que no de uma real explicação dos textos. Eles não nos deixam olhar para o interior de Jesus – Jesus está acima das nossas psicologias (R. Guardini). Mas permitem-nos saber como Jesus se situa no contexto de "Moisés e dos profetas"; permitem-nos conhecer a unidade interior do Seu caminho, desde o primeiro momento da sua vida até a cruz e a ressurreição. Jesus aparece não como um homem genial com as suas comoções, os seus fracassos e os seus sucessos, como se Ele não passasse de um indivíduo de um período passado e em última instância permanecesse numa distância inultrapassável. Ele está diante de nós como "o Filho muito amado", o qual, por um lado, é o Totalmente Outro, mas que precisamente por isso pode tornar-se para todos, ao mesmo tempo, "mais interior que nós mesmos" (Santo Agostinho, Confissões, III, 6, 11).

CAPÍTULO 2
As tentações de Jesus

A descida do Espírito Santo sobre Jesus, que encerra a cena do batismo, institui formalmente o seu ministério. Por isso os Padres viram neste processo, com razão, uma analogia com a unção, com a qual os reis e os sacerdotes eram instituídos no seu ministério em Israel. A palavra Messias-Cristo significa "o ungido": a unção era considerada, na Antiga Aliança, o sinal visível da dotação com os talentos do ministério, com o Espírito de Deus para o ministério. Em Is 11,2, desenvolve-se consequentemente a esperança a respeito de um verdadeiro "Ungido", cuja "Unção" consiste precisamente em sobre Ele descer o Espírito do Senhor, "o Espírito da sabedoria e da inteligência, o Espírito do conselho e da força, o Espírito do conhecimento e do temor de Deus". Segundo o relato de S. Lucas, Jesus apresentou-se a si mesmo e à sua missão na Sinagoga de Nazaré com uma citação análoga de Isaías: "O Espírito do Senhor repousa sobre mim, porque o Senhor me ungiu" (Lc 4,18; Is 61,1). A conclusão da cena do batismo nos diz que Jesus recebeu esta verdadeira "Unção", que Ele é o Ungido esperado – que a Ele naquela hora foi conferida formalmente, para a história e perante Israel, a dignidade real e a dignidade sacerdotal.

A partir de então, Ele está subordinado a esta missão. Os três Evangelhos sinópticos contam-nos, para nossa surpresa, que a primeira ordem do Espírito é levá-lo para o deserto "para aí ser tentado pelo demônio" (Mt 4,1). O recolhimento interior precede à ação e é necessariamente uma luta pela sua missão, uma luta contra as deturpações da missão que se oferecem como suas reais realizações. A missão consiste em descer aos perigos do homem, porque só assim pode o homem caído ser levantado: Jesus deve (isso pertence ao cerne da sua missão) penetrar no drama da existência humana, atravessá-lo até seu último fundo, para encontrar a "ovelha perdida", colocá-la nos seus ombros e levá-la para casa.

A descida de Jesus "ao inferno", de que fala a profissão de fé, não se realizou apenas na sua morte e depois da sua morte, mas pertence ininterruptamente ao seu caminho: Ele deve agarrar toda a história desde o seu início (desde "Adão"), atravessá-la e sofrê-la completamente para que assim a possa transformar. Especialmente a Epístola aos Hebreus enfatizou que pertence à missão de Jesus, à sua solidariedade conosco antecipadamente representada no batismo, não se negar às ameaças e aos riscos da condição humana: "Por isso teve de assemelhar-se em tudo aos seus irmãos, a fim de ser um Sumo Sacerdote misericordioso e fiel no serviço de Deus para expiar os pecados do povo. E porque Ele mesmo sofreu e foi tentado é que pode socorrer os que são tentados" (Hb 2,17s). "Porque não temos um Sumo Sacerdote que não possa compadecer-se das nossas fraquezas. Pelo contrário, Ele mesmo foi provado em tudo, à nossa semelhança, exceto no pecado" (Hb 4,15). A história das tentações mantém assim uma estreita relação com a história do batismo, na qual Jesus se solidariza com os pecadores. Próximo dela está a agonia no jardim das Oliveiras como a outra grande luta de Jesus motivada pela sua missão. Mas as "tentações" acompanham todo o caminho de Jesus, e assim a história das tentações aparece – de um modo semelhante ao batismo – como uma antecipação na qual se condensa a luta de todo o caminho.

No seu curto relato da tentação (cf. 1,13), S. Marcos pôs em evidência os paralelos com Adão, o intenso sofrimento do drama humano enquanto tal: Jesus "vivia entre as feras, e os anjos o serviam". O deserto – o oposto do Jardim – torna-se o lugar da reconciliação e da salvação; os animais selvagens, que representam a forma concreta da ameaça do homem por meio da rebelião da criação e do poder da morte, tornam-se amigos como no paraíso. É assim restaurada aquela paz que Isaías anuncia para os tempos do Messias: "Então o lobo habita com o cordeiro, a pantera com o cabrito..." (Is 11,6). Onde o pecado é vencido, onde a harmonia do homem com Deus é restaurada, segue-se a reconciliação da natureza, a criação dilacerada transforma-se em lugar de paz, como S. Paulo diz, quando fala do suspiro da criação, que "espera ansiosamente pela manifestação dos filhos de Deus" (Rm 8,19).

Não são os oásis da criação – que surgiram, por exemplo, em torno das abadias beneditinas do Ocidente – antecipações dessa reconciliação da criação, que vem dos filhos de Deus, assim como inversamente casos como Chernobyl são a perturbadora expressão da criação escravizada na ausência de Deus? S. Marcos encerra a sua breve história da tentação com uma palavra, que é possível conceber como alusão ao Salmo 91,11s: "... E os anjos serviam-no". A palavra encontra-se também como conclusão da história pormenorizada da tentação em S. Mateus e só a partir deste contexto mais vasto é que se torna inteiramente compreensível.

S. Mateus e S. Lucas narram três tentações de Jesus, nas quais se espelha a luta por causa da sua missão, bem como se introduz, ao mesmo tempo, a questão sobre o sentido da vida humana enquanto tal. O núcleo de toda a tentação – isso se torna visível aqui – é colocar Deus de lado, o qual, junto às questões urgentes da nossa vida, aparece como algo secundário, se não mesmo supérfluo e incômodo. Ordenar; construir o mundo de um modo autônomo, sem Deus; reconhecer como realidade apenas as realidades políticas e materiais e deixar de lado Deus, tendo-o como uma ilusão: aqui está a tentação que de muitas formas hoje nos ameaça.

Pertence à essência da tentação o seu aspecto moral: ela não nos convida diretamente para o mal, isso seria grosseiro. Ela pretende mostrar o que é melhor para nós: pôr finalmente de lado as ilusões e dedicar-se de todas as formas à melhoria do mundo. Além disso, ela se apresenta com a pretensão do verdadeiro realismo: o real é o que aparece (poder e pão); as coisas de Deus, ao contrário, aparecem como um mundo irreal, secundário, do qual não se tem nenhuma necessidade.

Trata-se, portanto, de Deus. É Ele o real, a realidade mesma, ou não é nada? É o bem ou devemos nós mesmos inventá-lo? A questão acerca de Deus é a questão fundamental que se levanta na encruzilhada da existência humana. O que o redentor do mundo deve ou não fazer: é disso que se trata nas tentações de Jesus. As três tentações são idênticas em S. Mateus e em S. Lucas, somente a sequência é diferente. Optamos por seguir a ordem que S. Mateus oferece tendo em vista a consequência crescente na qual está construída.

"Depois de ter jejuado quarenta dias e quarenta noites, Jesus teve fome" (Mt 4,2). O número 40 no tempo de Jesus possuía para Israel um conteúdo simbólico muito rico: recorda-nos em primeiro lugar os quarenta anos de Israel no deserto, que foi o período da sua tentação bem como o tempo de uma especial proximidade de Deus. Fazem-nos pensar também nos quarenta dias que Moisés passou no monte Sinai, antes de poder receber a palavra de Deus, as tábuas sagradas da Lei. Podem também recordar-nos a explicação rabínica, segundo a qual Abraão, no caminho para o monte Horeb, onde devia sacrificar o seu filho, durante quarenta dias e quarenta noites não comeu nem bebeu, tendo se alimentado apenas com a visão e com as palavras do anjo que o acompanhava.

Já numa certa expansão da simbologia dos números, os Padres consideraram o 40 um número cósmico, um sinal por excelência deste mundo: os quatro fins do mundo circunscrevem o todo, e dez é o número dos mandamentos. O número cósmico multiplicado pelo número dos mandamentos torna-se pura e simplesmente a expressão simbólica da história desse mundo. Jesus faz, por assim dizer, mais uma vez a peregrinação do êxodo de Israel e toma conhecimento dos enganos e dos falsos caminhos da história; os quarenta dias de fome abrangem o drama da história, que Jesus em si mesmo acolhe e transporta.

"Se és o Filho de Deus, ordena que estas pedras se transformem em pão" (Mt 4,3) – assim diz a primeira tentação. As palavras "Se és o Filho de Deus..." serão ditas novamente, pouco depois, pelos escarnecedores junto da cruz: "Se és o Filho de Deus, então desce da cruz..." (Mt 27,40). O livro da Sabedoria já havia previsto esta situação: "Se o justo é realmente o filho de Deus, então Deus o amparará..." (Sab 2,18). Escárnio e tentação andam aqui perfeitamente juntos: para se tornar digno de fé, Jesus deve apresentar a prova para a sua pretensão. Esta exigência de prova percorre toda a história da vida de Jesus, visto que constantemente o acusam de não ter provado suficientemente pois não realizou o grande milagre que retirasse toda a ambiguidade e toda a contradição e que a todos clara e indiscutivelmente mostrasse quem ele era ou não.

E essa exigência a respeito de Deus, de Cristo e da Igreja tem sido constantemente mantida ao longo de toda a história: Se tu existes, ó Deus, então tu mesmo te deves mostrar. Então deves retirar as nuvens do teu escondimento e dar-nos a clareza que pretendemos. Se Tu, Cristo, és realmente o Filho e não um dos iluminados, como sempre apareceram na história, então Tu deves mostrar isso de um modo muito mais claro do que o fazes. E então Tu deves dar à Tua Igreja, se ela verdadeiramente deve ser a Tua, uma outra medida de clareza, diferente daquela que na realidade tem.

Este ponto é retomado na segunda tentação e forma o seu autêntico centro. A prova da existência de Deus que o tentador propõe na primeira tentação consiste em transformar em pão as pedras do deserto. Trata-se, em primeiro lugar, da fome de Jesus no sentido literal como viu S. Lucas: "Diz a esta pedra que se transforme em pão" (Lc 4,3). Mas S. Mateus compreende a tentação de um modo mais abrangente, como já durante a vida do Jesus terreno e como durante toda a história Lhe fora e Lhe será apresentada.

O que há de mais trágico, o que mais contradiz a fé num Deus bom e a fé num redentor do homem do que a fome na humanidade?

A primeira prova de identidade do redentor perante o mundo e para o mundo não deverá ser que Ele lhe dê pão e que acabe com toda a espécie de fome? Durante o tempo da peregrinação pelo deserto, Deus tinha alimentado o povo de Israel com o pão descido do céu, com o maná. Pensava-se então poder reconhecer nisto uma imagem do tempo messiânico: não devia, e não deve, o redentor do mundo provar a sua identidade dando a todos de comer? Não é o problema da alimentação do mundo, e em geral o problema social, o primeiro e autêntico critério pelo qual a redenção deve ser medida? Pode alguém com direito dizer-se redentor se não satisfizer este critério? Do modo conceitual mais elevado, o marxismo fez disto o cerne da sua promessa de salvação: ele cuidaria para que acabasse toda a fome e que "o deserto se tornasse pão…".

"Se és o Filho de Deus…" – que desafio. E não se deve dizer o mesmo à Igreja: se queres ser a Igreja de Deus, então te preocupa em primeiro lugar com o pão para o mundo, o resto virá a seguir. É difícil responder a esse desafio, precisamente porque insistentemente nos chega e nos deve chegar aos ouvidos e à alma o grito dos famintos. O tema do pão está presente em todo o Evangelho e deve ser considerado em toda a sua amplitude.

 Há ainda outras duas grandes histórias na vida de Jesus envolvendo pão. A primeira história é a multiplicação dos pães para as milhares de pessoas que seguiram Jesus até o deserto. Mas por que agora é feito o que antes tinha sido repelido como tentação? Os homens tinham vindo para escutar a palavra de Deus e tinham por isso abandonado todo o resto. E assim, como homens que tinham aberto o seu coração para Deus e para os outros, aqueles podem receber o pão com merecimento. Este milagre do pão envolve três coisas: a primeira é a procura de Deus, da sua palavra, da reta instrução para toda a vida; depois o pão é pedido a Deus; e finalmente a disposição recíproca para a partilha é um elemento essencial do milagre. Escutar Deus torna-se vida com Deus, e isso conduz da fé ao amor, à descoberta do outro. Jesus não é indiferente à fome dos homens, às suas necessidades corporais, mas situa tudo isso no contexto correto e confere-lhe a devida ordem.

A segunda história do pão aponta já para a terceira e é preparação para ela: a Última Ceia, que se torna Eucaristia da Igreja e o permanente milagre do pão de Jesus. Jesus mesmo se tornou o grão de trigo que deve morrer, para que dê muito fruto (Jo 12,24). Ele mesmo se tornou pão para nós, e esta multiplicação dos pães dura inesgotavelmente até o fim dos tempos. Assim compreendemos agora a palavra de Jesus, que Ele retira do Antigo Testamento (Dt 8,3), para com ela repelir o tentador: "O homem não vive só de pão, mas de toda a palavra que sai da boca de Deus" (Mt 4,4). A este respeito há uma expressão do jesuíta alemão Alfed Delp, que foi condenado à morte pelos nazistas: "O pão é importante, a liberdade é mais importante, mas o mais importante de tudo é a adoração".

Onde esta ordem dos bens não for respeitada, mas invertida, não haverá nenhuma justiça, não haverá mais cuidado com os homens que sofrem; mas precisamente aí o domínio dos bens materiais será desorganizado e destruído. Onde Deus é considerado uma grandeza secundária, onde pode ser deixado de lado por algum tempo ou por todo o tempo por causa de coisas mais importantes, aí precisamente fracassam essas coisas pretensamente mais importantes. Não é só o desfecho negativo da experiência marxista que o demonstra.

A ajuda do Ocidente para o desenvolvimento com base em princípios puramente técnicos e materiais – que não só deixa Deus de fora, mas também força o homem a d'Ele se afastar com o orgulho do seu saber fazer melhor – foi precisamente o tipo de ajuda que criou o Terceiro Mundo no sentido que hoje se entende. Esta "ajuda" empurrou para o lado as estruturas religiosas, morais e sociais e instaurou no vazio a sua mentalidade tecnológica. Ela julgava poder transformar pedras em pão, mas gerou pedras em vez de pão. Trata-se do primado de Deus. Trata-se de O reconhecer como realidade, como a realidade sem a qual nada mais pode ser bom. A história não pode ser regulada longe de Deus por estruturas simplesmente materiais. Se o coração do homem não for bom, então nada pode tornar-se bom. E a bondade do coração só pode, em última instância, vir daquele que é bom, que é o bem em si mesmo.

     Pode-se naturalmente perguntar por que Deus não fez um mundo no qual a sua presença fosse mais evidente; por que Cristo não deixou atrás de si um outro esplendor da sua presença, mais adequado e irresistível. Este é o mistério de Deus e do homem no qual não podemos penetrar. Vivemos num mundo no qual tudo deve ser palpável, e Deus não apresenta nenhuma evidência do que é palpável; Deus só pode ser procurado e encontrado se abrirmos o coração, se nos remetermos ao "êxodo" do "Egito". Neste mundo, temos de nos opor aos enganos das falsas filosofias e reconhecer que não podemos viver só de pão, mas, antes de mais nada, da obediência à palavra de Deus. E somente onde essa obediência for vivida é que cresce a atitude que permite criar pão para todos.

Vejamos agora a segunda tentação, cujo significado exemplar é, sob muitos pontos de vista, o mais difícil de se compreender. A tentação deve ser concebida como uma espécie de visão, na qual na realidade é resumido um especial perigo do homem e da missão de Jesus. Em primeiro lugar, nós nos deparamos com algo estranho. O diabo cita a Sagrada Escritura para atrair Jesus à sua armadilha. Ele cita o Salmo 91,11s, que fala da proteção que Deus concede ao homem crente: "Ele deu ordens aos seus anjos para te protegerem em todos os caminhos. Tomar-te-ão nas palmas das mãos, não aconteça ferires nas pedras os teus pés". Estas palavras adquirem um peso ainda maior na medida em que são ditas na Cidade Santa, no lugar sagrado. De fato, o salmo citado está ligado ao Templo; aquele que o reza espera para si proteção no Templo, pois a casa de Deus deve valer como lugar especial da proteção divina. Onde mais poderia o homem que crê em Deus sentir-se mais seguro que no espaço sagrado do Templo? (Veja mais detalhes em Gnilka, *Das Matthäusevangelium I*, p. 88s). O demônio mostra ser um conhecedor da Escritura, que sabe citar o salmo com rigor; todo o diálogo da segunda tentação aparece formalmente como uma discussão entre especialistas da Escritura: o demônio aparece como teólogo, observa propositalmente Joachim Gnilka.

Solowjew apegou-se neste motivo na sua "breve narrativa do Anticristo": o Anticristo recebe o doutoramento *honoris causa* em Teologia pela Universidade de Tubinga; ele é um grande especialista em Ciências Bíblicas. Com esta representação, Solowjew exprimiu drasticamente o seu ceticismo a respeito de um certo tipo de erudição exegética do seu tempo. Não se trata de um não a respeito da explicação científica da Bíblia enquanto tal, mas sim de uma necessária e salutar advertência a respeito dos seus possíveis desvios. De fato, a explicação da Bíblia pode tornar-se um instrumento do Anticristo. Mas isso não é dito apenas por Solowjew: veja, como exemplo, a afirmação presente na própria história da tentação. De aparentes resultados da exegese científica se entreteceram os piores livros que destruíram a figura de Jesus, que desmontaram a fé.

Hoje, a Bíblia é cada vez mais submetida ao critério da assim chamada visão moderna do mundo, cujo dogma fundamental é que Deus não pode agir na história e que, portanto, tudo o que diz respeito a Deus deve ser relegado para o domínio do subjetivo. Então a Bíblia já não fala de Deus, do Deus vivo, mas somos apenas nós que falamos e que determinamos o que Deus pode fazer e o que nós queremos ou devemos fazer. E o Anticristo nos diz, com os gestos da mais elevada cientificidade, que uma exegese que lê a Bíblia na fé no Deus vivo, aí o procura e escuta, é fundamentalismo; somente *a sua* exegese, segundo dizem puramente científica, na qual Deus nada diz e nada tem a dizer, é que está à altura do tempo.

O debate teológico entre Jesus e o demônio é uma disputa que diz respeito a todos os tempos acerca da correta explicação da Escritura, cuja questão hermenêutica fundamental consiste na pergunta a respeito da imagem de Deus. O debate acerca da explicação é, em última análise, o debate acerca de quem é Deus. Esta luta pela imagem de Deus, de que se trata no debate sobre a explicação válida da Escritura, decide-se, porém, concretamente na imagem de Cristo: é Ele, que permaneceu sem o poder do mundo, realmente o Filho do Deus vivo?

Assim, a questão estrutural do notável diálogo sobre a Escritura entre Cristo e o tentador leva diretamente à questão do conteúdo. De que se trata afinal? Esta tentação foi relacionada com o motivo do "pão e jogos": depois do pão, devia ser oferecida a sensação. Porque a saciedade corpórea não é evidentemente suficiente para o homem; quem não quiser deixar entrar Deus nem no mundo nem no homem tem de oferecer o prurido de excitantes sensações, cujo tremor substitui e reprime a emoção religiosa. Mas isto não deve ser pensado neste lugar, tendo em vista que aparentemente não são aqui pressupostos espectadores.

A questão de que aqui se trata aparece na resposta de Jesus, que é de novo retirada do Deuteronômio: "Não deves tentar o Senhor teu Deus!" (Dt 6,16). Há no Deuteronômio uma alusão à história de como o povo de Israel esteve ameaçado de morrer de sede no deserto. Levanta-se uma rebelião contra Moisés, que é uma rebelião contra Deus. Deus deve mostrar que é Deus. Essa rebelião contra Deus é assim descrita na Bíblia: "Eles submeteram Deus à prova, ao dizerem: o Senhor está ou não está no meio de nós?" (Ex 17,7). Trata-se, portanto, daquilo que já fora antes recordado: Deus deve submeter-se à prova. Ele é "provado", como se experimentam mercadorias. Ele deve submeter-se às condições que nós declaramos necessárias para a nossa certeza. Se Ele não atende à proteção prometida pelo Salmo 91, então não é Deus. Então Ele próprio falsificou a sua própria palavra e a si mesmo.

Está assim perante nós a grande questão de como conhecemos ou não conhecemos a Deus, de como o homem se situa diante de Deus e como O pode perder. A altivez de querer transformar Deus num objeto ou de querer submetê-Lo às nossas condições laboratoriais não pode encontrar Deus. Isso pressupõe que negamos Deus enquanto Deus, na medida em que nos colocamos acima d'Ele. Porque nos despojamos de toda a dimensão do amor, do escutar interior e apenas reconhecemos como real o que é experimentável e disponível à nossa mão. Quem assim pensa faz-se a si mesmo Deus e assim degrada não apenas a Deus, mas também a si mesmo e ao mundo.

A partir desta cena no pináculo do Templo abre-se também o olhar para a Cruz. Jesus não se atirou do pináculo do Templo. Ele não saltou para o abismo. Ele não tentou a Deus. Mas Ele desceu ao abismo da morte, à noite do abandono, à exposição dos que nada valem. Ele ousou dar *este* salto como ato do amor de Deus para com o homem. E por isso Ele sabia que neste salto, em última instância, só podia cair nas boas mãos do Pai. Assim se manifesta o real sentido do Salmo 91, o direito àquela última e ilimitada confiança de que lá se fala: quem segue a vontade de Deus sabe que nunca deixará de ter Sua proteção ante todo e qualquer horror com que se confronta. Sabe que o fundamento do mundo é o amor e mesmo aí, onde ninguém pode ou quer ajudá-lo, pode continuar a confiar Naquele que o ama. Tal confiança para a qual a Escritura nos autoriza e para a qual o Senhor ressuscitado nos convida é, no entanto, algo completamente diferente da aventureira provocação de Deus que pretenderia fazer Dele nosso escravo.

Vejamos a terceira e última tentação, o ponto mais elevado de toda a história. O diabo leva o Senhor a um alto monte para que veja tudo que há em volta. Mostra-lhe todos os reinos da terra e o seu resplendor e oferece-lhe o domínio do mundo. Não consiste nisso de fato a missão do Messias? Não deve ele ser o rei do mundo, reunir toda a terra num grande reino de paz e de bem-estar? Tal como, para a tentação do pão, há, na história de Jesus, duas situações opostas – a multiplicação dos pães e a Última Ceia –, o mesmo se dá aqui.

O Senhor ressuscitado reúne os seus "no cimo de um monte" (Mt 28,16). E então diz realmente: "Foi-me dado todo o poder no céu e na terra" (Mt 28,18). Há aqui duas coisas que são novas e diferentes: o Senhor tem poder no céu e na terra. E só quem tem esse poder todo tem o poder autêntico e redentor. Sem o céu, o poder terreno permanece sempre ambíguo e frágil. Somente o poder que se coloca sob a medida e o juízo do céu – isto é, de Deus – pode tornar-se poder para o bem. E só o poder que se coloca sob a bênção de Deus pode ser seguro.

Mas agora ocorre algo completamente diferente: Jesus tem este poder como ressuscitado. Isto é: este poder pressupõe a cruz, pressupõe a sua morte. Pressupõe o outro monte – Gólgota –, onde Ele está suspenso na cruz e morre escarnecido pelos homens e abandonado pelos seus. O reino de Cristo é algo completamente diferente dos reinos da terra e do seu esplendor que Satanás apresenta. Esse esplendor, como a palavra grega *doxa* diz, é aparência que se dissolve. Tal esplendor Cristo não tem. O seu cresce por meio da humildade da pregação naqueles que se deixam fazer seus discípulos, que são batizados no nome da Santíssima Trindade e que guardam os seus mandamentos (Mt 28,19s).

Mas voltemos à tentação. O seu verdadeiro conteúdo torna-se visível se considerarmos as novas formas que assume constantemente ao longo da história. O império cristão tentou fazer da fé um fator político da unidade do Império. O reino de Cristo deve então receber a forma e o esplendor de um reino político. A impotência da fé, a impotência terrena de Jesus Cristo deve ser ajudada pelo poder político e militar. Em todos os séculos ressurgiu sempre, e em múltiplas formas, esta tentação de assegurar a fé por meio do poder, e ela correu sempre o risco de ser asfixiada nos abraços com o poder. A luta pela liberdade da Igreja e, portanto, a luta por que o reino de Jesus não pode ser identificado com nenhuma figura política, deve ser travada durante todos os séculos. Então, o preço pela mistura da fé e do poder político consiste, em última análise, no fato de que a fé entra a serviço do poder e deve vergar-se aos seus critérios.

Na história da Paixão do Senhor, esta alternativa de que aqui se trata aparece numa forma verdadeiramente provocante. No auge do processo, Pilatos apresenta ao povo Jesus e Barrabás para que seja escolhido um deles, pois um deles deve ser libertado. Mas quem era Barrabás? Temos conhecimento apenas do que se apresenta no Evangelho de S. João:

"Barrabás era um salteador" (Jo 18,40). Só que o termo grego salteador havia recebido um significado específico na situação política de então na Palestina. Ele significava o mesmo que "lutador da resistência". Barrabás havia participado de uma rebelião (cf. Mc 15,7) e além disso era acusado – neste contexto – de ter cometido homicídio (Lc 23,19.25). Quando S. Mateus diz que Barrabás tinha sido um "preso célebre", isso significa que tinha sido um dos destacados lutadores da resistência, talvez até o próprio cabeça dessa rebelião (Mt 27,16).

Em outras palavras: Barrabás era uma figura messiânica. A escolha entre Jesus e Barrabás não é casual: estão em confronto duas figuras messiânicas, duas formas de messianismo. Isso se torna ainda mais claro quando pensamos que Bar-Abbas quer dizer "filho do Pai". Trata-se de uma típica designação messiânica, de um nome cultual de um destacado cabeça de um movimento messiânico. A última grande guerra messiânica dos judeus foi conduzida no ano 132 por Bar-Kochba, "filho da estrela". É a mesma configuração do nome, a mesma intenção é representada.

Por Orígenes tomamos conhecimento de um outro pormenor muito interessante: em muitos manuscritos dos Evangelhos até o século III, o homem aqui em referência chamava-se Jesus Barabbas, "Jesus filho do Pai". Ele se apresenta como uma espécie de sósia de Jesus; concebiam a mesma pretensão, mas de um modo totalmente diferente. A escolha consiste, portanto, entre um Messias que encabeça um combate que promete liberdade e o próprio reino e este misterioso Jesus que anuncia o perder-se como caminho para a vida. É então surpreendente que as massas tenham dado a prioridade a Barrabás? (Veja mais detalhes em Messori no seu importante livro, *Patì Sotto Ponzio Pilato [Torino 1992] 52-62*).

Se hoje tivéssemos de escolher, teria Jesus de Nazaré, o filho de Maria, o filho do Pai, alguma possibilidade? Será que conhecemos mesmo Jesus? Será que O compreendemos? Não deveríamos hoje, tanto quanto ontem, esforçar-nos para de novo O conhecer? O tentador não é tão rude a ponto de nos propor diretamente a adoração do diabo. Ele apenas nos propõe que nos decidamos por aquilo que é racional, pela primazia de um mundo planejado e organizado, no qual Deus pode ter o seu lugar como uma questão privada, mas que não pode imiscuir-se nas nossas intenções essenciais. Solowjew dedica ao Anticristo o livro *O caminho aberto para a paz e o bem-estar do mundo*, que de certo modo se torna a nova Bíblia e que tem como próprio conteúdo a adoração da prosperidade e do planejamento racional.

A terceira tentação de Jesus é considerada a tentação fundamental: a questão sobre o que um redentor do mundo deve fazer. Ela perpassa toda a vida de Jesus. Evidencia-se, de novo e abertamente, numa virada decisiva do seu caminho. Pedro tinha em nome dos discípulos revelado Jesus como o Messias-Cristo, o filho do Deus vivo, e assim formulado aquela fé sobre a qual a Igreja se edifica e inaugurado a comunidade dos crentes fundada em Cristo. Mas precisamente neste lugar em que se evidencia o conhecimento de Jesus, que marca a cisão e a decisão a respeito da "opinião da multidão" e assim começa a formar-se a sua nova família, precisamente aí está o tentador – o perigo de tudo inverter no seu contrário. O Senhor explica imediatamente que o conceito de Messias deve ser compreendido tendo como base o conjunto da mensagem profética – que diz não ao poder mundano, mas sim à cruz e, portanto, a uma comunidade totalmente diferente que se origina precisamente a partir e pela cruz.

Mas isso Pedro não entendeu: "Tomando-O de parte, Pedro começou a repreendê-Lo dizendo: Deus te livre de tal, Senhor. Isso não há de acontecer". Se lermos essas palavras sob o pano de fundo da história das tentações – como o seu retorno num instante decisivo –, então percebemos a incrivelmente dura resposta de Jesus: "Afasta-te de mim, Satanás! Tu és para mim um estorvo, porque os teus pensamentos não são de Deus, mas dos homens" (Mt 16,22s).

Mas não dizemos todos sempre de novo a Jesus que a sua mensagem conduz à contradição com as opiniões dominantes e assim ameaça com o malogro, o sofrimento, a perseguição? O império cristão e o poder secular do Papa já não constituem tentações hoje, mas há uma nova forma da mesma tentação que consiste em explicar o cristianismo como receita para o progresso e reconhecer como objetivo próprio da religião, e assim também do cristianismo, o bem-estar geral. Ela se veste hoje na questão: o que Jesus trouxe, se não introduziu um mundo melhor? Não deve ser este o conteúdo da esperança messiânica?

No Antigo Testamento, há duas linhas de esperança que o atravessam e que não podem separar-se uma da outra: a expectativa de um mundo santo, no qual o lobo está ao lado do cordeiro (cf. Is 11,6), no qual os povos do mundo se põem a caminho do monte Sião e no qual vale: "Das suas espadas farão relhas de arado e das suas lanças foices" (Is 2,4; Miq 4,1-3); ao lado está a visão do servo de Deus sofredor, de um Messias que redime por meio do desprezo e do sofrimento. Durante todo o seu caminho, e de novo nas conversas depois da Páscoa, Jesus tentava mostrar aos seus discípulos que Moisés e os profetas falavam d'Ele como exteriormente impotente, sofredor, crucificado e ressuscitado. Ele tentava mostrar que precisamente assim é que as promessas se cumpriam. "Ó homens sem inteligência e lentos de espírito em crer em tudo quanto os profetas anunciaram" – assim se dirige o Senhor aos discípulos de Emaús (Lc 24,25), e assim deve Ele também nos dizer de novo ao longo de todos os séculos, porque de fato julgamos que Ele devia ter trazido a grande idade de ouro se na verdade pretendia ser o Messias.

Mas Jesus nos diz também o que objetou a Satanás e o que disse a Pedro e o que de novo explicou aos discípulos de Emaús, ou seja, que nenhum reino deste mundo é o reino de Deus, o estado de salvação da humanidade em absoluto. O reino humano permanece reino humano, e quem afirma que pode erigir um mundo santo concorda com o engano de Satanás, entrega-lhe o mundo nas mãos.

Então se levanta certamente agora a grande questão, que nos acompanhará ao longo de todo este livro: mas o que Jesus realmente trouxe, se não trouxe nem a paz para o mundo, nem o bem-estar para todos, nem um mundo melhor? O que Ele trouxe?

E a resposta é dada de um modo muito simples: Deus. Ele nos trouxe Deus. Ele trouxe aos povos da terra o Deus cujo rosto lentamente tinha antes se desvelado desde Abraão passando por Moisés e pelos profetas até a literatura sapiencial; o Deus que apenas em Israel havia mostrado o seu rosto e que, no entanto, tinha sido venerado sob múltiplas sombras entre os povos do mundo; este Deus, o Deus de Abraão, de Isaac e de Jacó, o verdadeiro Deus.

Ele nos trouxe Deus: agora conhecemos o seu rosto, agora podemos chamar por Ele. Agora conhecemos o caminho que como homens devemos percorrer neste mundo. Jesus trouxe Deus e assim a verdade sobre o nosso fim e a nossa origem; a fé, a esperança e o amor. Somente por causa da dureza do nosso coração é que pensamos que isso seja pouco. Sim, o poder de Deus é suave neste mundo, mas é o verdadeiro, o poder que permanece. Parece que as coisas de Deus se encontram sempre "em agonia". Mas se mostram como o que realmente subsiste e redime. As riquezas do mundo que Satanás podia mostrar ao Senhor desmoronaram-se entretanto. A sua glória, a sua *doxa* revelou-se apenas aparência. Mas a glória de Cristo, a glória do seu amor, humilde e sempre disposta para o sofrimento, nunca se desmoronou e nunca perecerá.

Na luta contra Satanás, Jesus venceu: à mentirosa divinização do poder e do bem-estar, à mentirosa promessa de um futuro concedendo tudo a todos por meio do poder e da economia, Ele opôs o ser divino de Deus – Deus como verdadeiro bem do homem. Ao convite a adorar o poder o Senhor contrapõe uma palavra do Deuteronômio – o mesmo livro que o diabo tinha citado: "O Senhor teu Deus deves adorar e só a Ele servir" (Mt 4,10; Dt 6,13). O mandamento fundamental de Israel é também o mandamento fundamental para os cristãos: só Deus deve ser adorado. Veremos na meditação sobre o Sermão da Montanha que precisamente este sim incondicional à primeira tábua do Decálogo inclui o sim à segunda tábua – o respeito perante o homem, o amor para com o próximo. Tal como em S. Marcos, também em S. Mateus a história das tentações termina com esta afirmação: "Os anjos vieram e serviram-no" (Mt 4,11; Mc 1,13). Agora se cumpre o Salmo 91,11: os anjos servem-no; Ele provou ser o Filho e por isso sobre Ele, como novo Jacó, o pai de um Israel tornado universal, está o céu aberto (Jo 1,51; Gn 28,12).

CAPÍTULO 3
O Evangelho do Reino de Deus

"Depois de João ter sido preso, Jesus veio para a Galileia. Ele pregava o Evangelho de Deus e dizia: Completou-se o tempo, o Reino de Deus está próximo. Convertei-vos e acreditai no Evangelho" (Mc 1,14s). Com essas palavras o Evangelho de S. Marcos descreve o início do ministério de Jesus e designa ao mesmo tempo o conteúdo essencial da sua pregação. Também S. Mateus resume assim o ministério de Jesus na Galileia: "Depois começou a percorrer toda a Galileia ensinando nas sinagogas, proclamando o Evangelho do Reino de Deus e curando entre o povo todas as doenças e enfermidades" (Mt 4,23, cf. 9,35). Ambos os evangelistas caracterizam a pregação de Jesus como "Evangelho" – o que é isso afinal?

Recentemente, tem-se traduzido por "boa-nova"; isso soa bem, no entanto permanece muito longe da ordem de grandeza que a palavra Evangelho carrega. Essa palavra pertence à linguagem do imperador romano, que se entende como senhor do mundo e como seu redentor, como seu salvador. As mensagens que vinham do imperador chamavam-se Evangelho, independentemente do fato de o seu conteúdo ser alegre e agradável. O que vem do imperador – esta era a ideia – é uma mensagem redentora, não uma simples notícia, mas uma mudança do mundo para o bem.

Se os evangelistas tomaram essa palavra de tal modo que ela se tornou o conceito genérico para os seus escritos, querem assim dizer: o que o imperador, que se fazia passar por Deus, sem razão pretendia, isso acontece aqui: mensagem cheia de poder, que não é simples discurso, mas realidade. No vocabulário atual da teoria da linguagem, seria possível dizer: o Evangelho não é um discurso puramente informativo, mas "performativo"; não simples comunicação, mas ação, força eficaz que entra no mundo para curar e para transformar. É do "Evangelho de Deus" que fala S. Marcos – não são os imperadores que podem salvar o mundo, mas Deus. E aqui aparece a palavra de Deus, que é uma palavra-ação; aqui acontece verdadeiramente o que o imperador podia afirmar, mas não realizar. Porque aqui entra em ação o verdadeiro Senhor do mundo, o Deus vivo.

O conteúdo central do Evangelho diz: o Reino de Deus está próximo. É colocada uma marca no tempo, algo de novo acontece. E é exigida uma resposta do homem a esta oferta: conversão e fé. O centro deste anúncio é a mensagem da proximidade do Reino de Deus. Esse anúncio forma realmente o centro da palavra e do ministério de Jesus. Uma indicação estatística pode sublinhar isto: a expressão "Reino de Deus" ocorre no conjunto do Novo Testamento 122 vezes; destas, encontra-se 99 vezes nos três Evangelhos sinópticos e, destas, de novo, 90 pertencem às palavras de Jesus. No Evangelho de S. João e nos restantes escritos do Novo Testamento, a expressão representa um papel muito limitado. Pode-se dizer: enquanto o eixo da pregação pré-pascal de Jesus é a mensagem do Reino de Deus, a cristologia constitui o centro da pregação apostólica pós-pascal.

Significa isto então um afastamento da real pregação de Jesus? É verdade o que Bultmann diz: que o Jesus histórico não pertence à teologia do Novo Testamento, mas que deve ser visto apenas como um mestre judeu, o qual sem dúvida deve ser enumerado entre os pressupostos essenciais para o Novo Testamento, mas não deve ser nele incluído?

Outra variante de tais concepções sobre o fosso entre Jesus e a pregação apostólica encontra-se na célebre palavra do modernista católico Alfred Loisy, que assim a formulou: Jesus anunciou o Reino e o que veio foi a Igreja. Nesta palavra pode ver-se uma ironia, mas também uma tristeza:

em vez da grande esperança do Reino de Deus, do mundo novo renovado por Deus, algo totalmente diferente – e tão pobre! – chegou: a Igreja.

É verdade isto? Significa a formação do cristianismo na pregação apostólica, na Igreja sobre ela edificada, na realidade, uma transferência da esperança não realizada para algo completamente diferente? É a mudança de sujeito do "Reino de Deus" para Cristo (e daí o devir da Igreja) realmente o desmoronamento de uma promessa, a irrupção de algo completamente diferente?

Tudo depende de como entendemos as palavras de Jesus a respeito do Reino de Deus, como o anunciado se situa a respeito do seu mensageiro: Ele é apenas um mensageiro, que tem apenas de representar uma realidade em última instância totalmente independente Dele, ou o próprio mensageiro é a mensagem? A questão acerca da Igreja não é a questão primária; a questão fundamental é, na realidade, a que diz respeito à relação do Reino de Deus com Cristo – daqui depende como nós havemos de compreender a Igreja.

Mas antes de aprofundarmos as palavras de Jesus para compreendermos o seu anúncio – a sua ação e o seu sofrimento –, talvez seja útil lançar um breve olhar sobre o modo como na história da Igreja a palavra do "Reino" foi concebida. Nos Padres podemos reconhecer três dimensões na explicação desta palavra-chave.

Em primeiro lugar, encontramos a dimensão cristológica. A partir da leitura das suas palavras, Orígenes caracterizou Jesus como a *autobasileia*, isto é, como o Reino de Deus em pessoa. Jesus mesmo é o "Reino"; o Reino não é uma coisa, não é um espaço de domínio como um reino do mundo. É pessoa: o Reino é Ele. A expressão "Reino de Deus" seria ela mesma uma cristologia oculta: no prodígio que é Deus mesmo estar n'Ele presente entre os homens, que Ele é a presença de Deus, conduz os homens para Ele através do modo como Ele fala do "Reino de Deus".

Uma segunda acepção sobre o significado do "Reino de Deus" pode ser designada como "idealista", ou como designação mística, a qual vê o Reino de Deus essencialmente situado na interioridade do homem. Também esta direção da compreensão foi aberta por Orígenes. No seu escrito sobre a oração, ele diz: "quem reza pela chegada do Reino de Deus, reza sem dúvida pelo Reino de Deus que ele já leva em si mesmo, e pede para que esse Reino produza frutos e para que chegue à sua plenitude. Pois em cada homem santo, Deus domina (= é soberania, Reino de Deus)... Por isso, se quisermos que Deus domine em nós (que o seu Reino esteja em nós), então o pecado não pode de modo nenhum dominar no nosso corpo mortal (Rm 6,12)... Então Deus deve passear em nós como num paraíso espiritual (Gn 3,8) e somente em nós dominar com o seu Cristo..." (PG 11,495s). O pensamento fundamental é claro: o "Reino de Deus" não se encontra algures num mapa. Não é nenhum Reino à maneira dos reinos do mundo; o seu lugar é a interioridade do homem. Aí ele cresce, e é a partir daí que ele atua.

Uma terceira dimensão sobre a explicação do Reino de Deus pode ser designada de explicação eclesiológica: o Reino de Deus e a Igreja são colocados de um modo distinto um em relação ao outro e mais ou menos aproximados um do outro.

Esta última orientação impôs-se sempre mais – tanto quanto me é possível ver –, sobretudo na Teologia católica moderna, apesar de que as explicações com base no sentido da interioridade do homem e da relação com Cristo nunca tenham estado totalmente fora de consideração. Mas na Teologia do século XIX, e também do início do século XX, falava-se principalmente da Igreja como o Reino de Deus na terra; a Igreja era vista como a realização do Reino no interior da história. Entretanto, o Iluminismo tinha operado na Teologia protestante uma mudança radical na exegese e assim conduzido a uma nova compreensão da mensagem de Jesus sobre o Reino de Deus; por sua vez, esta nova explicação depressa se dividiu em direções completamente diferentes.

Para a Teologia liberal do início do século XX, encontramos Adolf von Harnack, que via na mensagem de Jesus sobre o Reino de Deus uma dupla revolução com relação ao judaísmo do seu tempo. Enquanto no judaísmo tudo estava dirigido para o coletivo, para o povo da eleição, a mensagem de Jesus era estritamente individualista: Ele se dirigia aos indivíduos e tinha reconhecido precisamente o valor infinito do indivíduo e constituído como fundamento da sua doutrina. Uma segunda oposição é fundamental em Harnack. No judaísmo, o cultual (e com ele o sacerdócio) tinha dominado; Jesus teria posto de lado o cultual e estruturado a sua mensagem de um modo estritamente moral. Ele não apostava nem na pureza nem na santificação do culto, mas sim na alma do homem: a ação moral de cada um, as suas obras de amor são decisivas, independentemente do fato de cada um entrar no Reino ou ser dele excluído.

Esta oposição entre o culto e a moral, entre o coletivo e o individual teve uma grande repercussão e a partir dos anos 1930 foi também progressivamente assumida pela exegese católica. Harnack ligou-a também à oposição das três grandes figuras do cristianismo – o romano-católico, o grego-eslavo e o germano-protestante –, sendo que o último teria reconstituído a mensagem de Jesus na sua pureza. No entanto, houve precisamente no campo protestante também decisivas posições opostas: não seria então o indivíduo como tal o destinatário da promessa, mas a comunidade, e enquanto membro da comunidade é que o indivíduo alcançaria a salvação. Não se trataria do esforço moral do homem; o reino de Deus estaria antes "para além da moral" e seria pura graça, como se pode ver especialmente nas refeições de Jesus com os pecadores (ver, por exemplo, K. L. Schmidt, ThWNT I 587s).

O período áureo da Teologia liberal terminou com a Primeira Guerra Mundial e com a radical mudança do clima espiritual que se lhe seguiu. No entanto, esta mudança já se tinha anunciado muito antes. O seu primeiro e claro sinal foi o livro de Johannes Weiss *A pregação de Jesus acerca do Reino de Deus* (1892). Na mesma direção, iam os primeiros trabalhos exegéticos de Albert Schweitzer: agora afirmava-se que a mensagem de Jesus fora radicalmente escatológica, a sua pregação sobre a proximidade do Reino de Deus consistia no anúncio do iminente fim do mundo, da irrupção do novo mundo de Deus, precisamente da sua soberania. A pregação sobre o Reino de Deus devia portanto ser concebida estritamente no sentido do fim do mundo. Mesmo textos que aparentemente contradiziam esta explicação eram explicados forçosamente neste sentido, como, por exemplo, as parábolas que falavam de crescimento, como a do semeador (Mc 4,3-9), a do grão de mostarda (Mc 4,30-32), a do fermento (Mt 13,33; Lc 13,20), a da semente que por si mesma vai germinando (Mc 4,26-29). Neste sentido dizia-se então: não se trata de crescimento, mas o que Jesus queria dizer era que o que aparece agora é pequeno, porém de repente – como por um toque de mágica – surgirá algo diferente. Eram diversos os modos como procurava traduzir-se para a vida dos cristãos de hoje esta visão de uma escatologia iminente já não imediata para nós. Bultmann, por exemplo, procurou fazê-lo com a ajuda da filosofia de Heidegger: tratar-se-ia de uma atitude da existência, de uma "permanente disponibilidade"; Jürgen Moltmann desenvolveu, em ligação com E. Bloch, uma teologia da esperança, que pretendia compreender a fé como envolvimento ativo na formação do futuro.

Entretanto, desenvolveu-se em vastos círculos, especialmente da Teologia católica, uma interpretação secularista do pensamento do Reino, que originou uma nova visão do cristianismo, das religiões e da história em geral, e com esta profunda transformação o que se pretendia era tornar apropriável a alegada mensagem de Jesus. Diz-se então que antes do Concílio dominava uma perspectiva eclesiocêntrica, tendo sido a Igreja colocada como o ponto central do cristianismo. Depois, ter-se-ia passado para uma visão cristocêntrica e consequentemente Cristo seria ensinado como o ponto central de tudo. No entanto – diz-se –, não é só a Igreja que é fator de divisão, mas também Cristo, na medida em que Ele pertence apenas aos cristãos. E assim se passou do cristocentrismo para o teocentrismo e pensava-se que se estaria mais próximo da comunidade das religiões. Mas com isso não foi ainda atingido o objetivo, porque também Deus pode ser visto como fator de divisão entre as religiões e os homens.

Por isso devia ser dado o passo para o reinocentrismo, para a centralidade do Reino. Este fora, de fato, o centro da mensagem de Jesus e este devia ser o caminho certo para finalmente unir todas as forças positivas da humanidade para o acesso ao futuro do mundo. "Reino": significa simplesmente um mundo no qual dominam a paz, a justiça e o respeito pela criação. Não se trata de mais nada. Este "Reino" devia ser constituído como o objetivo final da história. E esta seria a verdadeira tarefa das religiões: o trabalho conjunto para a vinda do "Reino". Elas poderiam, entretanto, conservar as suas tradições, cada qual viver a sua identidade, mas deviam, com as suas respectivas diversidades, trabalhar juntas pelo "Reino", isto é, por um mundo no qual são determinantes a paz, a justiça e o respeito pela criação.

Isto parece o ideal: por este caminho parece ser possível finalmente tornar a mensagem de Jesus verdadeiramente universal, sem que seja necessário missionar as outras religiões; agora parece ter a Sua palavra finalmente ganhado um conteúdo prático e, assim, tornar-se a realização do "Reino" uma tarefa comum e torná-lo próximo. No entanto, quando observamos mais distanciadamente, ficamos perplexos: quem é que nos diz propriamente o que é a justiça? O que nas situações concretas serve à justiça? Como é construída a paz? Mas, a uma observação mais atenta, tudo isso se mostra como um palavreado utópico sem conteúdo real, desde que ocultamente não se pressupunha doutrinas partidárias como conteúdo destes conceitos a ser aceito por todos.

Mas o que se mostra é sobretudo o seguinte: Deus desapareceu, do que se trata é apenas do homem. O respeito perante as tradições religiosas é apenas aparente. Na realidade, elas são vistas como uma quantidade de hábitos que podem ser permitidos aos homens, embora em última instância não contem para nada. A fé, as religiões, têm apenas como finalidade objetivos políticos. Pois na verdade o que conta é única e exclusivamente a organização do mundo. A religião conta apenas na medida em que pode, para esse efeito, oferecer alguma ajuda. A proximidade desta visão pós-cristã da fé e da religião a respeito da terceira tentação de Jesus é inquietante.

Mas regressemos ao Evangelho, ao Jesus real. A nossa crítica central a esta ideia secular e utópica do reino tinha dito assim: Deus desapareceu. Ele já não é nem utilizado nem incomodado. Mas Jesus anunciou o Reino de Deus, não um Reino qualquer. S. Mateus fala, porém, do "Reino dos céus"; mas a palavra "céu" é a paráfrase para a palavra que – por respeito perante o mistério de Deus e tendo em conta o que prescreve o segundo mandamento – era, de um modo geral, evitada no judaísmo. Por isso, com a expressão "Reino dos céus" não se indica algo que esteja para além; ao contrário, o que está em causa é o discurso sobre Deus, que é tanto transcendente como imanente – transcende infinitamente o nosso mundo, mas é ao mesmo tempo interior ao mundo.

É importante ainda outra observação linguística: a palavra hebraica que se encontra aqui subjacente – *malkut* – "é um *nomen actionis* e designa – como também a palavra grega *Basileia* – a função de soberania, a condição de senhor que era própria do rei" (Stuhlmacher I 67). Não se trata, portanto, de um "Reino" iminente ou a constituir-se, mas sim da realeza de Deus sobre o mundo, a qual de um modo novo se torna acontecimento na história.

Poderíamos dizer de um jeito mais simples: Jesus anuncia, à medida que fala do Reino de Deus, simplesmente Deus e precisamente o Deus vivo, que é capaz de agir de modo concreto no mundo e na história e que já está exatamente agora em ação. Ele nos diz: Deus existe. E: Deus é verdadeiramente Deus, quer dizer, Ele tem nas suas mãos os cordelinhos do mundo. Neste sentido, a mensagem de Jesus é muito simples, sempre mais teocêntrica. O que é novo e totalmente específico na sua mensagem é dizer: Deus está em ação agora, esta é a hora em que Deus se mostra na história, de um modo que supera tudo o que aconteceu até agora, como seu Senhor, como o Deus vivo. Neste sentido, a tradução "Reino de Deus" é insuficiente, pois seria melhor se se falasse da condição *senhorial* de Deus ou da soberania de Deus.

Mas agora devemos tentar definir um pouco melhor, e a partir do seu contexto histórico, o conteúdo da "mensagem de Jesus sobre o Reino". O anúncio da soberania de Deus, como toda a mensagem de Jesus, radica no Antigo Testamento, que Ele, no seu movimento progressivo desde os inícios em Abraão até a sua hora, lê como um todo, o qual – precisamente se se capta a totalidade deste movimento – conduz diretamente a Jesus.

Lá estão em primeiro lugar os assim chamados salmos de entronização, os quais proclamam o reino de Deus (YHWH) – um reino que é compreendido de um modo cósmico-universal e que Israel acolhe no modo da adoração (Sl 47; 93; 96-99). A partir do século VI e perante as catástrofes na história de Israel, o Reino de Deus torna-se expressão da esperança a respeito do futuro. No livro de Daniel – estamos no século II a.C. –, fala-se de Deus como Senhor no presente, mas ele nos anuncia sobretudo uma esperança a respeito do futuro, para a qual se torna importante a figura do "Filho do homem", que deve iniciar esta soberania. No judaísmo do tempo de Jesus, encontramos um conceito do reinado de Deus no culto do Templo de Jerusalém e na liturgia da sinagoga; encontramo-lo também no ensino dos rabinos e nos escritos de Qumran. O judeu piedoso reza todos os dias o *Shemá Israel*: "Escuta, Israel, YHWH, nosso Deus é único. Por isso deves amar o Senhor teu Deus com todo o coração, com toda a alma e com todas as tuas forças..." (Dt 6,4s; 11,13; cf. Num 15,37-41). A recitação desta oração foi interpretada como o modo de aceitar o jugo da soberania de Deus: esta oração não é apenas palavra, pois nela o que reza aceita a condição real de Deus, de tal modo que por meio do ato de orar ele entra no mundo, é transportado por ele, e por meio da oração determina o seu modo de vida, o seu cotidiano, tornando-se portanto presente aqui, neste lugar, no mundo.

Vemos assim que a soberania de Deus, o divino ser senhor sobre o mundo e sobre a história, transcende o momento, transcende a história no seu todo e vai para além dela; a sua dinâmica interna conduz a história para além de si mesma. No entanto, o reino é ao mesmo tempo algo sempre presente – presente na liturgia, no Templo e na sinagoga como antecipação do mundo que há de vir; presente como força que informa a vida por meio da oração e do ser do crente que transporta o jugo de Deus e assim alcança antecipadamente a sua parte no mundo futuro.

Precisamente neste ponto podemos ver como Jesus era um "verdadeiro israelita" (Jo 1,47) e como ao mesmo tempo superou o judaísmo – no sentido da dinâmica interna das suas promessas. Nada foi perdido dos conteúdos que acabamos de encontrar. No entanto, há aqui algo de novo, que se exprime sobretudo nas palavras "o Reino de Deus está próximo" (Mc 1,15), se aproxima de vós (Mt 12,28), está "no meio de vós" (Lc 17,21). Aqui se expressa um processo da vinda, que já está em movimento e que diz respeito a toda a história. Foram estas palavras que provocaram as teses acerca da expectativa da proximidade do Reino de Deus, que permitiu que estas aparecessem como o específico de Jesus. Mas esta interpretação não é vinculante e até deve ser claramente excluída, quando se toma em consideração o conjunto que constitui como que a estrutura das palavras de Jesus: vê-se então como o defensor da interpretação apocalíptica da mensagem de Jesus sobre o Reino (no sentido da expectativa próxima) lhe nega, simplesmente a partir dos seus critérios, uma grande parte das suas palavras e outras devem ser violentamente vergadas a este tema.

À mensagem de Jesus sobre o Reino pertencem – já vimos – afirmações que exprimem a pobreza deste Reino na história: ele é como um grão de mostarda, a menor de todas as sementes. Ele é como o fermento, uma pequena quantidade em comparação com toda a massa, mas que determina o que será feito dela. Ele é repetidamente comparado com a semente que é lançada no campo do mundo e que aí sofre uma história diferenciada – comida pelos pássaros, ressequida debaixo dos espinhos ou então amadurecendo até dar muito fruto. Uma outra parábola diz que a semente do Reino cresce, mas que entretanto um inimigo semeia entre ela erva daninha, que cresce juntamente e que só no fim se dá a separação (Mt 13,24-30).

Um outro aspecto desta realidade misteriosa do "Reino de Deus" aparece quando Jesus o compara com um tesouro que foi enterrado num campo. Quem o descobre enterra-o de novo e vende tudo para poder comprar o campo e assim conseguir a propriedade do tesouro, que pode conceder todas as realizações. Esta parábola é paralela à parábola da pérola preciosa: quem a encontrou desfaz-se igualmente de tudo para conseguir este bem que supera todas as coisas (cf. Mt 13,44ss). De novo um outro aspecto da realidade do "Reinado de Deus" (Reino) aparece quando Jesus, numa palavra difícil de entender, diz que o "Reino dos céus" sofre violência, "e que os violentos é que o arrebatam" (Mt 11,12). É inadmissível metodologicamente reconhecer como "jesuano" apenas um aspecto do todo e, a partir de uma tal afirmação arbitrária, distorcer todo o resto. Devemos antes dizer: a realidade que Jesus designa como "Reino de Deus, soberania de Deus" é extraordinariamente complexa, e só na aceitação do todo é que podemos aceder à sua mensagem e nos deixarmos por ela conduzir.

Consideremos mais de perto pelo menos um texto que é caracterizado pela dificuldade em compreender a mensagem misteriosamente fechada de Jesus. Lucas nos diz: "Quando os fariseus perguntaram a Jesus quando viria o Reino de Deus, Ele respondeu-lhes: o Reino de Deus não vem de um modo que alguém possa olhar para ele (como espectador neutro). Não dirão: ele está aqui ou ali – então olhai: o Reino está entre vós!" (Lc 17,20s). Nas explicações desse texto encontramos de novo as diferentes orientações nas quais foi compreendido o Reino de Deus – de acordo com os pressupostos e as visões de fundo a respeito da realidade que o intérprete traz consigo.

Há a explicação "idealista", que nos diz: o Reino de Deus não é uma figura exterior, mas encontra o seu lugar no interior do homem (pensemos no que ouvimos antes de Orígenes). Há algo de verdade aqui, mas, até mesmo do ponto de vista linguístico, esta explicação não é suficiente. Há também a explicação no sentido da expectativa próxima que declara: o Reino de Deus não vem lentamente, de modo que possa ser observado, mas sim de repente. Mas esta interpretação não encontra nenhum fundamento na formulação do texto. Hoje a crítica é cada vez mais inclinada a pensar que Cristo, com essa palavra, referia-se a si mesmo: Ele, que está no meio de nós, é o Reino de Deus, só que nós não O conhecemos (Jo 1,30s). Com outro matiz vai na mesma direção outra palavra de Jesus: "Se Eu expulso os demônios com o dedo de Deus, então o Reino de Deus chegou ao meio de vós" (Lc 11,20). Aqui, tal como no texto anterior, não se trata simplesmente da presença física de Jesus, na qual estaria o "Reino", mas sim no seu agir que acontece no Espírito Santo. Neste sentido torna-se presente Nele e por Ele, aqui e agora, o Reino de Deus, "que está a chegar".

Assim se impõe a resposta ainda provisória e que deverá ser ainda desenvolvida em todo o decurso da nossa escuta da Escritura: a nova proximidade do Reino de que Jesus fala e cuja proclamação constitui o elemento distintivo da sua mensagem – esta nova proximidade consiste n'Ele mesmo. Com sua presença e sua ação, Deus irrompe como atuante aqui e agora na história. Por isso é que agora é a plenitude do tempo (Mc 1,15); por isso é que agora, de um modo único, é tempo da conversão e da penitência, bem como tempo da alegria, porque, em Jesus, Deus se aproxima de nós. N'Ele Deus está agora em ação e é verdadeiramente Senhor – dominando divinamente, isto é, não com o poder do mundo, mas dominando por meio do amor que vai até "o fim" (Jo 13,1), até a cruz. É a partir deste centro que se juntam os diferentes aspectos aparentemente contraditórios. É a partir daqui que entendemos as afirmações sobre a pequenez e a condição escondida do Reino; donde a representação fundamental da semente, que ainda nos vai ocupar muitas vezes; donde também o convite à coragem para o seguimento, que abandona tudo. Ele mesmo é o tesouro; a comunhão com Ele é a pérola preciosa.

A partir daqui se esclarece também a tensão entre *ethos* e graça, entre o mais estrito personalismo e a vocação para uma nova família. Na contemplação da *Tora* do Messias no Sermão da Montanha veremos como agora se encontram mutuamente implicados a liberdade a respeito da lei, o dom da graça, a "maior justiça" exigida por Jesus aos discípulos, a superabundância de justiça frente à justiça dos fariseus e dos escribas (Mt 5,20). Consideremos um instante apenas um exemplo: a história de dois homens, um fariseu e um publicano, que rezam no templo de um modo muito diferente (Lc 18,9-14).

O fariseu pode vangloriar-se de virtudes consideráveis; ele fala a Deus apenas de si mesmo e julga louvar a Deus conforme louva a si mesmo. O publicano está consciente dos seus pecados e sabe que não pode se vangloriar diante de Deus e, consciente também da sua culpa, pede a graça. Quer isto então dizer que um personaliza a ética e o outro a graça sem a ética ou contra a ética? Na realidade, não se trata da questão: ética, sim ou não; mas de dois modos de o homem se situar perante Deus e perante si mesmo. Um não olha para Deus, mas apenas para si mesmo; ele não precisa propriamente de Deus, porque ele por si mesmo faz tudo bem. Aqui não há realmente nenhuma relação com Deus, o qual, em última análise, é supérfluo – basta a própria ação. O homem justifica-se a si mesmo. O outro, pelo contrário, olha para si mesmo a partir de Deus. Ele olhou para Deus e a partir daí abriu o olhar sobre si mesmo. Assim, ele sabe que precisa de Deus e que vive dos seus bens, que ele não pode forçar, que ele mesmo não pode alcançar. Ele sabe que precisa de misericórdia e que da misericórdia de Deus ele aprenderá a ser ele mesmo misericordioso e assim se tornar semelhante a Deus. Ele vive da relação, de ser agraciado; ele precisará sempre da oferta do bem, do perdão, mas também aprenderá a retribuí-lo. A graça que ele implora não o desliga da ética. Só ela é que o capacita realmente para fazer o bem. Ele precisa de Deus e, porque O conhece, começa então a ser ele mesmo bom a partir da bondade de Deus. A ética não é negada: ela é apenas liberta da paralisação do moralismo e transposta para o contexto de uma relação do amor, da relação com Deus; assim, a ética é restituída a si mesma.

O tema do "Reino de Deus" penetra toda a pregação de Jesus. Só o podemos compreender a partir da totalidade da sua pregação. Se nos dirigirmos agora para uma peça central da pregação de Jesus – o Sermão da Montanha –, encontraremos aí desenvolvidos de modo mais profundo os temas aqui esboçados superficialmente. Ficará claro, sobretudo, que Jesus fala sempre como o Filho, que a relação entre o Pai e o Filho está sempre presente como pano de fundo da sua mensagem. Neste sentido, o discurso sobre Deus é sempre central, mas precisamente porque Jesus mesmo – o Filho – é Deus, então toda a sua pregação é mensagem do seu próprio mistério, a cristologia, isto é, discurso acerca da presença de Deus na sua própria ação e no seu próprio ser. Veremos como aqui está a questão que exige decisão e como a partir daqui se encontra a causa que conduz à cruz e à ressurreição.

CAPÍTULO 4
O Sermão da Montanha

À história da tentação de Jesus segue-se, em S. Mateus, uma breve informação sobre a primeira ação de Jesus na qual expressamente é representada a Galileia como "a Galileia dos gentios" – a região anunciada pelo profeta (cf. Is 8,23; 9,1) para o surgir da "grande luz" (Mt 4,15s). S. Mateus responde assim à admiração que o redentor não venha de Jerusalém nem da Judeia, mas sim de uma faixa de terra que era vista como meio pagã: justamente isto que aos olhos de muitos fala contra a missão messiânica de Jesus – a sua origem de Nazaré, da Galileia – é, na realidade, a prova da sua missão divina. Desde o princípio, S. Mateus reivindica em favor de Jesus o Antigo Testamento até os menores pormenores. O que S. Lucas afirma acerca do caminho de Jesus com os discípulos de Emaús, sem no entanto entrar em pormenores – que nomeadamente todas as Escrituras se referem a Ele (Lc 24,25ss) –, é o mesmo que S. Mateus procura demonstrar para cada pormenor do caminho de Jesus.

Teremos de voltar a três elementos do primeiro resumo acerca da ação de Jesus (Mt 4,12-25). Aí está em primeiro lugar a informação radical sobre o conteúdo da pregação de Jesus, que deve resumir o conjunto da sua mensagem: "Convertei-vos: o Reino (a realeza) dos céus está próximo" (Mt 4,17). Como segundo elemento encontra-se a vocação dos doze apóstolos, com a qual Jesus, num gesto simbólico e ao mesmo tempo numa ação muito concreta, anuncia a renovação do povo das doze tribos, a nova reunião de Israel, e a põe em prática. Finalmente, torna-se aqui igualmente claro que Jesus não é apenas o mestre, mas também o redentor de todo homem: o Jesus como mestre é também o Jesus que cura.

Assim, em poucas linhas, mais precisamente treze versículos (4,12-25), S. Mateus apresenta aos seus ouvintes um primeiro quadro da figura e da obra de Jesus. Segue-se então em três capítulos o "Sermão da Montanha". O que é isso? Com esta grande composição do discurso, S. Mateus apresenta-nos Jesus como o novo Moisés, e justamente no sentido mais profundo, em que aparece em ligação com a promessa messiânica do Livro do Deuteronômio.

  O versículo introdutório (Mt 5,1) é muito mais do que um quadro meramente casual: "Quando Jesus viu as multidões, subiu a um monte. Depois que se tinha sentado, aproximaram-se d'Ele os discípulos. Ele abriu a sua boca e começou a ensinar...". Jesus senta-se – expressão da autoridade do mestre. Ele toma lugar na "cátedra" da montanha. Mais tarde, Ele falará dos rabinos, que se sentam na cátedra – na "cadeira de onde se ensina" – de Moisés e por isso têm autoridade; e portanto a sua doutrina deve ser escutada e acolhida, mesmo se a sua vida a contradiz (cf. Mt 23,2), e mesmo se eles em si não são autoridade, mas precisamente receberam de outro a autoridade. Jesus senta-se na "cátedra" como mestre de Israel e como mestre do homem em absoluto. De fato – veremos isso na interpretação do texto –, com a palavra "discípulos", S. Mateus não limita o círculo daqueles aos quais este discurso é dirigido, mas alarga-o. Quem quer que seja que escuta e que acolhe a palavra pode tornar-se um "discípulo".

  No futuro, trata-se da escuta e do seguimento, não mais da ascendência. O discipulado é possível a quem quer que seja, vocação existe para todos: é assim que a partir da escuta se forma um Israel, um novo Israel, que não exclui nem acaba com o antigo, mas que o ultrapassa na dimensão de um envolvimento universal.

Jesus senta-se na "cátedra" de Moisés, mas não como os mestres que para tal se formaram na escola; Ele se senta lá como aquele que é maior do que Moisés, que estende a aliança a todos os povos. Assim, torna-se claro também o significado da montanha. O evangelista não nos diz de que colina da Galileia se trata. Isso porque o lugar da pregação de Jesus é simplesmente "o monte", o novo Sinai. "O monte" é o lugar da oração de Jesus, do seu face a face com o Pai; por isso mesmo é também o lugar do seu ensinamento, o qual brota deste mais íntimo colóquio com o Pai. "O monte" é assim por si mesmo também identificado com o novo, o definitivo Sinai.

No entanto, este "monte" é muito diferente daquele enorme rochedo maciço no deserto! Segundo a tradição, o monte das bem-aventuranças é uma elevação situada ao norte do lago de Genesaré: quem já esteve lá alguma vez, quem desfrutou a larga vista sobre as águas do lago, quem sentiu com a alma o céu e o sol, as árvores e os prados, as flores e o cântico dos pássaros, não pode esquecer a admirável atmosfera de paz, de beleza da criação, que se encontra ali numa terra infelizmente tão carente de paz.

Mas seja qual for a elevação que tenha sido "o monte das bem-aventuranças", algo dessa paz e desta beleza a marcou. A versão da experiência do Sinai, que foi dada a Elias (cf. 1 Rs 19,1-13) – a passagem de Deus sendo percebida não na tempestade nem no fogo nem no tremor de terra, mas na brisa suave e leve –, tornou-se aqui completa. O poder de Deus revela-se agora na sua suavidade, a sua grandeza revela-se na sua simplicidade e na sua proximidade. Todavia, tal experiência não é menos profunda. O que antes se expressou na tempestade, no fogo e no tremor de terra toma agora a forma da cruz, do Deus sofredor que nos chama para este misterioso fogo, o fogo do amor crucificado: "Bem-aventurados sereis vós quando vos insultarem e perseguirem..." (Mt 5,11). Perante a violência da revelação do Sinai, o povo estava de tal modo aterrorizado que disse a Moisés: "Fala tu conosco, nós prestaremos atenção. Mas Deus não deve falar conosco, senão morremos" (Ex 20,19).

Agora, ao contrário, Deus fala de um modo muito próximo, como de homem para homem. Agora Ele desce até o fundo dos seus sofrimentos; mesmo assim isso levará, e leva sempre de novo, os ouvintes que todavia julgam ser discípulos a dizer: "É duro este discurso, quem é que o pode escutar?" (Jo 6,60). Mesmo os novos bens do Senhor não são água com açúcar. O escândalo da cruz é para muitos ainda mais insuportável do que outrora os trovões do Sinai para os israelitas. Sim, eles tinham razão quando disseram: "... Deus não deve falar conosco, senão morremos" (Ex 20,19). Sem um "morrer", sem a destruição do que há de mais individual, não há comunhão com Deus nem redenção: a meditação sobre o batismo já o mostrou – o batismo não se deixa reduzir a um simples ritual.

Já antecipamos, de certo modo, o que só será totalmente compreensível com a meditação do texto. Deveria ter-se tornado claro que o Sermão da Montanha é a nova *Tora* que Jesus traz. Moisés pode trazer a sua *Tora* apenas com o penetrar na treva divina da montanha; também com a *Tora* de Jesus são pressupostos o penetrar de Jesus na comunhão com o Pai, a ascensão interior de toda a sua vida, que continua na descida à comunhão de vida e de sofrimento com os homens.

O evangelista S. Lucas transmite-nos uma versão mais curta do Sermão da Montanha e com outros destaques. Para ele, que escreve para cristãos vindos do paganismo, não se trata de apresentar Jesus como novo Moisés nem da sua palavra como *Tora* definitiva. Por isso é que já o ambiente exterior é disposto de outro modo. Em S. Lucas, o Sermão da Montanha é precedido imediatamente pela vocação dos doze apóstolos, que S. Lucas apresenta como o fruto de uma noite de vigília de oração e que transfere para o monte como lugar da oração de Jesus. Depois deste acontecimento fundamental para o caminho de Jesus, o Senhor desce do monte justamente com os doze escolhidos e apresentados com o próprio nome e permanece de pé num lugar plano. Para S. Lucas, estar de pé é expressão da grandeza e do poder de Jesus; o lugar plano é expressão da extensão para a qual Jesus fala, que o evangelista sublinha quando nos diz que – além dos doze, com os quais descera do monte – tinha vindo uma grande quantidade dos seus discípulos bem como uma multidão do povo da Judeia, de Jerusalém e da região costeira de Tiro e de Sídon, para O escutar e para ser curada por Ele... (Lc 6,17ss). Para o sentido universal do Sermão da Montanha, que se torna visível neste cenário, é de novo importante que S. Lucas – tal como S. Mateus – diga: "Erguendo os olhos para os seus discípulos, disse..." (Lc 6,20). Isto quer dizer duas coisas: o Sermão da Montanha dirige-se a toda a vastidão do mundo, presente e futuro, mas ele exige discipulado e só pode ser verdadeiramente entendido e vivido seguindo-se Jesus, caminhando-se com Ele.

Nas reflexões que se seguem, não se pode naturalmente tratar de uma explicação do Sermão da Montanha versículo por versículo; selecionei então três pontos em que a mensagem de Jesus e a sua forma, segundo me parece, podem aparecer perante nós de um modo especialmente claro. Trata-se, em primeiro lugar, das bem-aventuranças. Em segundo lugar, gostaria de refletir sobre a nova versão da *Tora* que Jesus nos oferece. Aqui, Jesus está em diálogo com Moisés, em diálogo com as tradições de Israel. O grande estudioso judeu Jacob Neusner, num livro importante, introduziu-se por assim dizer entre os ouvintes do Sermão da Montanha e em seguida tentou um diálogo com Jesus, sob o título *Um rabino fala com Jesus*. Esta disputa respeitosa e sincera de um judeu crente com Jesus, o filho de Abraão, mais do que outras explicações que eu conheço, abriu-me os olhos para a grandeza da palavra de Jesus e para a decisão perante a qual o Evangelho nos coloca. Assim, gostaria de, num parágrafo, entrar como cristão no diálogo do rabino com Jesus, para a partir daí compreender melhor o que é autenticamente judeu e o mistério de Jesus. Por último, uma parte muito importante do Sermão da Montanha – como poderia ser de outro modo – é consagrada à oração; esta parte culmina no *Pai-Nosso*, com o qual Jesus quer ensinar os discípulos de todos os tempos a rezar, colocá-los diante do rosto de Deus e assim os conduzir pelo caminho da vida.

1. As bem-aventuranças

As bem-aventuranças não raramente são apresentadas como a alternativa do Novo Testamento a respeito do Decálogo, por assim dizer a mais elevada ética dos cristãos ante os mandamentos do Antigo Testamento. Com tal concepção distorce-se totalmente o sentido destas palavras de Jesus. Jesus sempre pressupôs como evidente a validade do Decálogo (ver, por exemplo, Mc 10-19; Lc 16,17); no Sermão da Montanha, são assumidos e aprofundados os mandamentos da segunda tábua, mas não abolidos (Mt 5,21-48); isso contradiria, ainda que diametralmente, a proposição fundamental que este diálogo sobre o Decálogo pressupõe: "Não penseis que vim revogar a lei ou os profetas; não vim revogá-la, mas completá-la. Porque, em verdade vos digo: até que passem o céu e a terra, não passará um só jota ou um só ápice da lei, sem que tudo se cumpra" (Mt 5,17s). Depois do diálogo entre o rabino e Jesus, havemos de voltar a esta frase, que só aparentemente está em contradição com a mensagem de S. Paulo. Para ele já é suficiente ver que Jesus não pensa em anular o Decálogo; pelo contrário: Ele o reforça.

Mas, então, o que são as bem-aventuranças? Elas se inserem, antes de mais, numa longa tradição da mensagem do Antigo Testamento, tal como a encontramos, por exemplo, no Salmo 1 e no texto paralelo de Jeremias (Jer 17,7s): bem-aventurado o homem que confia no Senhor... São palavras que traduzem uma promessa, mas que servem ao mesmo tempo para o discernimento dos espíritos e assim se tornam instruções que indicam o caminho da sabedoria. A disposição que S. Lucas dá ao Sermão da Montanha elucida a direção especial das bem-aventuranças: "Erguendo os olhos para os seus discípulos...". Cada um dos elementos das bem-aventuranças resulta do olhar para os discípulos; descrevem o estado dos discípulos de Jesus: são pobres, famintos, que choram, odiados e perseguidos (Lc 6,20ss). Trata-se não só de qualificações práticas, mas também teológicas dos discípulos – daqueles que passaram a seguir Jesus e se tornaram a sua família.

Mas a situação empírica de ameaça, na qual Jesus vê os seus, torna--se promessa quando o olhar sobre eles for iluminado a partir do Pai. Na perspectiva da comunidade dos discípulos de Jesus, as bem-aventuranças são um paradoxo – os critérios mundanos são subvertidos, desde que as coisas sejam vistas na perspectiva correta, nomeadamente a partir do valor de Deus, que é diferente dos valores do mundo. Justamente os que são considerados pelo mundo pobres e perdidos são de verdade os felizes, os que são abençoados e podem, em todos os seus sofrimentos, alegrar-se e rejubilar-se. As bem-aventuranças são promessas nas quais resplandece a nova imagem do mundo e do homem, que Jesus inaugura, a "inversão dos valores". São promessas escatológicas, mas não devem ser entendidas como se a felicidade anunciada fosse adiada para um futuro distante e sem fim ou exclusivamente para o além. Quando o homem começa a ver e a viver a partir de Deus, quando ele se encontra na comunidade caminhando com Jesus, então ele vive com base em novos critérios, e já se torna presente algo do *"eschaton"*, do que ainda há de vir. De Jesus vem a felicidade para o meio da aflição.

Os paradoxos que Jesus apresenta nas bem-aventuranças exprimem a verdadeira situação dos crentes no mundo, descrita por S. Paulo repetidamente com base na sua experiência de vida e de sofrimento como apóstolo: "... considerados como impostores, ainda que sinceros; como desconhecidos, ainda que bem conhecidos; como agonizantes, embora estejamos com vida; como condenados, ainda que livres da morte; considerados tristes, mas sempre alegres; pobres, ainda que tenhamos enriquecido a muitos; como nada tendo, mas tudo possuindo" (2 Cor 6,8-10). "Em tudo somos atribulados, mas não esmagados; perplexos, mas não desanimados; perseguidos, mas não desamparados; abatidos, mas não destruídos..." (2 Cor 4,8-10) O que nas bem--aventuranças do Evangelho de S. Lucas é conselho e promessa é em S. Paulo a experiência vivida do apóstolo. Ele se sente "colocado no último lugar", como um condenado à morte e tornado espetáculo para o mundo, sem casa, insultado, difamado (1 Cor 4,9-13). E, no entanto, ele envolve tal experiência numa alegria infinita; justamente como extraditado, que se despojou de tudo para levar Cristo aos homens, ele experimenta a relação interior entre a cruz e a ressurreição: somos entregues à morte "também para que se revele a vida de Jesus no nosso corpo mortal" (2 Cor 4,11). Cristo continua a sofrer nos seus mensageiros, a cruz continua a ser sempre o seu lugar. Mas mesmo aí Ele é irrevogavelmente o ressuscitado. E se também o mensageiro de Jesus neste mundo ainda se encontra na história de sofrimento de Jesus, então também aí é sensível o brilho da ressurreição e gera uma alegria, uma "alegria" que é maior que a felicidade que antes podia ter experimentado nos caminhos do mundo. Só agora ele sabe o que realmente é "felicidade", o que é verdadeira "alegria", e reconhece assim como era pouco o considerado pelos critérios comuns como satisfação e como fortuna.

Nos paradoxos da experiência de vida de S. Paulo, que correspondem aos paradoxos das bem-aventuranças, mostra-se o mesmo que de um outro modo S. João tinha expressado, quando caracterizara a cruz do Senhor como "elevação", como entronização na grandeza de Deus. S. João junta numa palavra a cruz e a ressurreição, a cruz e a elevação, porque para ele na realidade uma é inseparável da outra. A cruz é o ato do "êxodo", o ato do amor, que é tomado a sério até o extremo e que vai "até o fim" (Jo 13,1), por isso é o lugar da glória, o lugar do toque autêntico e da união com Deus, que é o amor (1 Jo 4,7, 16). Assim, nesta visão de S. João, concentra-se e torna-se compreensível o significado dos paradoxos do Sermão da Montanha.

O olhar sobre S. Paulo e sobre S. João clarificou duas coisas: as bem-aventuranças exprimem o que significa o discipulado. Elas se tornam tanto mais concretas e reais quanto mais completa for a entrega do discípulo ao serviço, como podemos ver exemplarmente em S. Paulo. O que elas significam não se pode exprimir simplesmente de um modo teórico; isso é dito na vida e no sofrimento e na alegria misteriosa do discípulo, que se entregou totalmente a seguir o Senhor. Assim, torna-se claro um segundo ponto: o caráter cristológico das bem-aventuranças. O discípulo está ligado ao mistério de Cristo. A sua vida mergulhou na comunhão com Cristo: já não sou eu que vivo, é Cristo quem vive em mim (Gl 2,20). As bem-aventuranças são transposição da cruz e da ressurreição para a existência do discípulo. Mas elas valem para o discípulo, porque primeiro se realizaram como modelo original em Cristo mesmo.

Isso se torna ainda mais claro se agora nos voltarmos para a versão das bem-aventuranças segundo S. Mateus (cf. Mt 5,3-12). Quem lê com atenção o texto de S. Mateus vê que as bem-aventuranças são, no fundo, uma anterior biografia escondida de Jesus, um retrato da sua figura. Ele, que não tem onde reclinar a sua cabeça (Mt 8,20), é o verdadeiro pobre; Ele, que de si pode dizer: vinde a mim, porque Eu sou manso e humilde de coração (cf. Mt 11,29), é o verdadeiro manso; Ele é quem é puro de coração e, por isso, vê permanentemente Deus. Ele é o construtor da paz, aquele que sofre por causa de Deus: nas bem-aventuranças aparece o mistério de Cristo, e elas nos chamam para a comunhão com Cristo. Mas precisamente por causa do seu caráter cristológico escondido, as bem-aventuranças são também instruções para a Igreja, que nelas deve reconhecer o seu modelo – instruções para o seguimento, que toca a cada um individualmente, ainda que, segundo a pluralidade das vocações, de diferentes modos.

Consideremos agora mais de perto cada um dos membros da série das bem-aventuranças. Encontramos logo em primeiro lugar a palavra extremamente enigmática acerca dos "pobres em espírito". Esta palavra aparece nos documentos de Qumran, nos quais está a auto--caracterização daquela comunidade. Os seus membros também se autodenominam "os pobres da graça", "os pobres da tua redenção" ou simplesmente "os pobres" (Gnilka I, p. 121). A comunidade de Qumran exprime com esta autocaracterização a sua consciência de ser o verdadeiro Israel; ela se agarra assim na realidade a tradições que estão profundamente enraizadas na fé de Israel. No tempo da dominação da Judeia pela Babilônia, 90% dos judeus deviam ser contados entre os pobres; por causa da política dos impostos seguida pelos persas, depois do exílio ocorreu de novo uma dramática situação de pobreza. A antiga visão segundo a qual tudo corre bem para o justo, sendo a pobreza então consequência de uma má vida (a relação de causalidade entre ação e condição), deixou de se manter. Agora Israel se reconhece precisamente na sua pobreza como próximo de Deus, reconhece que justamente os pobres na sua humildade estão próximos do coração de Deus em oposição à soberba dos ricos, que apenas confiam em si mesmos.

Em muitos salmos, exprime-se a piedade dos pobres, que assim cresceu; eles se reconhecem como o verdadeiro Israel. Na piedade desses salmos, na profunda orientação para a bondade de Deus, na humana bondade e humildade, que assim se modela; na procura esperançosa do amor redentor de Deus, desenvolveu-se aquela abertura dos corações que abriu a porta para Cristo. Maria e José, Simeão e Ana, Zacarias e Isabel, os pastores de Belém, os 12 chamados pelo Senhor para o mais íntimo discipulado: todos pertencem a estes círculos que se distinguem dos fariseus e dos saduceus, mas também, apesar de muita proximidade espiritual, de Qumran. Assim começa o Novo Testamento, que se sabe totalmente em união com a mais pura e madura fé de Israel.

Aqui, em surdina, amadureceu também aquela atitude perante Deus que S. Paulo desenvolveu na sua Teologia da justificação: são homens que não brilham com as suas capacidades. Não se apresentam diante de Deus como uma espécie de parceiros de negócios em pé de igualdade, que elevam os seus atos à pretensão de uma recompensa correspondente. São homens que se sabem também interiormente pobres, homens que amam, que simplesmente querem deixar-se oferecer por Deus e precisamente assim viver em interior concordância com o ser e a palavra de Deus. A palavra de Sta. Teresa de Lisieux – ela estaria perante Deus de mãos vazias e mantê-las-ia abertas para Ele – descreve o espírito destes pobres de Deus: eles vêm com mãos vazias, não com mãos que agarram e seguram, mas com mãos que se abrem e se oferecem e assim estão prontas para os dons que Deus oferece.

Por tudo isso, também não se dá nenhuma oposição entre S. Mateus, que fala dos pobres segundo o espírito, e S. Lucas, segundo o qual o Senhor se dirige simplesmente aos "pobres". Foi dito que S. Mateus teria espiritualizado o conceito de pobreza que segundo S. Lucas seria originariamente entendido de um modo material e real, e assim tê-lo-ia despojado da sua radicalidade. Quem lê o Evangelho de S. Lucas sabe perfeitamente que precisamente este evangelista nos apresenta os "pobres em espírito", que eram por assim dizer os grupos sociológicos nos quais o caminho terreno de Jesus e da sua mensagem podia tomar o seu início. E é inversamente claro que S. Mateus permanece totalmente na tradição da piedade dos salmos e, assim, na visão do verdadeiro Israel, que nela encontrou expressão.

A pobreza de que aqui se trata não é um fenômeno simplesmente material. A simples pobreza material não redime, ainda que certamente os preteridos deste mundo possam contar, de um modo muito especial, com a bondade de Deus. Mas o coração daqueles que nada possuem pode estar endurecido, envenenado, ser mau – interiormente cheio de cobiça pela posse das coisas, esquecendo-se de Deus e cobiçando as propriedades externas.

Entretanto, a pobreza de que lá se fala também não é uma simples atitude espiritual. É evidente que a atitude radical que nos foi e nos é apresentada por tantos verdadeiros cristãos, desde o pai do monaquismo Sto. Antão até S. Francisco de Assis e até os exemplarmente pobres do nosso século, não é obrigatória para todos. Mas a Igreja precisa sempre, para estar em comunhão com os pobres de Jesus, dos grandes renunciadores; ela precisa das comunidades que os seguem, que vivem na pobreza e na simplicidade e que assim nos mostram a verdade das bem-aventuranças, para sacudir a todos para que estejam despertos, para compreenderem a propriedade apenas como serviço, para contraporem à cultura do ter uma cultura da liberdade interior e assim criarem os pressupostos para a justiça social.

O Sermão da Montanha como tal não é nenhum programa social, isto é verdade. No entanto, somente onde estiver viva no pensar e no agir a grande orientação que ele nos dá, somente aí onde a força da renúncia e da responsabilidade para com o próximo e para com tudo que vier da fé, somente aí pode crescer a justiça social. E a Igreja como um todo deve manter-se consciente de que deve permanecer reconhecível como a comunidade dos pobres de Deus. Como o Antigo Testamento se abriu a partir dos pobres de Deus para a renovação da nova aliança, assim também toda a renovação da Igreja deve partir daqueles nos quais vive a mesma decisiva humildade e a mesma bondade disponível para o serviço.

Com tudo isso consideramos até agora apenas a primeira metade da primeira bem-aventurança: "Felizes os pobres em espírito". Em S. Mateus e em S. Lucas, a promessa correspondente diz assim: deles (vosso) é o Reino de Deus (o Reino dos céus) (Mt 5,3; Lc 6,20). "Reino de Deus" é a categoria fundamental da mensagem de Jesus; ela aparece aqui nas bem-aventuranças; para a correta compreensão desse conceito muito debatido, é importante esta relação. Teremos de nos recordar disso quando nos aproximarmos mais do significado da expressão "Reino de Deus".

Mas talvez seja bom, antes de prosseguirmos na meditação sobre o texto, voltarmos os olhos para a figura da história da fé na qual esta bem-aventurança foi mais intensamente traduzida na existência humana: S. Francisco de Assis. Os santos são os verdadeiros intérpretes da Sagrada Escritura. O que uma palavra significa torna-se principalmente compreensível naqueles homens que foram totalmente tomados por ela e a viveram. A interpretação da Escritura não pode ser uma simples questão académica e não pode ser convertida apenas para o domínio histórico. A Escritura carrega em si, do começo ao fim, um potencial de futuro que apenas se abre no viver e no sofrer até o fim as suas palavras. S. Francisco de Assis agarrou-se na promessa desta palavra em toda a sua extrema radicalidade. Até o ponto de se despojar das suas vestes e se deixar revestir pelo bispo como o representante da bondade paterna de Deus, que veste os lírios do campo com mais beleza do que a de Salomão (Mt 6,28). Esta extrema humildade foi para ele antes de mais nada liberdade de serviço, liberdade para a missão; em última análise, confiança em Deus, que cuida não apenas das flores do campo, mas também dos seus filhos e dos homens; corretivo para a Igreja, a qual, com o sistema feudal, tinha perdido a liberdade e a dinâmica da itinerância missionária; íntima abertura para Cristo, com o qual na ferida dos estigmas de tal modo se configura que já não é ele quem realmente vive, mas, como renascido, existe totalmente a partir de Cristo e em Cristo. Ele não queria fundar nenhuma Ordem, mas apenas congregar de novo o povo de Deus para escutar a Palavra, que não se furta com comentários eruditos à seriedade do chamado. No entanto, com a criação da Terceira Ordem, aceita a distinção entre a missão radical e a necessária vida no mundo. Terceira Ordem significa precisamente aceitar com humildade a missão da vocação secular e as suas exigências, no próprio lugar em que cada qual se encontra, e aí viver em comunhão com Cristo, na qual Ele nos precede. "Ter como se não tivesse" (1 Cor 7,29ss), aprender esta tensão interior como talvez a mais difícil das exigências e poder realmente revivê-la sempre e de novo entre os homens, levando com eles o peso do radical seguimento: este é o sentido da Terceira Ordem, e assim se torna conhecido o que a bem-aventurança pode significar para *todos*. Sobretudo em S. Francisco torna-se também claro o que quer dizer "Reino de Deus". S. Francisco permaneceu totalmente na Igreja, e ao mesmo tempo em tais figuras a Igreja cresce no seu objetivo final e todavia já presente: o Reino de Deus está próximo...

Saltemos por um instante a segunda bem-aventurança do Evangelho de S. Mateus e avancemos para a terceira, que está intimamente ligada com a primeira: "Felizes os simples (mansos), porque terão a terra como herança" (5,5). A tradução alemã (*Einheitsübersetzung*) da Sagrada Escritura traduziu aqui a palavra grega que está subjacente, *praus*: que não empregam nenhuma violência. É um estreitamento da palavra grega, que leva em si uma rica carga na tradição. A bem-aventurança é praticamente uma citação de um salmo: "Os mansos (simples) herdarão a terra" (Sl 37,11). A expressão "os mansos – simples" é na Bíblia grega a tradução da palavra hebraica *anawim*, com que os pobres de Deus são caracterizados, dos quais falamos a respeito da primeira bem-aventurança. Assim, a primeira e a terceira bem-aventuranças transitam consideravelmente uma para a outra. A terceira elucida ainda um aspecto essencial do que se entende com a pobreza vivida a partir de Deus e para Deus.

Mas o espectro alarga-se ainda quando consideramos outros textos, nos quais a mesma expressão ocorre. Em Números, diz-se: "Moisés era um homem muito humilde, mais do que nenhum homem sobre a face da terra" (Num 12,3). Quem não haveria aqui de pensar na palavra de Jesus: "Tomai o meu jugo sobre vós e aprendei de Mim que sou manso e humilde de coração" (Mt 11,29)? Cristo é o novo, o verdadeiro Moisés (este é o pensamento contínuo do Sermão da Montanha) – n'Ele torna-se presente aquela pura bondade que é própria de quem é maior, do soberano.

Mais profundamente ainda seremos conduzidos se considerarmos outros elementos de ligação entre o Antigo e o Novo Testamento, em cujo centro se encontra outra vez a palavra *praus*: – "manso – humilde". No profeta Zacarias encontra-se a seguinte promessa de salvação: "Exulta de alegria, filha de Sião! Enche-te de júbilo, filha de Jerusalém! Eis que o teu rei vem ter contigo, justo e salvador, humilde, montado num jumento, no potrinho de uma jumenta. Ele exterminará os carros de guerra... o arco de guerra será quebrado. E ele proclamará a paz entre as nações; o seu império estender-se-á de um mar a outro mar..." (Zc 9,9s). Aqui é anunciado um rei pobre, um rei que não domina por meio do poder político e militar. O seu ser íntimo é a humildade, a mansidão perante Deus e perante os homens. Este seu ser, pelo qual ele está em contraste com os grandes reis do mundo, torna-se visível no fato de ele vir montado num jumento – a cavalgadura dos pobres, que é o oposto dos carros de guerra, que ele põe em desuso. Ele é o rei da paz – e o é a partir do poder de Deus, não a partir do seu próprio poder.

Mas a isso se acrescenta mais um elemento: o seu império é universal, envolve a Terra. "De um mar a outro mar" – a imagem do globo terrestre envolvido por água em toda a sua volta está aqui subjacente e deixa antever a extensão mundial do seu domínio. Assim, pode com razão dizer Karl Elliger que, para nós, "se torna visível de um modo notavelmente claro a figura daquele que agora realmente trouxe a paz para todo o mundo, que está acima de toda a razão, na medida em que ele em obediência filial renunciou a todo o uso de violência e sofre até ser pelo Pai liberto do sofrimento, e que edifica o seu reino simplesmente através da palavra da paz..." (ATD 24/25, 151). Só então compreendemos toda a amplitude do relato do Domingo de Ramos, compreendemos o que significa, quando S. Lucas (cf. 19,30) (e de um modo semelhante S. João) nos conta que Jesus manda que os discípulos lhe arranjem uma jumenta em vez do seu potro: "Isso aconteceu para que assim se cumprisse o que fora dito pelos profetas: dizei à filha de Sião: eis que o teu rei vem ter contigo. Ele é manso e vem montado sobre uma jumenta..." (Mt 21,4s; Jo 12,15).

Infelizmente, a tradução alemã tornou irreconhecível esta relação, na medida em que para *praus* utiliza para cada caso outras palavras. No vasto arco destes textos – de Números, capítulo 12, passando por Zacarias, capítulo 9, até as bem-aventuranças e o relato do Domingo de Ramos –, torna-se reconhecível a visão de Jesus como rei da paz, que derruba as barreiras que separam os povos e cria um espaço de paz "de um mar a outro mar". Por meio da sua obediência, chama-nos para essa paz, implanta-a em nós. A palavra "manso – humilde" pertence, por um lado, ao vocabulário do povo de Deus, ao Israel que em Cristo envolve todo o mundo, mas é ao mesmo tempo uma palavra real, que nos revela a essência do novo Reino de Cristo. Neste sentido, podemos dizer que é uma palavra tanto cristológica como eclesiológica; em todo o caso, chama-nos para o seguimento daquele cuja entrada em Jerusalém montado sobre uma jumenta permite tornar visível toda a essência do seu império.

Com esta terceira bem-aventurança está ligada, no Evangelho de S. Mateus, a promessa da terra: "Bem-aventurados os mansos porque possuirão a terra". O que isso quer dizer? A esperança da terra pertence ao núcleo mais íntimo da promessa a Abraão. Durante a peregrinação de Israel pelo deserto, a terra prometida está sempre no horizonte como fim da peregrinação. No exílio, Israel espera pelo regresso à sua terra. Mas não devemos perder de vista que a promessa da terra vai claramente além de um simples pensamento de posse sobre um pedaço de terra ou de um território nacional, como é próprio de cada povo.

Na luta pela libertação de Israel para a saída do Egito, está em primeiro lugar o direito à liberdade de adoração, do autêntico serviço divino; e a promessa da terra tem, no decorrer da história, sempre mais claramente o sentido de que a terra será dada de modo que aí esteja um lugar da obediência, para que haja aí um lugar aberto para Deus e assim a terra seja liberta do horror da idolatria. No conceito da liberdade e da terra, está o conceito de obediência a Deus e portanto um conteúdo essencial da correta configuração da terra. Assim, a partir daí, podia-se também compreender o exílio, a perda da terra: ela tinha se tornado um lugar da idolatria, da desobediência, e deste modo a posse da terra tinha caído em sinal de contradição.

Daqui também pôde originar-se uma nova e positiva compreensão da diáspora: Israel foi disperso por todo o mundo, para em toda a parte criar um lugar para Deus e assim realizar o sentido da criação, que é anunciado pelo primeiro relato da criação (Gn 1,1-2,4) – o sábado é o fim da criação, ele lhe confere um para onde, uma finalidade; a criação está aí porque Deus quis criar um espaço para a resposta ao seu amor, um espaço da obediência e da liberdade. Deste modo, progressivamente, degrau a degrau na aceitação e no sofrimento da história de Israel com Deus, houve um alargamento e um aprofundamento da ideia da terra, que apontava sempre menos para uma posse nacional e sempre mais para a universalidade da pretensão divina a respeito de toda a Terra.

Naturalmente, é possível também descobrir neste jogo entre "mansidão" e promessa da terra, antes de mais nada, uma sabedoria muito comum da história: os invasores vêm e vão. Permanecem os simples, os humildes, que cultivam a terra e que continuam a semear e a colher entre dores e alegrias. Os humildes, os simples, são também, de um ponto de vista simplesmente histórico, mais persistentes do que os que exercem violência. Mas aqui se trata de algo mais. A progressiva universalização do conceito de terra com base no fundamento teológico da esperança corresponde também ao horizonte universal que encontramos na promessa de Zacarias: a terra do rei da paz não é um estado nacional, ela vai "de um mar a outro mar". A paz tem em vista a superação das fronteiras e uma terra renovada por meio da paz que vem de Deus. No fim, a terra pertence aos mansos, aos pacíficos, diz-nos o Senhor. Ela deve tornar-se a "terra do rei da paz". A terceira bem-aventurança convida-nos para viver lá.

Cada reunião eucarística é para os cristãos esse lugar da soberania do rei da paz. A comunidade da Igreja de Jesus Cristo, que envolve todo o mundo, é então um pré-esboço da terra de amanhã, que deve tornar-se uma terra da paz de Jesus Cristo. Também aqui a terceira bem-aventurança está de acordo com a primeira: o que o "Reino de Deus" significa torna-se mais claro um pouco mais adiante, precisamente quando a pretensão dessa expressão se estende mais além da promessa da terra.

Assim, já antecipamos a sétima bem-aventurança: "Bem-aventurados os construtores da paz, porque serão chamados filhos de Deus" (Mt 5,9). Sobre esta palavra fundamental de Jesus poderão ser suficientes uns breves comentários. Em primeiro lugar, podemos, desde já, aqui perceber como pano de fundo a história do mundo. S. Lucas tinha na história da infância de Jesus deixado transparecer o contraste entre este menino e o onipotente César Augusto, que era exaltado como "salvador de todo o gênero humano" e como o grande portador da paz. Já antes tinha César tomado o título de "construtor da paz de todo o mundo". Para os crentes em Israel, vem à memória Salomão, em cujo nome está contida a palavra "paz". O Senhor tinha prometido a Davi: "Nos seus dias Israel pode viver em paz e em tranquilidade... Ele será para mim filho, e Eu serei para ele Pai" (1 Cr 22,9s). Aparece assim uma relação entre filiação divina e reino da paz: Jesus é o Filho, e o é realmente. Por isso, Ele é o verdadeiro "Salomão", o portador da paz. Construir a paz pertence à essência da filiação. Assim, essa bem-aventurança convida-nos para sermos e fazermos o que o Filho faz e, deste modo, sermos nós mesmos "filhos de Deus".

Isso vale em primeiro lugar para o espaço vital no qual cada um vive. Começa em cada decisão fundamental, que S. Paulo com paixão implora em nome de Deus: "Imploramo-vos por amor de Deus:

deixai-vos reconciliar com Deus" (2 Cor 5,20). O afastamento ruinoso de Deus é o ponto de partida de todos os envenenamentos do homem; a sua superação é a condição fundamental para a paz no mundo. Só o homem reconciliado com Deus pode também se reconciliar consigo mesmo e estar de acordo, e somente o homem que estiver reconciliado com Deus e consigo mesmo pode construir a paz à sua volta e em toda a vastidão do mundo. O contexto político que se escuta em surdina, quer na história da infância em S. Lucas quer aqui nas bem-aventuranças em S. Mateus, anuncia porém toda a riqueza e extensão desta palavra. Que haja paz na terra (Lc 2,14) é a vontade de Deus e ao mesmo tempo uma tarefa entregue aos homens. O cristão sabe que a persistência na paz com Deus é uma parte indispensável da luta pela "paz sobre a terra"; a partir daí vêm os critérios e as forças para essa luta. Que aí onde Deus deixa de estar presente no ângulo de visão do homem também a paz falhe e prevaleça a violência com imprevisível crueldade: podemos presenciar isso hoje com toda a clareza.

Voltemos agora para a segunda bem-aventurança: "Bem-aventurados os que choram, porque serão consolados". É bom chorar e reputar como feliz a tristeza? Há duas espécies de tristeza: uma tristeza que perdeu a esperança, que já não confia no amor nem na verdade e que por isso desagrega e arruína o homem por dentro; mas também há a tristeza que vem do abalo, da comoção provocada pela verdade, que leva o homem à conversão, à resistência contra o mal. Esta tristeza cura, porque ensina o homem a acreditar e a amar de novo. Na primeira tristeza encontra-se Judas, o qual – tocado pelo susto provocado pela própria queda – já não ousa acreditar e, no desespero, enforca-se. Na segunda espécie de tristeza encontra-se S. Pedro, o qual, tocado pelo olhar do Senhor, desata em lágrimas, que são salvadoras: elas lavram em profundidade o terreno da sua alma. Ele começa de novo e torna-se novo.

Para esta espécie positiva de tristeza, que é um poder contra o domínio do mal, Ezequiel oferece um impressionante testemunho. Seis homens são encarregados de executar o juízo de condenação em Jerusalém, na terra que estava cheia de culpa pelo derrame de sangue, na cidade cheia de injustiça (Ez 9,9). Mas, antes, um homem vestido de linho deve traçar um Tau (uma espécie de sinal da cruz) sobre a testa daqueles "que suspiram e gemem por causa das crueldades cometidas na cidade" (Ez 9,4), e os assim assinalados são excluídos do juízo de condenação. São homens que não uivam com os lobos, que não se deixam misturar com a injustiça tornada como algo evidente, mas que sofrem por causa disso. Mesmo se não está no seu poder alterar totalmente a situação, eles opõem ao domínio do mal a resistência passiva do sofrimento – a tristeza que coloca os limites ao poder do mal.

A tradição encontrou ainda outro modelo da tristeza que cura: Maria, que com a sua irmã, a mulher de Cléofas, e com Maria de Magdala e com João, está de pé ao lado da cruz. De novo encontramos diante de nós – como na visão de Ezequiel, num mundo cheio de crueldade e de cinismo ou de um medroso deixar-se andar – um pequeno grupo de homens que permanece fiel; esses homens não podem adentrar na infelicidade, mas na sua compaixão eles se colocam ao lado dos condenados, e com o seu amor por eles e com eles se colocam ao lado de Deus, que é amor. Esta compaixão permite-nos pensar na magnífica palavra de S. Bernardo de Claraval no seu comentário ao Cântico dos Cânticos (p. 26. n. 5): "... *impassibilis est Deus, sed non incompassibilis*" ("Deus não pode sofrer, mas pode compadecer-se"). Junto da cruz de Jesus é que compreendemos melhor a palavra: bem-aventurados os que estão tristes, porque serão consolados. Quem endurece o seu coração perante a dor, perante a necessidade do outro, quem não abre a sua alma ao mal, mas que sofre sob o seu poder e assim dá a Deus o direito da verdade, esse abre as janelas do mundo, de modo que a luz possa entrar. A estes que assim choram é prometida a grande consolação. Nesta medida, a segunda bem-aventurança está intimamente ligada com a sétima: "Bem-aventurados os que são perseguidos por causa da justiça, porque deles é o Reino dos céus".

A tristeza de que o Senhor fala é o não conformismo com o mal, é um modo de protestar contra o que todos fazem e que se impõe aos indivíduos como modelo de comportamento. O mundo já não suporta esta espécie de resistência, porque ele exige colaboração. Esta tristeza lhe aparece como uma acusação, que se opõe à anestesia das consciências, e ela é isso também. Por isso os tristes são perseguidos por causa da justiça. Mas aos tristes é prometida a consolação, aos perseguidos é prometido o Reino de Deus; é a mesma promessa feita aos pobres de espírito. Ambas as promessas estão unidas lado a lado: o Reino de Deus, colocar-se sob a proteção do poder de Deus e estar escondido no seu amor – aqui está a verdadeira consolação.

E inversamente: só então é que o que sofre será verdadeiramente consolado, só então é que serão as suas lágrimas totalmente enxutas, quando nenhum poder sanguinolento poderá ameaçá-lo nem aos homens sem poder deste mundo; só então será perfeita a consolação, quando também o sofrimento incompreendido do passado for elevado à luz de Deus e conduzido pela sua bondade a um sentido reconciliador; só então aparecerá a verdadeira consolação, quando "ao último inimigo", a morte (1 Cor 15,26), com todos os seus cúmplices, for retirado todo o seu poder. Assim nos ajuda a compreender a palavra da consolação o que com a expressão "Reino de Deus" (dos céus) se quer dizer, e "Reino de Deus" dá-nos de novo uma representação a respeito da consolação que o Senhor tem à disposição para todos deste mundo que choram e que sofrem.

Devemos introduzir aqui ainda uma indicação: para S. Mateus, seus leitores e seus ouvintes, a palavra sobre os perseguidos por causa da justiça tinha um sentido profético. Era para eles uma pré-advertência do Senhor acerca da situação da Igreja por eles vivida. A Igreja tornou-se a Igreja perseguida, perseguida "por causa da justiça". "Justiça" é, na linguagem do Antigo Testamento, a expressão para a fidelidade à *Tora*, a fidelidade à palavra de Deus, como sempre foi advertido pelos profetas. É manter-se no caminho reto indicado por Deus, cujo centro são os Dez mandamentos. No Novo Testamento, o que corresponde ao conceito de justiça do Velho Testamento é a "fé": o crente é o "justo", que segue no caminho de Deus (Sl 1; Jer 17,5-8). De fato, a fé é um caminhar com Cristo, no qual a lei encontra o seu pleno cumprimento, ela nos une com a justiça de Cristo.

Os homens perseguidos por causa da justiça são aqueles que vivem da justiça de Deus – que vivem da fé. Porque o esforço do homem visa sempre emancipar-se da vontade de Deus e seguir-se apenas a si mesmo, por isso mesmo é que a fé aparece sempre como oposição ao "mundo" – aos respectivos poderes dominadores –, e por isso em todos os períodos da história há perseguição por causa da justiça. À Igreja perseguida de todos os tempos foi prometida esta palavra de consolação. Na sua fraqueza e no seu sofrimento, ela sabe que se encontra na direção para alcançar o Reino de Deus.

Se nós podemos encontrar de novo aqui, tal como nas anteriores bem-aventuranças, na promessa uma dimensão eclesiológica, uma interpretação da essência da Igreja, então encontramos igualmente também o fundamento cristológico destas palavras: Cristo crucificado é o justo perseguido, do qual falam as proféticas palavras da Antiga Aliança, especialmente os cânticos do Servo de Deus, mas de que também Platão tinha tido um pressentimento (Politeia II 361-362). E assim Ele é em si mesmo a chegada do Reino de Deus. A bem-aventurança é um convite para o seguimento do crucificado, dirigido a cada um e a toda a Igreja.

A bem-aventurança dos perseguidos conserva na frase conclusiva dos *Macarismos* uma variante que nos permite ver algo de novo. Jesus promete alegria, júbilo, grande recompensa àqueles "que por minha causa forem insultados e perseguidos e de todos os modos possíveis difamados" (Mt 5,11). Agora o seu Eu e a fidelidade à sua pessoa tornam-se critério de justiça e de salvação. Se nas outras bem-aventuranças a cristologia está lá, por assim dizer, oculta, aqui a mensagem sobre Ele é claramente colocada em evidência como ponto central da história. Jesus atribui ao seu Eu uma qualidade de critério que nenhum mestre de Israel nem mestre algum da Igreja pode pretender para si. Quem assim fala já não é um profeta no sentido tradicional, mensageiro ou procurador para outros; Ele mesmo é o ponto de relação da vida correta, Ele mesmo é fim e meio.

Nas nossas próximas meditações, havemos de reconhecer esta cristologia direta como constitutiva para o Sermão da Montanha em geral. O que aqui provisoriamente é apenas aludido será mais desenvolvido ao longo da nossa caminhada com a Sua palavra.

Vejamos agora a segunda bem-aventurança, de que até agora ainda não tratamos: "Bem-aventurados os que têm fome e sede de justiça porque serão saciados" (Mt 5,6). Este louvor é interiormente semelhante à palavra sobre os que choram e que serão consolados: como ali hão de receber a promessa aqueles que não se vergam ao que ditam as opiniões e os hábitos dominantes, mas os que no sofrimento lhe oferecem resistência, do mesmo modo também aqui se trata de homens que mantêm o olhar atento à procura do que é maior, da verdadeira justiça, do verdadeiro bem. Uma palavra que se encontra no livro de Daniel tornou-se para a tradição a síntese da atitude de que aqui se trata. Daniel é descrito lá como *vir desideriorum*: homem do desejo (Dn 9,23). O olhar volta-se para os homens que não se contentam com o que está disponível e que não sufocam a inquietação do coração, a qual chama a atenção do homem para algo de maior, de tal modo que ele interiormente se põe a caminho, por assim dizer, como os sábios do Oriente, que procuram Jesus, a estrela que mostra o caminho para a verdade, para o amor, para Deus. São homens de uma sensibilidade que os capacita para ouvir e para ver os sinais suaves que Deus envia para o mundo e que quebram assim a ditadura do costume.

Quem não pensaria então nos santos humildes nos quais a Antiga Aliança se abre para a Nova e nela se transforma? Em Zacarias e Isabel, em Maria e José, em Simeão e Ana, os quais, cada qual a seu modo, interiormente despertos esperavam a salvação de Israel e, com a sua humilde piedade, com a sua paciência em esperar e em desejar o Senhor, "preparavam os caminhos"? Mas pensemos também nos doze apóstolos – em homens (havemos de ver) de origens espirituais e sociais totalmente distintas, mas que no meio do seu trabalho e do seu dia a dia mantiveram aberto o coração que os direcionou para a chamada daquele que é o Maior. Ou também na paixão de um S. Paulo pela justiça, que está no falso caminho, mas que no entanto o prepara para ser derrubado por Deus e assim ser conduzido para uma nova claridade. Poderíamos assim percorrer toda a história. Edith Stein disse uma vez que quem procura honesta e apaixonadamente a verdade está a caminho de Cristo. De tais homens fala a bem-aventurança – desta sede e desta fome, que é bem-aventurada, porque conduz o homem para Deus, para Cristo e, portanto, abre o mundo para o Reino de Deus.

Parece-me ser este o momento para, a partir do Novo Testamento, dizer alguma coisa sobre a salvação daqueles que não conhecem Cristo. A teoria atual vai no sentido de afirmar que cada qual deve viver a religião, ou talvez mesmo o ateísmo, na qual se encontra. Deste modo encontrará a salvação. Tal opinião pressupõe uma muito estranha concepção de Deus e uma também estranha representação do homem e do reto caminho da humanidade. Procuremos esclarecer isso por meio de questões práticas. Será que alguém se torna bem-aventurado, e assim reconhecido como justo por Deus, porque seguiu em consciência os deveres da vingança de sangue? Porque se empenhou com força a favor e na "guerra santa"? Ou porque ofereceu determinados animais em sacrifício? Ou porque manteve abluções rituais e outras observâncias? Porque declarou as suas opiniões e os seus desejos como juízo de consciência e assim a si mesmo se elevou como medida? Não, Deus exige o contrário: estar interiormente desperto para o seu silencioso conselho, que está em nós e nos arranca dos simples costumes para o caminho da verdade; homens que "têm fome e sede de justiça" – este é o caminho que está aberto a cada um; é o caminho que termina em Jesus Cristo.

Resta ainda o *Macarismo* "Bem-aventurados os puros de coração, porque verão a Deus" (Mt 5,8). O órgão com o qual o homem pode ver a Deus é o coração; o simples entendimento não basta; para que o homem se torne capaz de conhecer Deus, devem agir conjuntamente as forças da sua existência. A vontade deve ser pura e, portanto, também a base afetiva da alma, o entendimento e o querer que oferece a direção. Por "coração" entende-se precisamente este jogo de relações das capacidades de percepção do homem, no qual também está em jogo a correta interligação entre corpo e alma, que pertence à totalidade desta "criatura homem". A fundamental determinação afetiva do homem depende precisamente também desta unidade entre alma e corpo, e dela depende também que o homem aceite ser ao mesmo tempo corporal e espiritual; que coloque o corpo na cultura do espírito, mas que não isole nem o entendimento nem a vontade, mas que a si mesmo se aceite a partir de Deus e assim reconheça e viva a corporeidade da sua existência como riqueza para o espírito. O coração – a totalidade do homem – deve ser puro, interiormente aberto e livre, para que o homem possa ver Deus. Teófilo de Antioquia († 180) expressou isto uma vez em disputa com o homem que se questiona deste modo: "Se tu me dizes: mostra-me o teu Deus, eu respondo-te assim: mostra-me o teu homem... Deus é nomeadamente percebido pelos homens que são capazes de o verem, que têm abertos os olhos do espírito... Como um espelho deve estar limpo, assim também deve estar puro o interior do homem..." (Ad Autolycum I 2,7ss: PG VI, 1025.1028).

Surge então a pergunta: como o olhar interior do homem se torna puro? Como pode a estrela ser desligada, que turva o seu olhar ou em última análise o pode cegar totalmente? A tradição mística da "via ascendente da purificação" até a "união" tentou dar uma resposta a esta pergunta. No entanto, as bem-aventuranças devem ser lidas antes de mais nada no contexto bíblico. Aí encontramos o tema sobretudo no Salmo 24, o qual é expressão de uma antiga liturgia da entrada: "Quem é que pode subir para a montanha do Senhor, quem pode permanecer no seu lugar santo? Quem tem as mãos limpas e um coração puro, quem não mente nem faz um juramento falso" (v. 3s). Diante da porta do templo, surge a pergunta sobre quem pode estar na proximidade do Deus vivo: "mãos limpas e coração puro" são a condição.

O salmo explica de múltiplos modos o conteúdo desta condição para o acesso à habitação de Deus. Uma condição fundamental é que o homem que quer aceder junto de Deus pergunte por Ele, procure o seu rosto (Sl 24,6). Como condição fundamental aparece de novo a mesma atitude que já encontramos descrita nas palavras-chave "fome e sede de justiça". Perguntar por Deus, procurar o seu rosto – aqui está a primeira e fundamental condição para a subida, que conduz ao encontro com Deus. Mas antes é dada a informação sobre o conteúdo das mãos limpas e do coração puro, que consiste em que o homem não engane nem faça falsos juramentos: portanto a honestidade, a veracidade, a justiça para com os outros homens e para com a comunidade – o que podemos designar como a ética social, mas que realmente atinge o mais profundo do coração.

O Salmo 15 desenvolve isto ainda mais, de tal modo que se pode dizer simplesmente que o conteúdo essencial do Decálogo é a condição de acesso a Deus – com a acentuação da íntima busca de Deus, do estar a caminho em direção a Ele (Primeira tábua do Decálogo) e para o amor ao próximo, para a justiça a respeito de cada um e a respeito da comunidade (Segunda tábua). Não são de todo especificamente nomeadas as condições respeitantes ao conhecimento da revelação, mas apenas a "pergunta sobre Deus" e as indicações fundamentais da justiça, que diz para cada um uma consciência desperta – precisamente abanada pela busca de Deus. O que antes refletimos sobre a questão da salvação confirma-se de novo e mais uma vez aqui.

Mas, na boca de Jesus, a palavra adquire uma nova profundidade. A essência da sua figura consiste precisamente em que Ele vê Deus, em que Ele está face a face com Deus, num intercâmbio interior permanente com Ele – no qual Ele vive a sua existência filial. Assim, esta é uma palavra profundamente cristológica. Veremos Deus se entrarmos no "pensamento de Cristo" (Fl 2,5). A pureza do coração acontece no seguir os passos de Cristo, no ser um com Ele. "Já não sou eu que vivo, mas é Cristo quem vive em mim..." (Gl 2,20). E aqui aparece agora algo de novo: a subida para Deus acontece precisamente na descida ao serviço humilde, a descida ao amor, que é a essência de Deus e, portanto, a verdadeira força purificadora, que capacita o homem para conhecer Deus e para vê-lo. Em Jesus Cristo, Deus se revelou na descida: "Ele era igual a Deus, mas não reivindicou o direito de ser equiparado a Deus, mas despojou-se de si mesmo, tomando a condição de servo, tornando-se semelhante ao homem... Humilhou-se a si mesmo e foi obediente até a morte, até a morte na cruz. Por isso Deus O exaltou acima de todas as coisas..." (Fl 2,6-9).

Essas palavras assinalam uma decisiva virada na história da mística. Mostram o que é novo na mística cristã, que vem da novidade da revelação em Jesus Cristo. Deus desce até a morte na cruz. É precisamente deste modo que se revela na sua verdadeira divindade. A subida para Deus acontece ao ir com Ele nesta descida. A liturgia de entrada do Salmo 24 alcança assim um novo significado: o coração puro é o coração que ama, o que acontece na comunidade do serviço e da obediência com Jesus Cristo. O amor é o fogo que purifica e que une o entendimento, a vontade, o sentimento, que une o homem consigo mesmo, na medida em que o une a partir de Deus, de tal modo que ele se torna servidor da unidade dos que andam separados: é assim que o homem entra na habitação de Deus e pode vê-lo. E isto significa precisamente ser bem-aventurado.

Depois desta tentativa de penetrar um pouco mais a fundo na visão interior das bem-aventuranças, devemos ainda formular duas perguntas que pertencem à compreensão de todo o conjunto. Em S. Lucas, seguem-se às quatro bem-aventuranças por ele transmitidas quatro maldições: "Ai de vós, os ricos... Ai de vós, os que agora estais saciados... Ai de vós, os que agora rides... Ai de vós quando todos os homens vos louvam..." (Lc 6,24-26). Essas palavras nos assustam. O que devemos reter daqui?

Em primeiro lugar, devemos verificar que Jesus segue aqui o esquema que encontramos em Jeremias, capítulo 17, e no Salmo 1: à descrição do caminho correto que conduz o homem à salvação é contraposto um quadro que desmascara as falsas promessas e ofertas e que deve impedir o homem de percorrer o caminho que terminaria num precipício mortal. O mesmo havemos de encontrar na parábola do libertino rico e do Lázaro pobre.

Quem compreendeu corretamente o itinerário da esperança, que encontramos nas bem-aventuranças, reconhece aqui simplesmente as atitudes contrárias, que fixam o homem nas aparências, na provisoriedade, na perda da sua elevação e profundidade e, assim, na perda de Deus, e portanto o pervertem. Deste modo se torna compreensível a autêntica intenção deste quadro de advertência: as maldições não são condenações; não são nenhuma expressão de ódio, inveja ou de hostilidade. Não se trata de condenação, mas sim de aviso que quer salvar.

Mas agora se levanta a questão fundamental: está certa esta direção que o Senhor nos mostra nas bem-aventuranças e nas opostas maldições? É realmente mau ser rico, estar saciado, rir, ser louvado? Friedrich Nietzsche fez incidir a sua severa crítica ao cristianismo precisamente neste ponto. Não é a doutrina cristã que deve ser criticada: é a moral do cristianismo que deve ser desmascarada como o "pecado capital contra a vida". E com a "moral do cristianismo" ele entende precisamente a direção que o Sermão da Montanha nos indica.

"Qual foi sobre a terra até agora o maior pecado? Não foi a palavra daquele que disse 'Ai de vós os que aqui rides'?" E às promessas de Cristo ele contrapõe: não queremos nenhum reino dos céus. "Nós somos homens, por isso queremos o reino da terra."

A visão do Sermão da Montanha aparece como uma religião do ressentimento, como inveja dos covardes e dos incapazes, que não cresceram para a vida e que então, com as bem-aventuranças, querem tirar vingança da sua desistência e do insulto dos fortes, dos que são bem-sucedidos na vida, dos felizes. Ao vasto olhar de Jesus é contraposto um suculento aquém – saborear até a exaustão a vontade, o mundo e as ofertas da vida, procurar o céu aqui e em nada se deixar inibir por nenhum escrúpulo.

Muito disto passou para a consciência moderna e determina amplamente o sentimento da vida hoje. Ora, o Sermão da Montanha formula a questão acerca da opção fundamental cristã, e como filhos deste tempo sentimos a interior resistência contra esta opção – mesmo se, no entanto, toca-nos a estima dos humildes, dos misericordiosos, dos construtores da paz, dos homens puros. Depois das experiências dos regimes totalitários, depois do modo brutal como pisaram nos homens, escarneceram, escravizaram, esmagaram os fracos, compreendemos melhor os que têm fome e sede de justiça; descobrimos de novo os que choram e o seu direito à consolação. Perante o abuso do poder econômico, perante a crueldade de um capitalismo que degrada o homem a simples mercadoria, descobrimos também os perigos da riqueza e compreendemos o que Jesus queria dizer com o aviso acerca da riqueza, acerca do ídolo Mamon que estraga o homem, que mantém grande parte do mundo na sua cruel corda de estrangulamento. Sim, as bem-aventuranças opõem-se ao nosso espontâneo sentimento de ser, à nossa fome e sede de viver. Elas exigem "conversão" – uma mudança interior da direção espontânea, para a qual gostaríamos de ir. Mas nesta mudança se manifesta o que é puro e mais elevado, o nosso ser ordena-se corretamente.

O mundo grego, cujo gosto pela vida aparece tão admiravelmente nos poemas homéricos, tinha a este respeito uma consciência profunda, ao dizer que o autêntico pecado do homem, o seu perigo mais profundo, é a *hybris*, o arrogante autodomínio, no qual o homem a si mesmo se eleva a divindade, quer ser ele mesmo o próprio Deus, para possuir totalmente a vida e esgotar tudo o que a vida sempre tem para lhe oferecer. Esta consciência – de que a verdadeira ameaça do homem radica na autoglorificação triunfante, que num primeiro momento aparece tão evidente, no Sermão da Montanha – é levada, a partir da figura de Cristo, a toda a sua profundidade.

Vimos que o Sermão da Montanha é uma cristologia escondida. Por trás está a figura de Cristo, do homem que é Deus, mas, por isso mesmo, que desce, que se aniquila até a morte na cruz. Os santos, desde S. Paulo até S. Francisco de Assis e Madre Teresa, viveram esta opção e assim nos mostraram a imagem correta do homem e da sua felicidade. Em uma só palavra: a verdadeira "moral" do cristianismo é o amor. E ele se situa claramente em oposição ao egoísmo – ele é saída de si mesmo e é precisamente deste modo que o homem acede a si mesmo. Ao brilho tentador da imagem do homem de Nietzsche, este caminho aparece no primeiro momento como miserável, como não recomendável. No entanto, ele é realmente o caminho que conduz à elevação da vida; somente no caminho do amor, cujas sendas são descritas no Sermão da Montanha, abre-se a riqueza da vida, a grandeza da vocação humana.

2. A *Tora* do Messias

Foi dito, mas Eu vos digo
Esperava-se do Messias que trouxesse uma nova *Tora* – a sua *Tora*. Possivelmente, S. Paulo alude a isso na Carta aos Gálatas, quando fala da "lei de Cristo" (Gl 6,2). A sua grande e apaixonada defesa da liberdade a respeito da lei culmina no capítulo 5 nos versículos: "Permanecei, pois, firmes na fé e não torneis a sujeitar-vos ao jugo da escravidão" (Gl 5,1s). Mas quando, nesse mesmo capítulo (versículo 13) mais uma vez repete a frase "fostes chamados à liberdade", acrescenta: "Não tomeis, porém, a liberdade como pretexto para servir a carne, mas fazei-vos servos uns dos outros pela caridade!". E então ele desenvolve o que é a liberdade – nomeadamente a liberdade para o bem, liberdade que se deixa conduzir pelo Espírito de Deus: e precisamente este se deixar conduzir pelo Espírito de Deus é o modo de se tornar livre da lei. Imediatamente a seguir, S. Paulo nos indica em que consiste o conteúdo da liberdade do Espírito e o que com ele não se pode combinar.

A "lei de Cristo" é a liberdade – este é o paradoxo da mensagem da Carta aos Gálatas. Esta liberdade tem, portanto, conteúdos, tem uma direção e é o oposto daquilo que, apenas de um modo aparente, liberta os homens, mas que na verdade os escraviza. A "*Tora* do Messias" é totalmente nova, diferente, mas justamente assim é que "cumpre" a *Tora* de Moisés.

A maior parte do Sermão da Montanha (Mt 5,17; 7,27) é dedicada ao mesmo tema: depois da introdução programática ao longo das bem-aventuranças, ele nos apresenta, por assim dizer, a *Tora* do Messias. Até do ponto de vista dos destinatários e das intenções vigentes do texto há uma analogia com a Carta aos Gálatas: S. Paulo escreve para judeus-cristãos, que se tinham tornado inseguros a propósito de saber se deviam ou não continuar a observar toda a *Tora*, como até então tinha sido entendido.

    Esta incerteza dizia respeito sobretudo a preceitos relativos a alimentos, a todo o domínio das prescrições a respeito da pureza e ao modo de respeitar o sábado. S. Paulo vê nestas representações uma recaída na situação anterior à novidade introduzida pela virada messiânica, na qual o essencial desta virada se perde – a universalização do povo de Deus, em virtude da qual Israel agora pode abranger a extensão de todos os povos da terra –, o Deus de Israel, de acordo com as promessas, foi realmente levado a todos os povos, mostra-se como o Deus de todos, como o único Deus.

    A "carne" já não é decisiva – a origem corporal a partir de Abraão –, mas o "Espírito": a pertença à herança da fé e da vida de Israel por meio da comunhão com Jesus Cristo, o qual "espiritualiza" a lei e assim a fez para todos caminho de vida. No Sermão da Montanha, Jesus fala para o seu povo, para Israel, como o primeiro portador da promessa. Mas, à medida que Ele lhe oferece a nova *Tora*, abre-o e de tal modo que agora, de Israel e dos povos, pode surgir uma nova grande família de Deus.

    S. Mateus escreveu o seu Evangelho para judeus-cristãos e, além disso, no mundo judaico, para fazer valer este grande impulso que veio de Jesus Cristo. Por meio do seu Evangelho, Jesus fala de novo e sem cessar a Israel. No momento histórico de S. Mateus, Ele fala de um modo muito especial para os judeus-cristãos, os quais assim reconhecem a novidade e a continuidade da história de Deus com a humanidade iniciada em Abraão, e a sua virada realizada em Jesus; é assim que devem encontrar o caminho da vida.

Mas como é que se apresenta agora esta *Tora* do Messias? Logo no princípio aparece, por assim dizer, como epígrafe e chave de interpretação uma palavra surpreendente, que apresenta de um modo perfeitamente claro a fidelidade de Deus a si mesmo e a fidelidade de Jesus à fé de Israel: "Não penseis que vim revogar a lei ou os profetas: não vim revogá-la, mas completá-la. Porque na verdade vos digo: até que passem o céu e a terra não passará um só jota ou um só ápice da Lei, sem que tudo se cumpra. Portanto, se alguém violar um destes mais pequenos preceitos e ensinar assim aos homens, será o menor no reino dos céus. Mas aquele que os praticar e ensinar será grande no reino dos céus" (Mt 5,17-19).

Não se trata, portanto, de abolir, mas sim de cumprir, e este cumprimento exige mais, e não menos, justiça, como diz Jesus imediatamente a seguir: "Porque Eu vos digo: se a vossa virtude não superar a dos escribas e fariseus, não entrareis no reino dos céus" (Mt 5,20). Trata-se, então, apenas de um reforçado rigor de obediência à lei? E se não é assim, em que consiste esta maior justiça?

Se no princípio da "releitura" – da nova leitura de partes essenciais da *Tora* –, a importância é colocada na fidelidade exterior, na continuidade ininterrupta, surpreende, na continuação da escuta, que Jesus apresente a *Tora* de Moisés e a *Tora* do Messias numa relação de antítese; foi dito aos antigos: "Eu, porém, digo-vos". O Eu de Jesus avança para uma dignidade que nenhum doutor da lei podia permitir-se. A multidão sente isso; S. Mateus diz-nos expressamente que o povo se "assustou" por causa do modo como ensinava. Ele ensina não como fazem os rabinos, mas como alguém que tem "autoridade" (Mt 7,28; Mc 1,22; Lc 4,32). Com isto não se visa naturalmente à qualidade retórica do discurso de Jesus, mas sim à clara pretensão de se colocar ao nível do autor da lei – ao nível de Deus. O "susto" (a tradução alemã infelizmente suaviza o termo com o uso da palavra "surpresa") é precisamente o susto que decorre de alguém ousar falar com a alteza de Deus. Deste modo, ou Ele se agarra impropriamente à majestade de Deus, o que seria terrível, ou então, o que quase parece difícil de conceber, Ele se encontra realmente à altura de Deus.

Como devemos agora entender esta *Tora* do Messias? Que caminho ela nos mostra? O que ela nos diz sobre Jesus, sobre Israel, sobre a Igreja, sobre nós mesmos e a nós? Na procura de uma resposta, tornou-se para mim de grande ajuda um livro do estudioso judeu Jacob Neusner: *A Rabbi talks with Jesus. An intermillenial interfaith exchange* (Doubleday, 1993).

Neusner, crente judeu e rabino, cresceu em amizade com cristãos católicos e evangélicos, ensina na universidade juntamente com teólogos cristãos e situa-se perante a fé dos seus colegas cristãos com grande respeito; no entanto, continua profundamente convencido da validade da explicação judaica das Sagradas Escrituras. O seu respeito ante a fé cristã e a sua fidelidade ao judaísmo levaram-no a procurar o diálogo com Jesus.

Neste livro, ele se coloca entre a multidão dos seus discípulos no "monte" da Galileia. Ele escuta Jesus, compara a sua palavra com as palavras do Antigo Testamento e com as tradições rabínicas, tal como se encontram guardadas na *Mischna* e no *Talmude*: ele vê nessas obras tradições orais do início dos tempos que lhe oferecem a chave de interpretação para a *Tora*. Ele escuta, compara e fala com Jesus. Ele se sente tocado pela grandeza e pela pureza do que é dito e ao mesmo tempo inquieto sobre a irreconciliabilidade última que encontra no núcleo do Sermão da Montanha. Então acompanha Jesus a caminho de Jerusalém, ouve como nas palavras de Jesus esta temática é retomada e depois desenvolvida. Sem cessar, procura compreender; sem cessar, agita-o a grandeza; e sempre conversa com Jesus. Mas no fim decide-se por não seguir Jesus. Ele permanece – como ele mesmo diz – no "Israel eterno" (p. 141).

O diálogo do rabino com Jesus mostra como a fé na palavra de Deus nas Sagradas Escrituras cria simultaneidade entre os tempos: a partir das Escrituras pode o rabino entrar no hoje de Jesus, e a partir delas Jesus vem ao nosso hoje. Este diálogo se dá com grande respeito. Ele deixa aparecer a dureza das diferenças, mas há também grande porção de caridade: o rabino acolhe a diferença da mensagem de Jesus e despede-se numa separação que não conhece nenhum ódio, mas no rigor da verdade mantém sempre presente a força reconciliadora do amor.

Procuremos captar o essencial deste diálogo, para conhecermos Jesus e compreendermos melhor os nossos irmãos judeus. O ponto central torna-se muito bem visível, como me parece, numa das mais impressionantes cenas que Neusner esboça no seu livro. Neusner tinha, no seu diálogo interior, seguido Jesus durante todo o dia e retira-se então para a oração e para o estudo da *Tora* com os judeus de uma pequena cidade, para conversar com o rabino de lá sobre tudo o que ouviu – sempre no pensamento da simultaneidade acima dos séculos. O rabino cita do *Talmude* babilônico: "O rabino Simlaj explicava: 613 preceitos foram transmitidos por Moisés; 365 (proibições) correspondem aos dias do ano solar, e 248 (mandamentos) correspondem às articulações do homem. Em seguida veio Davi e reduziu-os a onze... Depois veio Isaías e reduziu-os a seis... Depois veio de novo Isaías e reduziu-os a um... Mais ainda: em seguida veio Habacuc e reduziu-os a um, que quer dizer: o piedoso viverá pela sua fé" (Hab 2,4).

No livro de Neusner, vem em seguida este diálogo: "'Era isto', pergunta o mestre, 'que Jesus, o mestre, tinha para dizer?' Eu: 'Não propriamente, mas mais ou menos'. Ele: 'O que foi que ele omitiu?' Eu: 'Nada'. Ele: 'O que foi que ele acrescentou?' Eu: 'A si mesmo'" (p. 113s). Este é o ponto central da "impressão" perante a mensagem de Jesus para o crente judeu Neusner, e esta é a razão central por que ele não quer seguir Jesus, mas permanece no "eterno Israel": a centralidade do Eu de Jesus na sua mensagem, que a tudo dá uma nova direção. Neusner cita neste momento, como prova para esta "adição", a palavra de Jesus ao jovem rico: se queres ser perfeito, vai, vende tudo o que tens e segue-*Me* (cf. Mt 19,21; p. 114). A perfeição, a santidade exigida pela *Tora*, como Deus é santo (Lv 19,2; 11,44) consiste agora em seguir Jesus.

Neusner aborda esta misteriosa equiparação entre Jesus e Deus, que se realiza nos discursos do Sermão da Montanha, com muito receio e respeito, mas as suas análises mostram que este é o ponto no qual a mensagem de Jesus radicalmente se distingue da fé do "eterno Israel". Ele faz isso a partir de três mandamentos fundamentais, cujo tratamento por Jesus ele investiga: a partir do Quarto mandamento – o mandamento sobre o amor aos pais; do Terceiro mandamento – o mandamento acerca da santificação do sábado; e, finalmente, a partir do mandamento da santidade, que acabamos de abordar. Neusner chega a este que é para ele um inquietante resultado: que Jesus claramente lhe quer ensinar a não seguir estes três fundamentais mandamentos de Deus e, em vez deles, a juntar-se a Ele.

O conflito sobre o sábado
Vamos seguir o diálogo de Neusner, o crente judeu, com Jesus e começamos com o sábado; observá-lo cuidadosamente é para Israel expressão central da sua existência como vida em aliança com Deus. Mesmo ao leitor superficial dos Evangelhos é conhecido que o conflito acerca do que pertence ou não ao sábado está no centro das discussões de Jesus com o povo de Israel do seu tempo. A explicação habitual diz que Jesus rompeu com uma mesquinha prática legalista e em vez dela teria oferecido uma visão mais generosa e mais livre, que abriria as portas para uma ação racional e de acordo com a situação. Como prova disso, serve a frase: "O sábado é para o homem e não o homem para o sábado" (Mc 2,27), na qual se encontra uma visão antropocêntrica de toda a realidade, de que resulta por si mesma uma explicação "liberal" dos mandamentos. Assim, por conta dos conflitos em torno do sábado, foi deduzida a imagem do Jesus liberal. A sua crítica ao judaísmo do seu tempo seria a crítica do homem refletido, livre e racional a um legalismo ossificado, que no fundo significa hipocrisia e rebaixa a religião a um sistema servil, que inibe o homem no desenvolvimento da sua obra e da sua liberdade. Compreende-se então que daqui não pode surgir nenhuma imagem favorável do judaísmo; a crítica moderna, a começar com a Reforma, enxergou assim este "judaísmo" regressado no catolicismo.
  Em todo o caso, estão aqui em debate a questão acerca de Jesus – quem Ele realmente era e o que realmente queria – e também a pergunta acerca da realidade do judaísmo e do cristianismo: era Jesus na realidade um rabino liberal, um precursor do liberalismo cristão? Então, o Cristo da fé e, portanto, toda a fé da Igreja não passam de um enorme erro?

Neusner rápida e surpreendentemente põe de lado este tipo de explicação; ele pode fazer isso, porque de um modo convincente descobre o ponto real do conflito. A respeito do conflito sobre o ato de os discípulos arrancarem espigas, ele diz apenas: "O que me inquieta não é a infração dos discípulos do mandamento acerca do respeito do sábado. Isso seria insensato e passaria ao lado da questão" (p. 87). Certamente, quando lemos o conflito sobre as curas ao sábado e os relatos sobre a irada tristeza do Senhor por causa da dureza dos corações dos defensores da explicação dominante acerca do sábado, vemos que nessas discussões estão em causa as questões mais profundas a respeito do homem e do modo correto de louvar a Deus. Neste sentido, também não é certamente de todo "trivial" este lado do conflito. Mas Neusner tem ainda razão quando, na resposta de Jesus a propósito de os discípulos colherem espigas no sábado, encontra claramente exposto o núcleo mais profundo do conflito.

Jesus defende o modo de proceder dos discípulos ao saciarem a sua fome em primeiro lugar com a referência a Davi, que comeu pão sagrado com os companheiros na casa de Deus "que nem ele nem os seus companheiros, mas apenas os sacerdotes podiam comer". Depois continua: "Ou não lestes na lei que ao sábado os sacerdotes no templo não respeitam o sábado, sem que com isso se tornem culpados? Eu digo-vos: Aqui está alguém que é maior que o templo. Se tivésseis compreendido o que quer dizer 'quero misericórdia não o sacrifício' (Os 6,6; 1 Sam 15,22), então não teríeis condenado inocentes; porque o Filho do homem é senhor do sábado" (Mt 12,4-8). E acrescenta Neusner: "Ele (Jesus) e os seus discípulos podem fazer ao sábado o que quiserem, porque eles tomaram o lugar dos sacerdotes no templo: o lugar sagrado deslocou-se. Ele consiste agora no círculo do Mestre e dos seus discípulos" (p. 86s).

Aqui devemos deter-nos um instante para vermos o que o sábado representava para Israel, assim também percebermos o que estava em jogo nesta disputa. Deus repousou no sétimo dia – assim nos diz o relato da criação. "Neste dia festejamos a criação", conclui Neusner com razão (p. 77). E mais: "Não trabalhar ao sábado significa mais do que um ritual penoso para cumprir. É uma espécie de imitação de Deus" (p. 78). Assim, pertence ao sábado não apenas negativamente não fazer nada de atividades exteriores, mas também positivamente o "repouso" que deve expressar-se espacialmente: "Para observar o sábado deve por conseguinte permanecer-se em casa. Renunciar a todo o tipo de trabalho não basta, é preciso também descansar, e isso significa socialmente que num dia da semana é reconstruído o círculo da família e da casa, onde cada um está em casa e tudo está no seu lugar" (p. 84). O sábado não é, portanto, uma questão de piedade pessoal, ele é o núcleo de uma ordem social: "Este dia faz do eterno Israel o que ele é, o povo repousa tal como Deus depois da criação no sétimo dia da sua criação" (p. 77).

Poderíamos aqui meditar sobre como seria saudável também para a nossa sociedade atual se num dia as famílias permanecessem juntas, tornassem o lar como casa e como realização da comunhão no repouso de Deus. Mas renunciemos a essas reflexões e permaneçamos no diálogo entre Jesus e Israel, que é inevitavelmente um diálogo entre Jesus e nós como é o nosso diálogo com o povo judaico hoje.

A palavra-chave "descanso" como elemento constitutivo do sábado, segundo Neusner, faz a relação com o convite de Jesus que precede no Evangelho de S. Mateus a história dos discípulos que colhem espigas. É a assim dita messiânica exclamação de júbilo que começa deste modo: "Bendigo-Te, ó Pai, Senhor do céu e da terra, porque escondeste estas coisas aos sábios e aos inteligentes, mas as revelastes aos pequeninos..." (Mt 11,25-30). Na nossa explicação habitual, parece tratar-se aqui de dois textos completamente diferentes: um fala da divindade de Jesus, o outro, da disputa sobre o sábado. Em Neusner torna-se claro que estes dois textos estão intimamente ligados um ao outro, porque nas duas vezes se trata do mistério de Jesus – do "Filho do homem", do "Filho" em absoluto.

As frases que precedem imediatamente a história do sábado dizem assim: "Vinde a Mim todos os que andais cansados e oprimidos, e Eu vos aliviarei. Tomai sobre vós o meu jugo e aprendei de Mim que sou manso e humilde de coração, e achareis alívio para as vossas almas, pois o meu jugo é suave e a minha carga leve" (Mt 11,28-30). Normalmente, isto é explicado a partir da ideia do Jesus liberal, portanto, moralmente: a concepção liberal que Jesus tem da lei alivia a vida perante o "legalismo judaico". Mas esta teoria não é muito convincente na prática, pois o seguir Jesus não é cômodo – foi isto justamente que Jesus nunca afirmou. Mas, então, como é?

Neusner mostra-nos que não se trata de nenhuma forma de moralismo, mas sim de um texto altamente teológico ou, mais precisamente, de um texto cristológico. Por meio do tema do repouso e do tema da fadiga e do peso com ele relacionado, o texto está orientado para a questão do sábado. O repouso de que aqui se trata tem agora a ver com Jesus. O ensino de Jesus sobre o sábado aparece agora em consonância com esta chamada e com a palavra sobre o Filho do homem como senhor do sábado. Neusner resume assim o conteúdo do conjunto: "O meu jugo é suave, eu vos concedo descanso. O Filho do homem é verdadeiramente senhor do sábado. Porque o Filho do homem é agora o sábado de Israel – assim agimos como Deus" (p. 90).

Agora Neusner, de um modo ainda mais claro do que antes, pode dizer: "Nenhuma admiração, portanto, que o Filho do homem seja senhor do sábado! Não o é porque explica de um modo liberal as limitações do sábado... Jesus não era nenhum reformador rabínico, que pretendesse tornar a vida do homem 'mais fácil'... Não, não se trata aqui de aliviar um peso... É a autoridade de Jesus que está em jogo..." (p. 89). "Agora Jesus está sobre a montanha e toma o lugar da *Tora*" (p. 91). O diálogo do crente judeu com Jesus alcança aqui o seu ponto decisivo. Agora o judeu, na sua nobre timidez, não pergunta a Jesus, mas aos discípulos de Jesus: "O teu Mestre, o Filho do homem, é realmente senhor do sábado? E de novo pergunto: 'O teu Mestre é Deus?'" (p. 92).

Assim o núcleo autêntico do debate torna-se manifesto. Jesus compreende-se a si mesmo como a *Tora* – como a palavra de Deus em pessoa. O prólogo imponente do Evangelho de S. João – "No princípio era a palavra e a palavra estava junto de Deus e a palavra era Deus" – não diz outra coisa senão o que o Jesus do Sermão da Montanha e o Jesus dos Evangelhos sinópticos diz. O Jesus dos quatro Evangelhos e o Jesus dos sinópticos é um e o mesmo: o verdadeiro Jesus "histórico".

O núcleo dos conflitos sobre o sábado é a questão sobre o Filho do homem – a questão a respeito de Jesus Cristo mesmo. Vemos assim de novo como Harnack e a exegese liberal que o seguiu se enganaram com a opinião de que ao Evangelho de Jesus pertence o Filho, mas não Cristo: Ele está permanentemente no seu centro.

Mas agora devemos prestar atenção a um outro aspecto da questão que claramente havemos de encontrar no Quarto mandamento: o que na mensagem de Jesus incomoda o rabino Neusner não é só a centralidade de Jesus; ele releva precisamente isso e em última instância não discute sobre este assunto, mas sim sobre o que resulta daí para a vida concreta de Israel – o sábado perde a sua grande função social. Ele pertence aos elementos essenciais que sustentam Israel. A centralização em Jesus rompe com esta estrutura sagrada e põe em perigo um elemento essencial na sustentação do povo.

À pretensão de Jesus está ligado o fato de que a comunidade dos seus discípulos toma o lugar de Israel. Não deve então isso inquietar quem mantém o seu coração no "eterno Israel"? À questão sobre a pretensão de Jesus de ser Ele mesmo em pessoa a *Tora* e o Templo está também ligado o tema de Israel – a questão da comunidade viva do povo –, no qual se realiza a palavra de Deus. Neusner sublinhou precisamente este segundo aspecto numa grande parte do seu livro, como veremos em seguida.

E agora se levanta aqui para os cristãos a questão: era bom pôr em perigo a grande função social do sábado, romper com a ordem sagrada de Israel em favor de uma comunidade dos discípulos, a qual, por assim dizer, define-se a partir da figura de Jesus? Esta pergunta podia e pode esclarecer-se somente na comunidade dos discípulos que estava para se desenvolver – a Igreja. Este desenvolvimento não pode ser seguido aqui. A ressurreição de Jesus "no primeiro dia da semana" trouxe consigo que, a partir de então, para os cristãos, este "primeiro dia" – o início da criação – tornou-se o "dia do Senhor", para o qual por si mesmo se transpuseram os elementos essenciais do sábado do Antigo Testamento.

Que a Igreja assim tenha assumido de novo a função social do sábado – sempre endereçado para o "Filho do homem" – mostrou-se claramente quando Constantino, na sua reforma do Direito inspirada no cristianismo, ligou a este dia também liberdade para os escravos, além de introduzir no seu sistema jurídico reformado com base no cristianismo o dia do Senhor como um dia de liberdade e de descanso. Parece-me portanto altamente questionável que modernos liturgistas pretendam marginalizar esta função social do domingo, que está em continuidade com a *Tora* de Israel, como desvio constantiniano. Mas aqui está naturalmente o grande problema da relação entre fé e ordem social, entre fé e política. Sobre isso devemos debruçar a nossa atenção no próximo item.

O Quarto mandamento: a família, o povo e a comunidade dos discípulos de Jesus

"Honra o teu pai e a tua mãe, para que assim tenhas longa vida sobre a terra que o Senhor teu Deus te há de dar", assim diz o Quarto mandamento na versão do livro do Êxodo (20,12). O mandamento dirige-se aos filhos e fala dos pais, instituindo, portanto, a relação das gerações e a comunidade da família como uma ordem desejada e protegida por Deus. Fala da terra e da permanência da vida na terra; liga portanto a terra como espaço vital do povo à ordem fundamental da família; liga a permanência do povo e da terra à estrutura da família, que liga entre si as gerações.

Então o rabino Neusner vê, com razão, radicado neste mandamento, o núcleo da ordem social, a conservação do "eterno Israel" – esta família real, viva e presente de Abraão e de Sara, de Isaac e de Rebeca, de Jacó, de Lia e de Raquel (p. 59s; p. 73). É precisamente esta família de Israel que Neusner vê ameaçada pela mensagem de Jesus, empurrados para o lado os fundamentos da sua ordem social por meio do primado da sua pessoa: "Nós rezamos ao Deus que – no princípio – conhecemos através do testemunho da nossa família, o Deus de Abraão, de Sara, de Isaac, de Jacó, de Lia, de Raquel. Para explicar o que nós, o eterno Israel, somos, os mestres chamam a atenção para a nossa descendência, para vínculos carnais, para a conservação da família como fundamento da existência de Israel" (p. 59s).

É precisamente esta relação que Jesus põe em causa. Foi-lhe dito que a sua mãe e os seus irmãos estavam fora e que lhe queriam falar. A sua resposta foi: quem é a minha mãe e quem são os meus irmãos? E Ele estendeu a mão sobre os seus discípulos e disse: "Aqui estão a minha mãe e os meus irmãos. Porque quem faz a vontade do meu Pai celeste, esse é meu irmão e minha irmã e minha mãe" (Mt 12,46-50).

Ante este texto pergunta Neusner: "Não me ensina Jesus a rejeitar um dos dois mandamentos da ordem social?" (p. 60). E a objeção contém dois aspectos: em primeiro lugar, trata-se do aparente individualismo da mensagem de Jesus. Enquanto a *Tora* propõe uma especial ordem social que dá ao povo a sua forma jurídica e social, nada disso se encontra em Jesus. O seguimento de Jesus não oferece nenhuma estrutura social que seja política e concretamente realizável. A sua mensagem parece fixar-se noutro plano. Os ordenamentos de Israel que garantiram a sua permanência ao longo dos séculos e de todas as desordens da história são abandonados. Desta nova interpretação do Quarto mandamento não é atingida apenas a relação entre pais e filhos, mas também todo o campo da estrutura social do povo de Israel.

Esta alteração da estrutura social encontra a sua razão e a sua justificação na pretensão de Jesus de ser, com a comunidade dos seus discípulos, a origem e o meio de um novo Israel: encontramo-nos de novo perante o Eu de Jesus, o qual fala à mesma altura que a *Tora*, à altura de Deus. Ambas as esferas – alteração da estrutura social, rebentar com o "eterno Israel" para uma nova comunidade, e a pretensão divina de Jesus – estão intimamente ligadas uma à outra.

Mas Neusner não se sente bem à vontade com a sua crítica. Ele se recorda de que também os alunos da *Tora* eram obrigados pelos seus mestres a abandonar as suas casas e as suas famílias e tinham de voltar as costas à mulher e aos filhos durante longo tempo, para se dedicarem totalmente ao estudo da *Tora* (p. 62). "Assim, a *Tora* toma o lugar da descendência e o Mestre da *Tora* obtém um novo estatuto familiar" (p. 65). Assim, a exigência de Jesus, de inaugurar uma nova família, parece que se move inteiramente no quadro daquilo que – no "eterno Israel" – é possível na escola da *Tora*.

E no entanto dá-se aqui uma diferença fundamental. No caso de Jesus, não é a relação obrigatória do discípulo a respeito da *Tora* que forma uma nova família, mas sim a relação do discípulo a respeito do próprio Jesus, a respeito da sua *Tora*. Segundo os rabinos, todos permanecem ligados pelas mesmas relações de uma ordem social permanente, pela submissão à *Tora* todos permanecem na igualdade de todo Israel. Assim verifica Neusner no fim: "... agora é para mim claro que o que Jesus exige de mim é o que só Deus pode exigir" (p. 70).

Mostra-se aqui, portanto, o mesmo que anteriormente na análise do mandamento do sábado. O argumento cristológico (teológico) e o argumento social estão ligados indissoluvelmente um ao outro. Se Jesus é Deus, pode e deve relacionar-se assim com a *Tora*, tal como o faz. Só então é que pode interpretar de um modo radicalmente novo a ordem mosaica dos mandamentos de Deus, como somente o legislador – Deus mesmo – pode fazer.

Mas então surge a pergunta: era mesmo bom e correto erguer uma nova comunidade de discípulos, totalmente fundada sobre Ele? Era mesmo bom pôr de lado os ordenamentos sociais do "eterno Israel", que foi fundado e que consiste no vínculo da carne a partir de Abraão, Isaac e Jacó, declará-lo (como S. Paulo dirá) o "Israel segundo a carne"?

Se lermos a *Tora* em conjunto com todo o cânone do Antigo Testamento, dos profetas e dos salmos e da literatura sapiencial, então ficará muito claro o que segundo a natureza das coisas já foi anunciado na *Tora*: Israel não está aí simplesmente para si mesmo, para viver nas "eternas" ordenações da lei – ele está aí para se tornar luz dos povos: quer nos salmos quer nos livros proféticos, ouvimos com crescente clareza a promessa de que a salvação de Deus virá para todos os povos. Ouvimos sempre mais claramente que o Deus de Israel, que é o único Deus, o verdadeiro Deus, o criador do céu e da terra, o Deus de todos os povos e de todos os homens, em cujas mãos está o destino dos povos – que este Deus dos povos não quer ficar só. Ouvimos que todos O conhecerão, que o Egito e a Babilônia – as duas potências mundiais opostas a Israel – estenderão as mãos para Israel e com ele adorarão o único Deus. Ouvimos que as fronteiras serão abolidas e que o Deus de Israel será reconhecido e venerado por todos os povos como o seu Deus, como o único Deus.

Precisamente do lado judaico, com toda razão, interrogam-se: o que foi então que o vosso "Messias" Jesus trouxe? Ele não trouxe a paz ao mundo nem venceu a miséria do mundo. Portanto ele não pode ser o verdadeiro Messias, do qual era isto precisamente que se esperava. Sim, o que Jesus trouxe? Ele levou o Deus de Israel aos povos, de tal modo que todos os povos agora Lhe rezam e reconhecem nas Escrituras de Israel a sua palavra, a palavra do Deus vivo. Ele ofereceu a universalidade, que representa uma grande e marcante promessa a Israel e ao mundo. O fruto da obra de Jesus é precisamente a universalidade, a fé no único Deus de Abraão, de Isaac e de Jacó na nova família de Jesus para todos os povos e para além do vínculo carnal da descendência. É isso que o identifica como o "Messias" e que dá um sentido à promessa messiânica, que radica em Moisés e nos profetas e que se abre de um modo totalmente novo.

O veículo desta universalização é a nova família, a qual tem como seu pressuposto a comunhão com Jesus e a comunhão com a vontade de Deus. Na verdade, o Eu de Jesus está aí agora precisamente não como um voluntarioso eu que tudo centra à sua volta. "Quem cumpre a vontade de meu Pai, esse é para Mim meu irmão e minha irmã e minha mãe" (Mc 3,34s). O Eu de Jesus corporiza a comunhão de vontade do Filho com o Pai. É um Eu que escuta e que obedece. A comunhão com Ele é a comunhão do Filho com o Pai, demonstrada num novo e mais elevado plano como Quarto mandamento. É introdução na família daqueles que dizem a Deus Pai e o podem dizer no Nós daqueles que com Jesus e na sua escuta estão unidos à vontade do Pai e assim estão no cerne da obediência que a *Tora* significa.

Esta unidade com a vontade de Deus Pai por meio da comunhão com Jesus, cujo alimento é fazer a vontade do Pai (Jo 4,34), abre também agora o novo olhar para as determinações particulares da *Tora*. A *Tora* teve, de fato, a tarefa de dar a Israel o concreto ordenamento jurídico e social, a este povo determinado, o qual, por um lado, é um povo bem definido ligado entre si por meio da descendência e da sucessão das gerações, mas, que, por outro lado, desde o princípio e por essência, é portador de uma promessa universal. Na nova família de Jesus, que mais tarde será chamada "a Igreja", estes ordenamentos sociais e jurídicos particulares não podem, na sua histórica literalidade, ter uma validade geral: esta foi, de fato, a questão no princípio da "Igreja constituída de todos os povos" e o conflito entre S. Paulo e os assim ditos judaizantes. Transferir literalmente a ordem social de Israel para homens de outros povos teria significado negar a universalidade da crescente comunidade de Deus. Isso o viu S. Paulo com toda a clareza. Isto não podia ser a *Tora* do Messias. E não o é, como nos mostra o Sermão da Montanha e todo o diálogo do crente e o escutar atento do rabino Neusner.

Aqui acontece todavia um processo muito importante, que somente na modernidade foi compreendido em toda a sua extensão e também ao mesmo tempo de novo interpretado de um modo unilateral e, portanto, falsificado. As formas jurídicas e sociais concretas – os ordenamentos políticos – não mais serão fixadas literalmente como direito sagrado para todos os tempos e, por isso, para todos os povos. Decisiva é a fundamental comunhão de vontade com Deus que é oferecida por Jesus. A partir dela são os homens e os povos livres para reconhecer o que numa ordem política e social é adequado a esta comunhão de vontade, para assim configurarem eles mesmos os ordenamentos jurídicos. A ausência de toda a dimensão social na pregação de Jesus que Neusner, do ponto de vista judaico, de um modo absolutamente sensato critica, oculta um caso na história do mundo que como tal não se encontra em mais nenhum espaço cultural: os concretos ordenamentos políticos e sociais são libertados da sua imediata sacralidade, da legislação jurídico-divina, e transferidos para a liberdade do homem, que por Jesus está fundada na vontade de Deus e que a partir daí aprende a ver o direito e o bem.

Chegamos de novo à *Tora* do Messias, à Carta aos Gálatas: fostes chamados para a liberdade (Gl 5,13), não para uma liberdade cega e arbitrária, para uma "liberdade entendida carnalmente", diria S. Paulo, mas para uma liberdade que vê, que tem a sua radicação na comunhão de vontade com Jesus e assim com Deus, portanto, para uma liberdade que edifica, a partir de uma nova visão, precisamente isso de que no fundo se trata na *Tora*, que a partir do interior a universaliza com Jesus e portanto realmente a "realiza".

Entretanto, essa liberdade foi arrancada do olhar para Deus e da comunidade com Jesus. A liberdade para a universalidade e, portanto, para a correta profanidade do Estado foi transformada numa absoluta profanidade – no "laicismo", em que o esquecimento de Deus e a ligação exclusiva ao sucesso parecem ser constitutivos. Para o crente cristão, as instruções da *Tora* permanecem inteiramente um ponto de referência, para o qual olha sempre; para ele permanece principalmente a procura da vontade de Deus na comunidade de Jesus; uma referência para a razão, sem a qual ela está sempre em perigo de desvario, de cegueira.

Ainda uma observação é importante. Esta universalização da fé e da esperança de Israel, a libertação, com ela ligada, da letra na nova comunhão com Jesus, está ligada à sua autoridade e à sua pretensão como Filho. Ela perde o seu peso histórico e a sua razão de ser se Jesus for interpretado como um rabino liberal reformador. Uma explicação liberal da *Tora* seria uma simples opinião pessoal de um mestre – não poderia ser modeladora da história. De resto, a própria *Tora*, a sua origem na vontade de Deus, seria relativizada; para tudo o que fora dito permaneceria apenas uma autoridade humana: a autoridade dos doutores. Daqui não surge nenhuma comunidade de fé. O salto para a universalidade, a nova liberdade necessária para o dar, só pode ser possível por meio de uma maior obediência. Ela só pode ser uma força histórica eficaz se a autoridade desta nova explicação não for menor do que a do texto original: deve ser uma autoridade divina. A nova e universal família é a finalidade da missão de Jesus, mas a sua divina autoridade – a filiação de Jesus na comunhão com Deus Pai – é o pressuposto para que esta irrupção no novo e mais vasto seja possível sem traição e sem arbitrariedade.

Ouvimos como Neusner pergunta a Jesus: queres desviar-me para a violação de dois ou três mandamentos de Deus? Se Jesus não fala com a autoridade do Filho, se a sua explicação não é o início de uma nova comunidade, de uma nova e livre obediência, então só resta isto: Jesus desencaminha para a desobediência contra o mandamento de Deus.

Para a cristandade de todos os tempos, é fundamental ter bem diante dos olhos a relação entre ultrapassar (que é algo diferente de "transgredir") e cumprir. Neusner critica – vimos isso –, mesmo com todo o respeito por Jesus, com grande decisão a dissolução da família, que ele vê no apelo de Jesus a "transgredir" o Quarto mandamento; do mesmo modo, a ameaça do sábado, que representa o ponto-chave do ordenamento social de Israel. Ora, Jesus não quer abolir nem a família nem a intenção da criação do sábado, porém deve criar um novo e amplo espaço para ambos. Com o seu convite, por meio da comum obediência ao Pai, a tornar-se com Ele membro de uma nova, de uma família universal, Ele faz de fato saltar imediatamente a ordem social de Israel. No entanto, para a Igreja que se havia de formar e que se formou, foi desde o princípio fundamental a defesa da família como o núcleo de toda a ordem social, entrar no Quarto mandamento em toda a extensão do seu significado: vemos como hoje é em torno desta questão que se trava o combate da Igreja. E do mesmo modo se tornou rapidamente claro como o conteúdo essencial do sábado devia desenvolver-se de um modo novo no dia do Senhor. A luta em torno do domingo pertence também às maiores preocupações da Igreja no presente, com todas as suas dissoluções do ritmo do tempo que transporte em si uma comunidade.

A correta interligação entre o Antigo e o Novo Testamento é constitutiva da Igreja: já os discursos do Ressuscitado dão importância ao fato de que Jesus só se entende no contexto da "lei e dos profetas", e que a sua comunidade só pode viver neste contexto corretamente entendido. Dois perigos opostos ameaçaram, neste ponto, a Igreja desde o princípio e sempre hão de ameaçá-la. Por um lado, um falso legalismo contra o qual S. Paulo luta e que infelizmente foi designado ao longo da história com o nome infeliz de "judaísmo". Por outro lado, encontra-se a recusa de Moisés e dos profetas – do "Antigo Testamento" que em primeiro lugar Marcião formulou no século II; ela pertence às maiores tentações da modernidade. Não é por acaso que Harnack, como o representante da introdução da Teologia liberal, tenha exigido que se executasse finalmente a herança de Marcião e se libertasse o cristianismo do peso do Antigo Testamento. A tentação, hoje muito espalhada, de interpretar o Novo Testamento de um modo puramente espiritual e desligá-lo de todo o relevo social e político vai nesta direção.

Inversamente a diversas teologias políticas significam a cobertura teológica de um caminho político que contradiz a novidade e a extensão da mensagem de Jesus. Todavia, seria falso caracterizar tais tendências como judaização do cristianismo, porque Israel refere a sua obediência a respeito de concretas ordenações sociais da *Tora* à comunhão de descendência do "eterno Israel" e não a declara como uma receita política universal. Em geral, será bom para o cristianismo olhar com respeito para esta obediência de Israel e acolher melhor os grandes imperativos do Decálogo, que deve transportar o cristianismo para o espaço da universal família de Deus e que nos ofereceu Jesus como o "novo Moisés". N'Ele vemos cumprida a promessa feita a Moisés: "O Senhor teu Deus fará surgir no meio de vós um profeta como eu..." (Dt 18,15).

Compromisso e radicalidade profética
Ao pensarmos e ao conversarmos sobre o diálogo do rabino judeu com Jesus, já avançamos juntos um bom bocado para além do Sermão da Montanha no caminho de Jesus para Jerusalém; agora devemos regressar outra vez às antíteses do Sermão da Montanha, nas quais Jesus toma

questões do domínio da Segunda tábua do Decálogo e a antigas instruções da *Tora* opõe uma nova radicalidade da justiça perante Deus: não só não matar, mas também ir ao encontro do irmão irreconciliado para a reconciliação. Não mais o divórcio; não apenas igualdade perante a lei (olho por olho, dente por dente), mas também se deixar ferir, sem ripostar; não só amar o próximo, mas também o inimigo.

     A elevação do *ethos*, que aqui se expressa, abalará sempre os homens de todas as origens e tocará o cume da elevação moral; pensemos apenas na atenção de Gandhi para com Jesus, que teve origem precisamente nestes textos. Mas o que foi dito é mesmo realista – o homem pode, deve realmente agir assim? Não se arruína assim – como Neusner objeta – qualquer ordem social concreta? Pode-se deste modo edificar uma comunidade, um povo?

A mais recente pesquisa exegética conseguiu nesta questão importantes conhecimentos, na medida em que investigou com rigor a íntima estrutura da *Tora* e a sua legislação. Para o nosso tema, é neste caso importante a análise do assim chamado livro da aliança do Êxodo (20, 22-23, 19). Neste código legal podem distinguir-se duas espécies de direito: o assim chamado direito casuístico e o direito apodíctico.

     O assim dito direito casuístico oferece regulamentos para questões jurídicas muito concretas: ordenamentos jurídicos a respeito da escravidão e da libertação dos escravos, de ferimentos corporais por homens ou por animais; compensação em caso de roubo etc. Aqui não são dadas motivações teológicas, mas são estabelecidas sanções concretas, proporcionais à injustiça cometida. Essas normas jurídicas surgiram a partir da prática e referidas à prática legal que serve para a construção de uma ordem social realista e que se adaptam às possibilidades concretas de uma sociedade numa determinada situação histórica e cultural.

     É neste sentido também um direito condicionado historicamente, que está permanentemente sujeito a crítica, muitas vezes mesmo – em todo o caso pelo menos a partir da nossa visão ética – necessitando de crítica e que se desenvolve mesmo no interior da legislação veteritestamentária. Mais recentes prescrições contradizem outras mais antigas no mesmo objeto. O assim previsto está em relação fundamental com a fé no Deus que se revela, que falou no Sinai, mas que não é em si mesmo diretamente direito divino, mas sim um direito corrigível, que evolui e que é capaz de evolução a partir da referência fundamental ao direito divino.

Na realidade, pertence a uma ordem social que também é capaz de desenvolvimento; deve expor-se e orientar-se o melhor possível para diferentes situações históricas, sem com isso perder de vista o critério ético, que confere ao direito o seu caráter de direito. A crítica profética de um Isaías, de um Oseias, de um Amós, de um Miqueias incide num certo sentido – como por exemplo O. Artus mostrou – também no direito casuístico, que está na *Tora*, mas que praticamente se tornou injusto e que em situações econômicas concretas não serve à defesa dos pobres, das viúvas e dos órfãos, que os profetas consideram a mais elevada intenção do sistema jurídico procedente de Deus.

Desta crítica profética são análogas algumas partes do livro da aliança, designado como "direito apodíctico" (Ex 22,20; 23,9-12). Este "direito apodíctico" é proclamado em nome de Deus; não são anunciadas aqui concretas sanções. "Não maltratarás o estrangeiro e não o oprimirás, porque também foste estrangeiro no Egito. Não farás mal algum à viúva e ao órfão" (Ex 22,20s). Nestas grandes normas encontrou fundamento a crítica dos profetas, a partir destas normas ela pôs em questão concretos costumes jurídicos, para fazer valer o núcleo divino essencial do direito como medida e como fio condutor de todo o desenvolvimento do direito e de toda a ordem social. Crüsemann, ao qual devemos conhecimentos essenciais nesta matéria, caracterizou as instruções do "direito apodíctico" como "metanormas", que constituem uma instância crítica a respeito das regras do direito casuístico. A relação entre direito casuístico e direito apodíctico poderia definir-se com o par de conceitos, regras e princípios.

Assim, há no interior da *Tora* níveis diferentes de autoridade; há nela – como O. Artus expressa – um permanente diálogo entre normas historicamente determinadas e metanormas. As últimas expressam as exigências constantes da aliança. A opção fundamental das "metanormas" é a garantia de Deus para com os pobres, que facilmente ficam sem direitos e que não podem fazer justiça a si mesmos.

Com isto se prende algo mais: na *Tora* aparece como norma fundamental, da qual tudo depende, antes de mais nada a imposição da fé no único Deus: só Ele deve ser adorado. Mas agora, no desenvolvimento profético, a responsabilidade pelos pobres, pelas viúvas e pelos órfãos alcança cada vez mais a mesma dignidade que a unicidade da adoração do único Deus: ela se funde com a imagem de Deus, define-a muito concretamente. A orientação social é uma orientação teológica e esta tem caráter social – o amor de Deus e o amor do próximo são inseparáveis, e o amor do próximo recebe aqui uma definição muito prática, isto é, como percepção da presença direta de Deus nos pobres e nos fracos.

Tudo isto é essencial para a correta compreensão do Sermão da Montanha. No interior da *Tora* e, portanto, no diálogo entre a lei e os profetas, já vemos o confronto entre o mutável direito casuístico, que forma as respectivas estruturas sociais, e os princípios essenciais do direito divino, no qual as normas práticas devem ser medidas, desenvolvidas e corrigidas.

Jesus não diz nada de inaudito e de totalmente novo quando contrapõe às normas casuísticas desenvolvidas praticamente na *Tora* a pura vontade de Deus, como a "maior justiça" que devia esperar-se dos filhos de Deus (Mt 5,20). Ele assume a dinâmica interior da *Tora* desenvolvida pelos profetas e, como o eleito, como o profeta que está com Deus mesmo face a face (Dt 18,15), dá-lhe a sua forma radical. Assim, compreende-se por si mesmo que nestas palavras não seja formulada uma ordem social, mas sim apresentadas às ordens sociais os seus critérios fundamentais, que não podem todavia se concretizar como tais de modo puro em nenhuma ordem social. A dinamização das ordens jurídicas e sociais concretas, que Jesus deste modo realiza, a sua dedução a partir diretamente do domínio divino e a transmissão da responsabilidade para uma razão que se torna visível correspondem à íntima estrutura da *Tora*.

Nas antíteses do Sermão da Montanha, Jesus não se situa diante de nós nem como rebelde nem como liberal, mas como o intérprete profético da *Tora*, que nada anula, mas cumpre, e cumpre precisamente na medida em que indica à razão que atua historicamente o seu lugar de responsabilidade. Assim também a cristandade deverá elaborar e formular sempre de novo ordenamentos sociais, uma "doutrina social cristã". Ela corrigirá o já dado em desenvolvimentos sempre novos. Ela encontra na estrutura interior da *Tora*, no seu contínuo desenvolvimento por meio da crítica profética e na mensagem de Jesus que acolhe ambos, quer a extensão para necessários desenvolvimentos históricos, quer o seguro fundamento que garante a dignidade humana a partir da dignidade de Deus.

CAPÍTULO 5
A oração do Senhor

O Sermão da Montanha esboça, como vimos, um quadro envolvente do modo correto de ser homem. Quer mostrar-nos como é que se faz para ser homem. A sua visão fundamental poderia resumir-se na afirmação: o homem só se entende a partir de Deus e só quando vive na relação com Deus a sua vida é correta. Mas Deus não é um distante desconhecido. Em Jesus, Ele nos mostra o seu rosto; no Seu agir e na Sua vontade, conhecemos os pensamentos e a vontade de Deus.

Se ser homem significa essencialmente esta relação com Deus, então se torna claro que isso engloba falar com Deus e escutá-lo. Por isso pertence também ao Sermão da Montanha uma doutrina sobre a oração; o Senhor nos diz como devemos rezar.

Em S. Mateus, uma curta catequese sobre a oração precede a oração do Senhor, a qual quer sobretudo nos precaver contra as formas falsas de oração. A oração não deve ser exposição perante os homens; ela exige discrição, que é essencial para uma relação de amor. Deus dirige-se a cada um individualmente com o seu próprio nome, que aliás ninguém conhece, diz-nos a Escritura (Ap 2,17). O amor de Deus por cada um é totalmente pessoal e traz em si este mistério da unicidade, que não deve ser divulgado aos homens.

Essa discrição essencial da oração não exclui a oração em comum: o *Pai-Nosso* é, como o nome indica, uma oração na primeira pessoa do plural, e somente neste estar com o "nós" dos filhos de Deus é que podemos absolutamente ultrapassar as fronteiras deste mundo e chegar a Deus. Mas este "nós" desperta então o fundo mais íntimo da minha pessoa; na oração devem compenetrar-se sempre este elemento totalmente pessoal e o elemento comunitário, como veremos com mais detalhes na explicação do *Pai-Nosso*. Tal como na relação entre homem e mulher há o elemento totalmente pessoal – que precisa do espaço de proteção da discrição – e ao mesmo tempo as relações no matrimônio e na família incluem essencialmente uma responsabilidade pública, assim também o é na relação com Deus: o "nós" da comunidade orante e o elemento mais pessoal que só a Deus é comunicável compenetram-se reciprocamente.

A outra falsa forma de oração, contra a qual o Senhor nos adverte, é a tagarelice, o palavreado, que asfixia o espírito. Todos nós conhecemos o perigo de repetir formas habituais e termos ao mesmo tempo o espírito totalmente longe. Estamos mais atentos quando, a partir de uma necessidade mais profunda, pedimos a Deus algo ou Lhe agradecemos, de coração feliz, algum benefício experimentado. Mas o mais importante é – para além dessas situações pontuais – que a relação com Deus esteja presente no mais íntimo do nosso ser. Para que isso aconteça, é preciso que esta relação seja sempre desperta e que sejam sempre a ela referidas as coisas de cada dia. Havemos de rezar tanto melhor quanto mais a orientação para Deus estiver no mais íntimo da nossa alma. Quanto mais ela for a razão que leva em si toda a nossa existência, tanto mais havemos de ser homens da paz. Tanto mais poderemos suportar a dor, tanto mais poderemos compreender os outros e estar abertos para eles. Esta orientação que impregna toda a nossa consciência, a presença silenciosa de Deus na base do nosso pensamento, da nossa reflexão e do nosso ser, é tudo isso que chamamos de "oração permanente". Ela é, em última instância, isso que entendemos por amor de Deus, que é ao mesmo tempo a condição mais íntima e a força motriz do amor para com o próximo.

Esta autêntica oração, a presença interior e silenciosa de Deus, precisa de alimento, e é para isso que serve a oração concreta, com palavras ou representações ou pensamentos. Quanto mais Deus estiver em nós, tanto mais poderemos nós estar realmente com Ele nas várias formas de oração. Mas vale igualmente o inverso: que a oração ativa realiza e aprofunda o nosso estar com Deus. Esta oração pode, e deve, subir antes de tudo ao que diz o nosso coração, às nossas necessidades, esperanças, alegrias e sofrimentos, à vergonha pelos pecados bem como ao agradecimento pelo bem, e assim ser uma oração totalmente pessoal.

Mas precisamos também nos apoiar em fórmulas de oração, nas quais tomaram forma o encontro com Deus de toda a Igreja, bem como dos homens individualmente. De fato, sem estas ajudas para a oração, a nossa oração e a nossa imagem de Deus tornam-se subjetivas e refletem em última instância mais a nós mesmos do que o Deus vivo. Nas fórmulas de oração que em primeiro lugar surgiram da fé de Israel e depois da fé da Igreja orante, aprendemos a conhecer a Deus e a nós mesmos. Elas são escolas de oração e assim transformações e aberturas da nossa vida.

S. Bento marcou na sua *Regra* a fórmula: *Mens nostra concordet voci nostrae*, "o nosso espírito deve estar em harmonia com a nossa voz" (Reg 19,7). Normalmente, o pensamento precede a palavra, procura e forma a palavra. Mas na oração dos salmos, sobretudo na oração litúrgica, passa-se o contrário: a palavra, a voz precede-nos, e o nosso espírito deve inserir-se nesta voz. De fato, a partir de nós mesmos não sabemos como "devemos rezar de um modo correto" (Rm 8,26), tão longe estamos de Deus, tão misterioso e grande Ele é para nós. E assim Deus veio em nossa ajuda: Ele mesmo nos dá as palavras da oração e nos ensina a rezar, oferece-nos, nas palavras da oração que vêm d'Ele, a possibilidade de estarmos perto d'Ele, de nos colocarmos em Sua direção e, por meio da oração com os irmãos, que Ele nos ofereceu, progressivamente O conhecermos.

Em S. Bento, a citada frase refere-se imediatamente aos salmos, o grande livro de oração do povo de Deus no Antigo e no Novo Testamento: são palavras que o Espírito Santo ofereceu aos homens, palavras tornadas Espírito de Deus. Assim, nós rezamos "no Espírito", com o Espírito Santo. Isso naturalmente vale ainda mais para o *Pai-Nosso*: nós rezamos a Deus com as palavras dadas por Deus para Deus, quando rezamos o *Pai-Nosso*, diz S. Cipriano. E ele acrescenta: quando rezamos o *Pai-Nosso*, cumpre-se em nós a promessa de Jesus a respeito do verdadeiro adorador, que adora o Pai "em Espírito e Verdade" (Jo 4,23). Cristo, que é a verdade, ofereceu-nos as palavras, e nelas nos oferece o Espírito Santo (*De dom. or.* 2: CSEL III 1 p. 276s). Deste modo, também se torna claro aqui algo que é específico da mística cristã. Ela não consiste em primeiro lugar num mergulhar em si mesmo, mas no encontro com o Espírito de Deus da palavra que nos precede, encontro com o Filho e com o Espírito Santo, e assim o orante se torna um só com o Deus vivo, que está sempre tanto em nós como acima de nós.

Enquanto S. Mateus introduz o *Pai-Nosso* como uma pequena catequese sobre a oração em geral, encontramo-lo em S. Lucas num outro contexto: no caminho de Jesus para Jerusalém. S. Lucas introduz a oração do Senhor com a seguinte observação: "Sucedeu que, estando Ele algures a orar, disse-Lhe, quando acabou, um dos seus discípulos: Senhor, ensina-nos a rezar..." (Lc 11,1).

O contexto é, portanto, o encontro com a oração de Jesus, que desperta nos discípulos o desejo de aprender com Ele a rezar. É muito característico para S. Lucas ter atribuído à oração de Jesus um lugar muito especial no seu Evangelho. A ação de Jesus em geral surge da sua oração, é suportada por ela. Assim, acontecimentos essenciais do seu caminho, nos quais progressivamente se desvela o seu mistério, aparecem como acontecimentos que brotam da oração. A confissão de Pedro a respeito de Jesus como o Santo de Deus relaciona-se com o Jesus orante (Lc 9,19ss); a transfiguração de Jesus é um acontecimento que surge da oração (Lc 9,28s).

Por isso, é significativo que S. Lucas coloque o *Pai-Nosso* em relação com a própria oração de Jesus. Ele nos torna assim participantes na sua própria oração, Ele nos introduz no diálogo interior do amor trinitário; puxa, por assim dizer, para cima as nossas necessidades humanas até o coração de Deus. Mas isso significa também que as palavras do *Pai-Nosso* são instruções para a oração interior, representam orientações fundamentais do nosso ser, querem formar-nos segundo a imagem do Filho. O significado do *Pai-Nosso* vai além de uma comunicação de palavras de oração. Ele quer formar o nosso ser, exercitar-nos no modo de pensar sobre Jesus (cf. Fl 2,5).

Para a explicação do *Pai-Nosso*, isso significa duas coisas. Em primeiro lugar, é muito importante, tão precisamente quanto possível, escutar a palavra de Jesus, tal como a Escritura a transmite. Devemos acima de tudo tentar conhecer realmente os pensamentos de Jesus, que Ele nos quis transmitir nestas palavras. Mas devemos também ter presente que o *Pai-Nosso* surge da Sua oração, do diálogo do Filho com o Pai. Isso quer dizer que ele alcança uma grande profundidade que vai para além das palavras. Ele abrange toda a extensão do ser humano de todos os tempos e, portanto, não pode esgotar-se numa pura explicação histórica, por mais importante que ela seja.

Os grandes orantes de todos os tempos puderam mergulhar, por meio da sua íntima unidade com o Senhor, na profundidade que está além da palavra e puderam assim revelar a riqueza escondida da oração. E cada um de nós pode encontrar-se nesta oração elevado e acolhido com a sua relação absolutamente pessoal com Deus. Ele deve sempre com a sua *mens*, com o seu entendimento, abrir-se à palavra que vem do Filho até nós e deixar-se por ela conduzir. Deste modo, abrir-se-á também o seu próprio coração e permitirá a cada um saber como o Senhor quer rezar com ele.

O *Pai-Nosso* nos é transmitido em S. Lucas numa forma mais curta; em S. Mateus, na forma em que a Igreja o recebeu e reza. A discussão sobre qual texto é mais original não é supérflua, mas também não é decisiva. Quer numa quer noutra versão, rezamos com Jesus e estamos agradecidos que na forma dos sete pedidos de S. Mateus está claramente desenvolvido o que em S. Lucas em parte aparece apenas aludido.

    Consideremos agora, de modo muito breve, antes de entrarmos na explicação de cada pedido, a estrutura do *Pai-Nosso*, tal como S. Mateus nos transmitiu. Ela consiste imediatamente numa alocução e em sete pedidos. Três destes pedidos são formulados na segunda pessoa, quatro na primeira pessoa do plural. Nos três primeiros pedidos trata-se dos assuntos de Deus neste mundo; nos quatro pedidos seguintes trata-se das nossas esperanças, necessidades e indigências. Poderia comparar-se a relação de ambos os pedidos do *Pai-Nosso* com a relação das Duas tábuas do Decálogo, as quais são radicalmente desenvolvimentos das duas partes do mandamento principal: o amor de Deus e do próximo, instruções sobre o caminho do amor.

    Assim, trata-se no *Pai-Nosso*, em primeiro lugar, do caminho do amor, que é ao mesmo tempo um caminho da conversão. Para que o homem possa rezar corretamente, deve estar na verdade. E a verdade é "Deus em primeiro lugar, o Reino de Deus" (Mt 6,33). Primeiro temos de sair de nós mesmos e abrir-nos para Deus. Nada pode estar correto se não estivermos na direção exata com Deus. O *Pai-Nosso* começa por isso com Deus e conduz-nos, a partir d'Ele, ao caminho do ser humano. Primeiro descemos até a última ameaça do homem, à qual o mal espreita – o quadro do dragão apocalíptico pode surgir em nós, que conduz a guerra contra os homens, "que obedecem aos mandamentos de Deus e que se mantêm firmes no testemunho por Jesus" (Ap 12,17).

    Mas permanece o princípio sempre presente: *Pai-Nosso*, sabemos que Ele está conosco e que nos segura na sua mão, nos salva. Kolvenbach conta no seu livro dos Exercícios a história de um *staretz* da Igreja oriental que insistia "que se entoasse o *Pai-Nosso* sempre com a última palavra, de modo que fôssemos dignos de terminar a oração com as palavras do princípio – *Pai-Nosso*". Deste modo, explicava, pode percorrer-se o caminho pascal: "Começa-se no deserto com a tentação, regressa-se ao Egito, caminha-se no Êxodo através das estações do perdão e do maná de Deus e chega-se pela vontade de Deus à terra da promessa, o reino de Deus, onde nos é comunicado o mistério do seu nome: 'nosso Pai'" (p. 65s).

Ambos os caminhos, o que sobe e o que desce, podem juntos nos recordar que o *Pai-Nosso* é sempre uma oração de Jesus e que se descobre a partir da comunhão com Ele. Nós rezamos ao Pai que está no céu, que conhecemos pelo seu Filho; e assim, na oração, Jesus está sempre no horizonte, como veremos na explicação de cada um dos pedidos. Finalmente – porque o *Pai-Nosso* é uma oração de Jesus –, é uma oração trinitária: nós rezamos com Cristo ao Pai pelo Espírito Santo.

Pai-Nosso que estais no céu

Começamos com a alocução Pai. Reinhold Schneider escreve a propósito na sua explicação sobre o *Pai-Nosso*: "O *Pai-Nosso* começa com uma grande consolação; nós podemos dizer Pai. Nesta única palavra está contida toda a história da redenção. Nós podemos dizer Pai, porque o Filho era nosso irmão e nos revelou o Pai; porque nós nos tornamos de novo filhos de Deus através da ação de Jesus" (p. 10). Para os homens de hoje, a grande consolação da palavra Pai não é tão importante, porque a experiência do pai está de muitos modos ou totalmente ausente ou obscurecida pela insuficiência dos pais.

Por isso devemos então aprender com Jesus o que realmente "Pai" significa. Nos discursos de Jesus, o Pai aparece como a fonte de todo o bem, como a medida do homem tornado verdadeiramente reto ("perfeito"): "Eu, porém, digo-vos: amai os vossos inimigos e rezai por aqueles que vos perseguem, para que vos torneis filhos do Pai que está nos céus; Ele de fato faz nascer o sol sobre os maus e sobre os bons..." (Mt 5,44s). O "amor levado até o fim" (Jo 13,1), que o Senhor realizou na cruz ao rezar pelos seus inimigos, mostra-nos a essência do Pai. Ele é este amor. Porque Jesus o realiza, é totalmente "Filho" e convida-nos a sermos filhos, a partir desta medida.

Tomemos ainda mais um texto. O Senhor recorda que os pais não dão uma pedra aos seus filhos que lhes pedem pão e continua: "se vós que sois maus dais aos vossos filhos o que é bom, quanto mais o vosso Pai que está nos céus dará o Espírito Santo aos que Lhe pedirem" (Mt 7,9s). O evangelista Lucas especifica as "coisas boas" que o Pai dá, dizendo: "Quanto mais o vosso pai que está nos céus dará o Espírito Santo aos que Lhe pedirem" (Lc 11,13). Isto quer dizer: o dom de Deus é Deus mesmo. O "bem" que Ele nos dá é Ele mesmo. Neste ponto torna-se surpreendentemente claro do que se trata realmente na oração: não se trata disto ou daquilo, mas sim que Deus quer se oferecer a nós – este é o dom de todos os dons, o "único necessário" (cf. Lc 10,42). A oração é o caminho para lentamente purificar os nossos desejos, corrigir e calmamente conhecer o que realmente nos faz falta: Deus e o seu Espírito.

Quando o Senhor ensina a conhecer a essência de Deus Pai a partir do amor ao inimigo e, assim, a encontrar a sua "perfeição", para deste modo nos tornarmos "filhos", então é perfeitamente clara a relação entre o Pai e o Filho. Então se torna claro que nós, no espelho da figura do Filho, conhecemos quem e como é Deus: pelo Filho encontramos o Pai. "Quem me vê, vê o Pai", diz Jesus a Filipe durante a última ceia em resposta ao seu pedido: mostra-nos o Pai (Jo 14,8s). Senhor, mostra-nos o Pai, dizemos nós sempre a Jesus, e a resposta é sempre outra vez o Filho: por Ele, somente por Ele é que conhecemos o Pai. E assim se torna visível o modelo da verdadeira paternidade. O *Pai-Nosso* não projeta uma imagem humana no céu, mas mostra-nos a partir do céu – a partir de Jesus – o que nós homens podemos e devemos ser.

Mas agora devemos olhar com mais atenção para verificarmos que a paternidade de Deus apresenta para nós, segundo a mensagem de Jesus, duas dimensões. Deus é antes de mais nada nosso Pai, enquanto é o nosso Criador. Porque Ele nos criou, pertencemos-Lhe: o ser como tal vem d'Ele e por isso é bom, é originalmente de Deus. Isso vale para os homens de um modo muito especial. O Salmo 33, versículo 15, diz, segundo a tradução latina: "Ele, que formou os corações de todos, estima todas as suas obras". O pensamento de que Deus criou cada um dos homens individualmente pertence à imagem que a Bíblia tem do homem. Cada homem é único e como tal querido por Deus. Ele conhece cada um individualmente. Neste sentido, já a partir da criação, o homem é de um modo especial "filho" de Deus, Deus é o seu verdadeiro Pai: que o homem seja imagem de Deus é um outro modo de exprimir este pensamento.

Isto nos leva à segunda dimensão da paternidade de Deus. Cristo é de um modo único "imagem de Deus" (2 Cor 4,4; Cl 1,15). Os Padres afirmam então que Deus, quando criou o homem "à sua imagem", olhou antecipadamente para Cristo e criou o homem segundo a imagem do "novo Adão", a verdadeira medida do homem. Mas principalmente: Jesus é num sentido próprio "o Filho" – de um mesmo ser que o Pai. Ele quer tomar-nos a todos na sua humanidade e assim na sua filiação, na plena pertença a Deus.

Então a filiação tornou-se um conceito dinâmico: não somos ainda de um modo acabado filhos de Deus, mas devemos tornar-nos e sermos sempre mais por meio da nossa mais profunda comunhão com Jesus. Ser filho torna-se assim o mesmo que seguir a Cristo. A palavra a respeito de Deus Pai torna-se assim um chamamento para nós mesmos: para vivermos como "filhos", como filho e filha de Deus. "Tudo o que é meu é teu", diz Jesus ao Pai na oração sacerdotal (Jo 17,10), e o mesmo disse o pai ao irmão mais velho do filho pródigo (Lc 15,31). A palavra "Pai" convida-nos a viver desta consciência. Assim será também vencida a ilusão da falsa emancipação, que apareceu no princípio da história do pecado da humanidade. De fato, Adão quer, seguindo a palavra da serpente, ser ele mesmo Deus e nunca mais precisar de Deus. Torna-se claro que "ser filho" não é dependência, mas sim aquele estar na relação de amor que suporta a existência humana e lhe dá sentido e grandeza.

Finalmente, permanece ainda uma questão: não é Deus também mãe? Há a comparação do amor de Deus com o amor de uma mãe: "Como uma mãe consola os seus filhos, assim Eu vos consolo" (Is 66,13). "Acaso pode uma mulher esquecer-se do menino que amamenta, uma mãe esquecer-se do seu filho? E mesmo quando ela o esquecesse: Eu não te esqueço" (Is 49,15). Particularmente impressionante se revela o mistério do amor materno de Deus na palavra hebraica *rahamim*, que significa propriamente o seio materno, mas que se torna então caracterização da compaixão divina para com o homem, da misericórdia de Deus.

Órgãos do corpo humano tornam-se caracterizações no Antigo Testamento, atitudes fundamentais do homem ou também dos sentimentos de Deus, de modo semelhante ao que o coração e o cérebro desempenham hoje sendo afirmações sobre a nossa própria existência. Assim, o Antigo Testamento representa as atitudes fundamentais da existência não de um modo conceitual abstrato, mas na linguagem imagética do corpo. O seio materno é a expressão mais concreta para o íntimo entrelaçar-se de duas existências e para a atenção à dependente e frágil criatura que no corpo e na alma está totalmente em segurança no seio da mãe. A linguagem imagética do corpo oferece-nos assim uma compreensão mais profunda dos sentimentos de Deus a respeito do homem do que seria possível a qualquer linguagem conceitual.

Se na linguagem formada a partir da corporeidade do homem parece inscrito o amor da mãe na imagem de Deus, vale porém, ao mesmo tempo, que Deus nunca é designado como mãe nem que com esta invocação alguém a Ele se dirija, nem no Antigo nem no Novo Testamento. "Mãe" não é na Bíblia um título divino. Por quê? Só podemos tentar compreender isto às apalpadelas. Naturalmente, Deus não é nem homem nem mulher, mas precisamente Deus, o criador do homem e da mulher. As divindades maternas, que habitavam nos espaços ao redor tanto do povo de Israel como da Igreja do Novo Testamento, mostram uma imagem da relação entre Deus e o mundo que é inteiramente oposta à imagem bíblica de Deus. Elas incluem sempre, e mesmo inevitavelmente, concepções panteístas, nas quais desaparece a distinção entre o Criador e a criatura. O ser das coisas e dos homens aparece deste ponto de partida necessariamente como uma emanação do seio materno do ser, o qual se temporaliza na pluralidade dos entes.

Em contraste com esta concepção, a imagem do pai era e é adequada para exprimir a alteridade entre Criador e criatura, a soberania do ato criador. Somente por meio da exclusão das divindades maternas podia o Antigo Testamento levar à maturidade a sua imagem de Deus, a pura transcendência de Deus. Mas mesmo se não podemos oferecer absolutas nem concludentes fundamentações, para nós permanece normativa a linguagem da oração de toda a Bíblia, na qual, como dissemos, apesar de todas as grandes imagens do amor materno, "mãe" não é nenhum título divino, não é nenhuma alocução para Deus. Nós rezamos como Jesus no horizonte da Sagrada Escritura nos ensinou a rezar, não como nos lembra ou nos apetece. Só assim é que rezamos corretamente.

Finalmente, devemos ainda pensar na palavra "nosso". Só Jesus podia com pleno direito dizer "meu Pai", porque só Ele é realmente o Filho unigênito de Deus, da mesma essência que o Pai. Nós todos dizemos perante Ele: *Pai-Nosso*. Só no "nós" dos discípulos é que podemos dizer a Deus Pai, porque nós só somos realmente "filhos de Deus" por meio da comunhão com Jesus Cristo. Assim, a palavra "nosso" contém em si uma enorme pretensão: ela exige de nós que deixemos a clausura do nosso eu. Ela exige de nós que nos abandonemos à comunidade dos outros filhos de Deus. Ela exige de nós que nos desfaçamos daquilo que é próprio, daquilo que separa. Ela exige de nós aceitar o outro, aceitar os outros – abrir para eles o nosso ouvido e o nosso coração. Com esta palavra "nosso", dizemos sim à Igreja viva, na qual o Senhor quis reunir a sua nova família. Assim, o *Pai-Nosso* é simultaneamente uma oração totalmente pessoal e inteiramente eclesial. Na oração do *Pai-Nosso* rezamos com todo o nosso coração, mas rezamos também em comunhão com toda a família de Deus, com os vivos e com os mortos, com os homens de todos os Estados, de todas as culturas, de todas as raças. Ele faz de todos nós uma família para lá de todas as fronteiras.

A partir deste "nosso" compreendemos agora também o aditamento que segue: "que estais no céu". Com essas palavras não deslocamos

Deus Pai para uma constelação situada muito longe, mas afirmamos que nós, que temos tão diferentes pais terrenos, viemos todos, no entanto, de um único Pai, o qual é a medida e a origem de toda a paternidade. "Eu dobro os meus joelhos diante do Pai, do qual deriva toda a paternidade no céu e na terra", diz S. Paulo (Ef 3,14s). É como se ouvíssemos ao fundo a palavra do Senhor: "Não chameis a ninguém sobre a terra vosso Pai, porque um só é o vosso Pai, o que está no céu" (Mt 23,9).

A paternidade de Deus é mais real do que a paternidade humana porque é d'Ele, em última instância, que temos o ser; porque Ele pensou em nós e nos quis eternamente; porque Ele nos oferece a real, a eterna casa paterna. E se a paternidade terrena separa, a celeste une: céu significa, portanto, aquela outra elevação de Deus, de onde todos nós viemos e para onde todos nós devemos ir. A paternidade "nos céus" remete-nos para aquele "nós" maior, que ultrapassa todas as fronteiras, abate todos os muros e cria a paz.

Santificado seja o Vosso nome

O primeiro pedido do *Pai-Nosso* recorda-nos o Segundo mandamento do Decálogo: não deves desonrar o nome de Deus (Ex 20,7; cf. Dt 5,11). Mas o que é isso, "o nome de Deus"? Quando falamos disso, aparece diante de nós o quadro em que Moisés no deserto vê uma sarça que arde, mas que não se queima. No primeiro momento, ele é impelido pela curiosidade de ver este misterioso acontecimento mais de perto, mas então uma voz chama por ele de dentro da sarça e lhe diz: "Eu sou o Deus dos teus pais, o Deus de Abraão, de Isaac e o Deus de Jacó" (Ex 3,6). Este Deus manda-o de volta para o Egito com a missão de conduzir o povo de Israel do Egito para a Terra Prometida. Moisés deve, em nome de Deus, exigir do faraó a libertação de Israel.

Mas no mundo de então havia muitos deuses; por isso Moisés pergunta-lhe pelo seu nome, com o qual este Deus, na sua especial autoridade, identifica-se em face dos deuses. Deste modo, a ideia do nome de Deus pertence imediatamente ao mundo politeísta; nele deve também este Deus se dar um nome. Mas o Deus que chama Moisés é realmente Deus. Deus em sentido verdadeiro e próprio não existe no plural. Deus é por definição apenas um. Por isso, Ele não pode entrar no mundo dos deuses como um entre muitos, não pode ter um nome entre outros nomes.

Assim, a resposta de Deus é simultaneamente recusa e promessa. Ele diz de si mesmo simplesmente: "Eu sou o que sou" – Ele é simplesmente. Essa promessa é nome e não é nome ao mesmo tempo. Por isso era inteiramente correto que em Israel esta autodesignação de Deus, que fora escutada na palavra YHWH, não fosse pronunciada, não tivesse sido degradada para uma espécie de um nome de deuses. E por isso não era correto que nas novas traduções da Bíblia este nome, tão misterioso e inefável para Israel, fosse escrito como outro nome qualquer, e assim o mistério de Deus, do qual não há nem imagens nem nome pronunciável, tenha sido submergido no comum de uma história geral da religião.

Todavia, Deus não se recusou simplesmente ao pedido de Moisés, e para compreendermos esta notável implicação de nome e de não nome, devemos esclarecer o que é propriamente um nome. Podemos dizer simplesmente: o nome cria a possibilidade da alocução, do chamamento. Ele estabelece relação. Quando Adão dá o nome aos animais, isso não significa que ele explica a sua essência, mas que os introduz no seu mundo humano, ele os torna palpáveis para si. A partir daqui compreendemos o que se entende positivamente com o nome de Deus: Deus produz a relação entre Ele e nós. Ele se torna invocável. Ele entra em relação conosco e nos permite estar em relação com Ele. Mas isso significa: Ele se entrega de algum modo ao nosso mundo humano. Ele é invocável e por isso também vulnerável. Ele assume o risco da relação, de estar conosco.

O que na sua encarnação termina começou com a doação do nome. Na realidade, veremos, na contemplação da oração sacerdotal, como Jesus se apresenta como o novo Moisés: "Revelei o teu nome aos homens…" (Jo 17,6). O que começou na sarça ardente no deserto do Sinai termina na sarça ardente da cruz. No seu Filho encarnado Deus tornou-se realmente acessível. Ele pertence ao nosso mundo, entregou-se nas nossas mãos.

A partir daqui compreendemos o que significa o pedido sobre a santificação do nome. Agora o nome de Deus pode ser abusado e Deus pode ser desonrado. O nome de Deus pode ser instrumentalizado para os nossos objetivos e assim deformada a Sua imagem. Quanto mais Ele se entrega nas nossas mãos, tanto mais pode a Sua luz ser escurecida; quanto mais próximo estiver, tanto mais o nosso abuso pode torná-Lo irreconhecível. Martin Buber disse uma vez que nós, por causa de todos os abusos infames praticados com o nome de Deus, podemos perder a coragem de O nomear. Mas silenciá-lo seria então recusar o amor que Ele tem por nós. Buber diz que nós podíamos apenas com grande respeito de novo recolher do chão os fragmentos enlameados do seu nome e tentar limpá-los. Mas sozinhos não podemos fazer isso. Nós apenas podemos pedir-Lhe que Ele não deixe estragar a luz do Seu nome neste mundo.

E este pedido – que Ele mesmo tome na mão a santificação do seu nome, que Ele proteja o admirável mistério da sua invocabilidade para nós e que sempre Ele mesmo vá para fora da nossa desfiguração –, este pedido representa para nós um enorme exame de consciência: como eu me relaciono com o santo nome de Deus? Situo-me com respeito diante do mistério da sarça ardente, diante do modo inefável da sua proximidade até a presença na Eucaristia, na qual Ele realmente se entrega nas nossas mãos? Preocupo-me que a presença de Deus no meio de nós não seja jogada na lama e que nos puxe para cima, para a sua pureza e santidade?

Venha a nós o Vosso Reino

No pedido sobre o Reino de Deus, recordamo-nos todos do que antes refletimos sobre a expressão "Reino de Deus". Com esse pedido reconhecemos, antes de mais nada, o primado de Deus: onde Ele não está, nada pode ser bom. Onde Deus não é visto, o homem arruína-se e arruína-se o mundo. Neste sentido, o Senhor nos diz: "Procurai antes de mais nada o Reino (de Deus) e a sua justiça, que tudo o mais vos será dado" (Mt 6,33). Com esta expressão é estabelecida uma ordem de prioridades para a ação humana, para a nossa atitude no cotidiano.

De modo nenhum nos é prometida uma terra de delícias para o caso de sermos piedosos ou de desejarmos de algum modo o Reino de Deus. Não é apresentado nenhum automatismo de um mundo a funcionar como o apresentaram as utopias de uma sociedade sem classes, na qual tudo andaria bem por si só, apenas porque não há nenhuma propriedade privada. Jesus não nos fornece receitas tão simples. Mas Ele estabelece – como foi dito – uma decisiva prioridade. "Reino de Deus" quer dizer "soberania de Deus", e isso significa: é aceite o critério da sua vontade. Essa vontade cria justiça, com a qual damos a Deus o seu direito e assim a medida para encontrar o direito entre os homens.

A ordem das prioridades que Jesus aqui nos indica pode recordar-nos o relato do Antigo Testamento sobre a primeira oração de Salomão depois da sua tomada de posse como rei. Conta-se que o Senhor apareceu durante a noite em sonho ao jovem rei e que lhe disse que pedisse o que quisesses, prometendo-lhe que o atenderia. Um clássico motivo de sonho da humanidade! O que Salomão pede? "Concede ao teu servo um coração que ouve, para que ele governe o teu povo e seja capaz de distinguir o bem do mal" (1 Rs 3,9). Deus louva-o, porque ele – como seria de esperar – não pediu nem riqueza, nem poder, nem honra, nem a morte dos seus inimigos, nem sequer uma longa vida (2 Cr 1,11), mas sim o que é verdadeiramente essencial: um coração capaz de escutar, a capacidade de distinção entre o bem e o mal. E assim obtém Salomão também o restante. Com o pedido acerca da vinda do "teu Reino" (não do nosso!), o Senhor quer introduzir-nos precisamente neste tipo de oração e na ordem da nossa ação. O primeiro e essencial é um coração que escuta, para que seja Deus e não nós a dominarmos. O Reino de Deus vem sobre o coração que escuta. Este é o seu caminho. E assim devemos rezar sempre.

A partir do encontro com Cristo, este pedido aprofunda-se, torna-se ainda mais concreto. Vimos que Jesus é o Reino de Deus em pessoa; onde Ele está, aí está o "Reino de Deus". Assim, o pedido de um coração que escuta tornou-se o pedido de uma comunhão com Jesus Cristo, o pedido para que sejamos sempre mais "um só" com Ele (Gl 3,28). É o pedido pelo verdadeiro seguimento, que se torna comunhão e que nos torna um corpo com Ele. Reinhold Schneider expressou isto de um modo penetrante: "A vida deste reino é Cristo, que continua a viver nos seus; no coração que já não for alimentado pela força de vida de Cristo termina o reino; no coração que for por ela tocado e transformado, ele começa... as raízes da árvore que não pode ser destruída procuram penetrar em semelhante coração. O reino é um só; ele mantém-se apenas pelo Senhor, que é a sua vida, a sua força, o seu centro..." (p. 31s). Pedir pela vinda do Reino significa dizer a Jesus: deixa-nos ser teus, Senhor! Penetra-nos, vive em nós; reúne a humanidade dispersa no teu corpo, para que em Ti tudo esteja submetido a Deus e Tu então possas entregar tudo ao Pai, para que "Deus seja tudo em todos" (1 Cor 15,26-28).

Seja feita a Vossa vontade assim na terra como no céu

Das palavras deste pedido duas coisas se tornam imediatamente claras: há uma vontade de Deus conosco e para nós, que deve tornar-se a medida do nosso querer e do nosso ser. E: a essência do "céu" consiste em que lá a vontade de Deus acontece inviolavelmente ou, dito de outro modo: onde a vontade de Deus acontece, aí é o céu. A essência do céu é a unidade com a vontade de Deus, a unidade de vontade e de verdade. A terra torna-se "céu" se, e à medida que, a vontade de Deus nela acontece, e ela é simplesmente "terra", o oposto do céu, se, e à medida que, se furta à vontade de Deus. Por isso pedimos para que aconteça na terra como no céu, que a terra se torne "céu".

Mas o que é isto, "a vontade de Deus"? Como a conhecemos? Como a podemos realizar? As Sagradas Escrituras partem do princípio de que o homem, no seu íntimo, conhece a vontade de Deus, que há um "saber com" profundamente ancorado em nós, o qual chamamos de "consciência" (ver, por exemplo, Rm 2,15). Mas elas sabem também que este saber com o Criador foi por Ele a nós dado na criação "à sua semelhança", foi enterrado na história – não totalmente extinto, mas muitas vezes encoberto, uma chama bruxuleante de modo muito brando, que muitas vezes ameaça ser asfixiada debaixo das cinzas de todos os nossos profundos preconceitos. E foi por isso que Deus nos falou de novo, em palavras históricas, que se dirigiram a nós de fora e para assim irem em ajuda do conhecimento interior, tornado sempre mais escondido.

Como núcleo desta histórica "explicação suplementar" está, na revelação bíblica, o Decálogo do monte Sinai, o qual, como vimos, não é de modo nenhum nem abolido nem reduzido a uma "lei velha" pelo Sermão da Montanha, mas mais amplamente desenvolvido para que assim brilhe em toda a sua profundidade e grandeza. Esta palavra – vimos isso – não é imposta de fora ao homem. Ela é – à medida que formos capazes disso – uma revelação essencial de Deus e assim explicação da verdade do nosso ser: os sinais linguísticos da nossa existência são-nos decodificados de modo que podemos lê-los e transpô-los para a vida. A vontade de Deus brota do ser de Deus e a partir daí nos conduz à verdade do nosso ser, liberta-nos da autodestruição pela mentira.

Porque o nosso ser vem de Deus, podemos, apesar de toda a sujidade que disso nos impede, colocarmo-nos a caminho da vontade de Deus. Com o conceito veteritestamentário do "justo", era precisamente isto que se entendia: viver a partir da palavra de Deus, e assim da vontade de Deus, e encontrar na vida a correspondência com essa vontade.

Mas quando Jesus nos fala da vontade de Deus e do céu, onde a vontade de Deus se cumpre, então isso tem a ver centralmente com a sua missão. Junto ao poço de Jacó, Ele diz aos seus discípulos que Lhe trazem de comer: "O meu alimento é fazer a vontade daquele que me enviou" (Jo 4,34). Isto quer dizer: estar unido à vontade do Pai é a sua razão de viver. A unidade de vontade com o Pai é absolutamente o núcleo do seu ser. Nos pedidos do *Pai-Nosso*, porém, escutamos principalmente o diálogo de Jesus, que luta no meio do sofrimento: "Meu Pai, se é possível, afasta de mim este cálice. No entanto, não se faça o que Eu quero, mas o que Tu queres". "Pai, se este cálice não pode passar sem que Eu o beba, que se faça a tua vontade" (Mt 26,39.42). Com esta oração de Jesus, na qual Ele nos permite lançar o olhar para a sua alma humana e para a sua unidade com a vontade de Deus, ainda nos havemos de ocupar na meditação sobre a Paixão de Jesus.

O autor da Carta aos Hebreus encontrou na agonia no jardim das Oliveiras a explicação central do mistério de Jesus (Hb 5,7) e – partindo deste olhar para a alma de Jesus – interpretou com o Salmo 40 este mistério. Ele lê assim o salmo: "Não exigiste holocaustos nem sacrifícios, mas preparaste para mim um corpo... Então eu disse: sim, eu venho – assim está escrito sobre mim no rolo da lei – para fazer a tua vontade" (Hb 10,5ss; Sl 40,7-9). Toda a existência de Jesus está resumida nestas palavras: "Sim, eu venho para fazer a tua vontade". Só assim é que compreendemos totalmente a palavra: "O meu alimento é fazer a vontade daquele que me enviou".

E a partir daqui compreendemos agora como Jesus é, no sentido mais profundo e próprio, "o céu"; Ele, no qual e pelo qual a vontade de Deus acontece plenamente. Olhando para Ele, aprendemos como nós não podemos ser "justos" a partir de nós mesmos: o peso da nossa vontade atrai-nos sempre para longe da vontade de Deus, faz-nos ser simples "terra". Mas Ele nos recebe e nos atrai para si, e na comunhão com Ele aprendemos também a vontade de Deus. Assim, em última instância, pedimos neste terceiro pedido do *Pai-Nosso* para estarmos sempre mais próximos d'Ele e que a vontade de Deus vença o lastro do nosso egoísmo e nos torne capazes da altura para a qual fomos chamados.

O pão nosso de cada dia nos dai hoje

O quarto pedido do *Pai-Nosso* aparece como o "mais humano" de todos: o Senhor, que orienta o nosso olhar para o essencial, para o "único necessário", sabe também das nossas necessidades terrenas e conhece-as. Ele, que diz aos seus discípulos: "Não vos preocupeis com a vossa vida nem com o que haveis de comer" (Mt 6,25), convida-nos a pedirmos o nosso alimento e assim transpor para Deus as nossas preocupações. O pão é o "fruto da terra e do trabalho do homem", mas a terra não produz nenhum fruto se não receber do alto o sol e a chuva. Este jogo das forças cósmicas, que não está nas nossas mãos, está aí contra a tentação do nosso orgulho em nos darmos a vida a nós mesmos e apenas por meio do nosso próprio poder. Tal orgulho torna o homem violento e frio. No fim, estraga a terra; não pode ser de outro modo, porque ele se coloca contra a verdade, segundo a qual nós estamos referidos para a autossuperação, pois só na abertura diante de Deus é que nos tornamos nós mesmos grandes e livres. Podemos e devemos pedir. Nós sabemos: se já os pais terrenos dão coisas boas aos filhos que lhes pedem, assim também Deus não recusará os bens que só Ele nos pode oferecer (Lc 11,9-13).

Na sua explicação da oração do Senhor, S. Cipriano chama a atenção para dois aspectos importantes. Como já no *Pai-Nosso* tinha sublinhado a palavra "nosso" na sua enorme riqueza de sentido, do mesmo modo põe aqui em evidência que se trata do "nosso" pão. Também aqui rezamos na comunidade dos discípulos, na comunidade dos filhos de Deus, e por isso ninguém deve, a partir daí, pensar apenas em si mesmo. Pedimos o nosso pão – portanto, também o pão para os outros. Quem tem pão a mais é chamado a partilhar. S. João Crisóstomo sublinha na sua explicação da primeira Carta aos Coríntios – do escândalo que cristãos davam em Corinto –, que cada dentada no pão é de algum modo uma dentada no pão que a todos pertence, no pão do mundo. Kolvenbach acrescenta: "Como é que alguém, depois da invocação do *Pai-Nosso* sobre a mesa do Senhor e na celebração da ceia do Senhor, pode dispensar-se de manifestar a inabalável vontade de ajudar todos os homens seus irmãos no pão cotidiano?" (p. 98). Com este pedido formulado na primeira pessoa do plural, o Senhor diz-nos: "dai-lhes vós de comer" (Mc 6,37).

Ainda uma segunda observação de S. Cipriano é importante. Quem pede o pão para hoje é pobre. A oração pressupõe a pobreza dos discípulos. Ela pressupõe homens que por causa da fé renunciaram ao mundo, às suas riquezas e ao seu esplendor e que, portanto, pedem apenas o necessário para a vida. "O discípulo pede o necessário para viver apenas para o dia, pois que lhe é proibido preocupar-se com o dia de amanhã. Seria para ele de fato contraditório querer viver longamente neste mundo uma vez que pedimos que o seu reino venha depressa" (*De dom. or.* 19: CSEL. III 1 p. 281). É preciso que haja sempre na Igreja homens que abandonem tudo para seguir o Senhor; homens que confiem radicalmente em Deus, na sua bondade que nos alimenta – homens, portanto, que deste modo constituam um sinal da fé, que nos sacode da nossa ausência de pensamento e da nossa fraqueza de fé.

Os homens que assim edificam sobre Deus, de tal modo que não procuram outra segurança senão Ele, dizem respeito também a nós. Eles nos animam a confiar em Deus – a apoiarmo-nos n'Ele diante dos grandes desafios da vida. Mas esta pobreza totalmente motivada a partir do empenho por Deus e pelo seu Reino é ao mesmo tempo um ato de solidariedade com os pobres do mundo, que criou na história novos valores, e uma nova disponibilidade para o serviço, para o empenho pelos outros.

Mas o pedido pelo pão, pelo pão precisamente para hoje, desperta também a memória dos quarenta anos de peregrinação de Israel pelo deserto, no qual o povo viveu do maná, o pão que Deus mandava do céu. Cada um devia juntar apenas tanto quanto fosse necessário para cada dia; só no sexto dia é que era permitido juntar quantidade suficiente para dois dias, para assim poder ser respeitado o sábado (Ex 16,16-22). A comunidade dos discípulos que vive diariamente da bondade de Deus renova a experiência do povo de Deus peregrino, que também foi alimentado por Deus no deserto.

Assim, o pedido do pão apenas para hoje abre perspectivas que vão além do horizonte do alimento cotidiano necessário. Ele pressupõe o seguimento radical da mais íntima comunidade dos discípulos, que renunciou à propriedade neste mundo e se une ao caminho daqueles que "consideram a debilidade do Messias uma maior riqueza do que os tesouros do Egito" (Hb 11,26). O horizonte escatológico aparece – o futuro, que é mais importante e mais real do que o presente.

 Assim, tocamos agora numa palavra deste pedido que nas nossas traduções habituais soa inofensiva: dá-nos hoje o pão "de cada dia". Com "de cada dia", é traduzida a palavra grega *epiousios*, sobre a qual um dos maiores mestres da língua grega – o teólogo Orígenes (*c.* 251) – diz que essa palavra não existia em grego, que tinha sido criada pelos evangelistas. Entretanto, foi encontrada *uma* prova para esta palavra num papiro. Mas ele sozinho não pode oferecer nenhuma certeza sobre o significado dessa palavra tão pouco habitual e rara. Estamos, assim, dependentes de etimologias e do estudo do contexto.

 Hoje, há dois significados principais. Um diz que a palavra significa "o necessário para ser", e assim o pedido soaria deste modo: dá-nos hoje o pão de que precisamos para poder viver. O outro significado diz que a tradução correta seria: o futuro, para os dias seguintes. Mas o pedido de obter hoje o pão para amanhã parece não ter sentido a partir da existência dos discípulos. Antes seria a referência ao futuro compreensível, se fosse pedido o pão verdadeiramente futuro: o verdadeiro maná de Deus. Isso seria então um pedido escatológico, o pedido pela antecipação do mundo que há de vir, para que o Senhor já ofereça "hoje" o pão do futuro, o pão do mundo novo – Ele mesmo. Então, o pedido alcança um sentido escatológico. Algumas antigas traduções vão neste sentido, como, por exemplo, a Vulgata de S. Jerônimo, que traduz a palavra misteriosa como *supersubstantialis*, referindo-se à nova, à mais elevada substância que o Senhor nos oferece no Santíssimo Sacramento como o verdadeiro pão da nossa vida.

Na realidade, os Padres da Igreja quase unanimemente compreenderam o quarto pedido do *Pai-Nosso* também como pedido eucarístico; neste sentido, o *Pai-Nosso* está na liturgia da Santa Missa como uma oração da mesa eucarística. Isto não significa que tenham assim tirado o sentido terreno do pedido dos discípulos, que nós explicamos anteriormente como o significado imediato do texto. Os Padres da Igreja pensam em dimensões de uma palavra que começa com o pedido do pão dos pobres para este dia, mas precisamente assim – contemplando o Pai que está no céu e que nos alimenta – recordam o povo de Deus peregrino, que Deus alimentou. O milagre do maná aponta para além de si mesmo, desde o grande discurso de Jesus sobre o pão para os cristãos até o mundo novo no qual o *Logos* – a eterna palavra de Deus – será o nosso pão, o alimento das núpcias eternas.

Podemos pensar em tais dimensões ou trata-se de uma falsa "teologização" de uma palavra que deve ser entendida de um modo simplesmente terreno? Hoje, há uma certa angústia ante estas "teologizações" que não é de todo sem fundamento, mas que também não se deve exagerar.

Eu penso que, na explicação do pedido do pão, não deveria perder-se de vista o grande contexto das palavras e das ações de Jesus, no qual desempenham um grande papel conteúdos essenciais da vida humana: a água, o pão e, como sinal da festividade e da beleza do mundo, a videira e o vinho. O pão é um tema que ocupa um importante lugar na mensagem de Jesus – desde a tentação no deserto passando pela multiplicação dos pães até a Última Ceia.

O grande discurso do pão no Evangelho de S. João, capítulo 6, abre o grande espaço de significado deste tema. No princípio, encontra-se a fome dos homens, que escutaram Jesus e que Ele não quer despedir sem lhes dar de comer, portanto, sem o "necessário pão" do qual precisamos para viver. Mas Jesus não permite ficar por aqui e reduzir as necessidades do homem ao pão, às necessidades biológicas e materiais. "O homem não vive só de pão, mas de toda a palavra que sai da boca de Deus" (Mt 4,4; Dt 8,3). A maravilhosa multiplicação do pão faz recordar o milagre do maná no deserto e aponta para além de si mesmo: que o autêntico alimento do homem é o *Logos*, a Palavra eterna, o sentido eterno do qual viemos e para o qual vivemos. Se esta primeira superação do domínio físico diz em primeiro lugar o que a grande filosofia encontrou e pode encontrar, então vem logo a seguir a seguinte superação: a palavra eterna só se torna concretamente pão para o homem quando o Verbo "encarnou" e quando nos fala em palavras humanas.

Vem então a última e absolutamente essencial superação, que todavia representou um escândalo para os homens em Cafarnaum: o Verbo encarnado oferece-se a nós no Sacramento e só então se torna plenamente a eterna palavra, maná, a oferta do pão futuro já hoje.

Então o Senhor encadeia tudo mais uma vez: a máxima incorporação é então a verdadeira espiritualização: "É o Espírito que vivifica; a carne não serve para nada" (Jo 6,63). Deve-se admitir que Jesus no pedido do pão não tenha considerado tudo o que nos diz sobre o pão e tudo o que Ele como pão quis nos dar? Se tomarmos a mensagem de Jesus como um todo, então não podemos apagar a dimensão eucarística no quarto pedido do *Pai-Nosso*. O pedido do pão cotidiano para todos é essencial precisamente na sua concretização terrena. Mas do mesmo modo também nos ajuda a ultrapassar o simplesmente material e a pedir já agora o "de amanhã", o novo pão. E, à medida que hoje pedirmos o "de amanhã", seremos aconselhados a viver já hoje a partir do de amanhã, a partir do amor de Deus, que a todos nos chama para a responsabilidade de uns pelos outros.

Gostaria de neste momento dar a palavra de novo a S. Cipriano, o qual acentua ambas as dimensões. Mas ele refere a palavra "nosso", de que falamos anteriormente, precisamente à Eucaristia, a qual num sentido especial é o "nosso", o pão dos discípulos de Jesus Cristo. Ele diz: nós que podemos receber a Eucaristia como nosso pão devemos, no entanto, também pedir para que ninguém seja cortado, separado do corpo de Cristo. "Por isso é que pedimos que o 'nosso' pão, Cristo, nos seja dado todos os dias, que nós, que permanecemos e que vivemos em Cristo, não nos afastemos da Sua força salvadora nem do Seu corpo" (*ibid.* 18, p. 280s).

Perdoai as nossas ofensas assim como nós perdoamos a quem nos tem ofendido

O quinto pedido do *Pai-Nosso* pressupõe um mundo no qual há culpa – culpa de homens para com homens, culpa perante Deus; toda culpa entre homens inclui, de algum modo, uma ferida na verdade e no amor e contrapõe-se assim ao Deus que é verdade e amor. Vencer a culpa é uma questão central de cada existência humana: a história das religiões gravita em torno desta questão. Culpa chama vingança; é assim que se forma uma cadeia dos culpados na qual o mal da culpa cresce continuamente e se torna sempre mais inevitável.

Com este pedido, o Senhor nos diz: a culpa pode ser vencida por meio do perdão, não por meio da vingança. Deus é um Deus que perdoa, porque ama as suas criaturas; mas o perdão só pode penetrar, ser realmente eficaz, em quem for em si mesmo capaz de perdoar.

O perdão é um tema que percorre todo o Evangelho. Vamos encontrá-lo logo no início do Sermão da Montanha, na nova explicação do Quinto mandamento, no qual o Senhor nos diz: "Se ao trazeres a tua oferta ao altar e aí te lembras que o teu irmão tem alguma coisa contra ti, deixa aí a tua oferta sobre o altar; vai e reconcilia-te primeiro com o teu irmão, então vem e sacrifica a tua oferta" (Mt 5,23s). Ninguém pode aceder diante de Deus irreconciliado com irmão; ir ter com ele nos gestos da reconciliação, ir ao seu encontro, é pressuposto da autêntica veneração de Deus. Deste modo, havemos de pensar que Deus, que sabia que nós homens nos encontramos diante d'Ele irreconciliados, saiu da sua divindade para se dirigir a nós, para nos reconciliar. Havemos de nos recordar que Ele, antes da oferta da Eucaristia, ajoelhou-se diante dos seus discípulos e lavou os seus pés sujos, purificou-os com o seu amor humilde. No meio do Evangelho de S. Mateus (cf. 18,23-25) está a parábola do servo sem misericórdia: a ele, que era um alto funcionário do rei, tinha sido perdoada uma inimaginável dívida de 10 mil talentos; ele mesmo não foi capaz de perdoar uma ridícula soma de 100 denários; seja o que for que tivermos perdoado uns aos outros, é pouco perante a bondade de Deus que nos perdoa. E finalmente ouvimos o pedido de Jesus na cruz: "Pai, perdoai-lhes, porque não sabem o que fazem" (Lc 23,34).

Se quisermos compreender bem o pedido e o quisermos fazer nosso, devemos dar um passo para a frente e perguntar: o que é propriamente perdoar? O que então acontece? A culpa é uma realidade, uma potência objetiva, que provocou destruição e que deve ser vencida. Por isso, o perdão deve ser mais do que ignorar, mais do que simples querer esquecer. A culpa deve acabar, deve ser curada, deve ser vencida. O perdão custa alguma coisa – em primeiro lugar para quem perdoa: deve em si vencer o mal que lhe aconteceu, ao mesmo tempo queimá-lo interiormente e assim se renovar de tal modo que então acolha também o outro, o culpado, neste processo de transformação, de íntima purificação, e ambos se tornem novos suportando e vencendo o mal. Neste momento, confrontamo-nos com o mistério da cruz de Cristo. Mas principalmente confrontamo-nos com os limites da nossa força para curar, para vencer o mal. Confrontamo-nos com a prepotência do mal, da qual não podemos tornar-nos senhores apenas com as nossas forças. Reinhold Schneider diz a este propósito: "O mal vive em milhares de formas; ele ocupa as ameias do poder...; ele brota do abismo. Mas o amor só tem uma forma; é o teu Filho" (p. 68).

O pensamento de que Deus se tenha permitido saborear a morte do seu Filho para o perdão da culpa, para a salvação do homem, tornou-se totalmente estranho para nós hoje: que o Senhor tenha "levado a nossa doença e tomado sobre si as nossas dores", que tenha sido "trespassado por causa das nossas más ações" (Is 53,4-6), já não é para nós hoje de todo evidente. A isso se opõe, por um lado, a banalização do mal, na qual nos refugiamos, enquanto ao mesmo tempo utilizamos os horrores da história humana, precisamente da mais recente, como pretexto irrefutável para negar um Deus bom e difamar a sua criatura, o homem. À compreensão do grande mistério do pecado opõe-se também a nossa visão individualista do homem: já não conseguimos conceber a representação, porque para nós cada homem se encontra sozinho, enclausurado na sua casa; o profundo entrelaçamento de todas as nossas existências e de todas elas serem atingidas pela existência de um só, o Filho encarnado, já não conseguimos ver. Quando falarmos da crucificação de Cristo, voltaremos a esta questão.

Entretanto, pode ser suficiente um pensamento do cardeal Newman, que disse uma vez que Deus pôde criar o mundo todo a partir do nada com uma palavra, mas a culpa e o sofrimento do homem só pôde vencer à medida que Ele se pôs em jogo, se tornou Ele mesmo sofredor no seu Filho, que carregou com este peso e por meio da sua oblação o venceu. A vitória sobre a culpa custa o empenho do coração. Mais: o empenho de toda a nossa existência. E mesmo esse empenho não é suficiente, só pode tornar-se eficiente por meio da comunhão com Aquele que carregou o peso de todos nós.

O pedido de perdão é mais do que um apelo moral – embora também seja isso. E como tal nos interpela todos os dias. Mas é – como todos os outros – uma oração profundamente cristológica. Ele nos recorda Aquele que teve de experimentar em si mesmo o perdão, a descida na fadiga da existência humana e a morte na cruz. Deste modo, ele nos chama – sobretudo para com Ele, em profunda gratidão, suportarmos o mal e acabarmos com ele por meio do amor. E quando todos os dias tivermos de reconhecer quão poucas são as nossas forças para aí chegarmos, então este pedido do *Pai-Nosso* oferece-nos a grande consolação de os nossos pedidos estarem guardados na força do Seu amor e com Ele, por Ele e n'Ele poderem tornar-se força de salvação.

E não nos deixes cair em tentação

A formulação deste pedido é para muitos escandalosa: Deus não nos conduz à tentação. Na realidade, diz-nos S. Tiago: "Ninguém que caia em tentação pode dizer: fui levado por Deus à tentação. Pois Deus não pode ser tentado a fazer o mal e Ele mesmo não leva ninguém à tentação" (Tg 1,13).

A tentação vem do demônio, mas faz parte da missão messiânica de Jesus vencer as grandes tentações que desviaram a humanidade de Deus e continuam a desviar. Ele deve, como vimos, suportar as tentações até a morte na cruz e assim nos abrir o caminho da redenção. Não é só depois da morte, mas também nela e em toda a sua vida, que, por assim dizer, deve "descer ao inferno", ao espaço das nossas tentações e derrotas, para nos pegar pela mão e nos trazer para cima. A Carta aos Hebreus atribuiu a este aspecto um valor muito especial, evidenciou-o como uma parte essencial do caminho de Jesus: "Porque Ele mesmo foi conduzido à tentação e sofreu, pode ajudar aqueles que são levados à tentação" (Hb 2,18). "Nós de fato não temos um Sumo Sacerdote que não possa compadecer-se com as nossas fraquezas, mas um que em tudo foi tentado como nós, mas que não pecou" (Hb 4,15).

Uma vista de olhos no Livro de Jó, no qual, sob muitos aspectos, é já desenhado o mistério de Cristo, pode ajudar-nos em outros esclarecimentos. Satanás escarnece do homem para escarnecer de Deus: a sua criatura, que Ele criou à sua imagem, é uma criatura miserável. Tudo o que nela parece bom é apenas fachada; na realidade, o que interessa ao homem, a cada homem, é apenas e sempre o próprio bem-estar. Este é o diagnóstico de Satanás, que o Apocalipse caracteriza como o "acusador dos nossos irmãos", "que os acusa dia e noite diante de Deus" (Ap 12,10). A difamação do homem e da criação é, em última análise, difamação de Deus, justificação para a sua renúncia.

Satanás quer demonstrar em Jó a sua tese: quando tudo lhe for tirado, também ele deixará cair a sua piedade. Então Deus dá a Satanás a liberdade para a provação, mesmo se com limites bem definidos: Deus não deixa o homem cair, mas ser provado. Aqui aparece de modo muito suave, quase imperceptível, o mistério da representação que alcança grande forma em Isaías, capítulo 53: os sofrimentos de Jó servem para a justificação do homem. Ele restabelece, por meio da sua fé conservada no sofrimento, a honra do homem. Assim, os sofrimentos de Jó são antecipadamente sofrimentos em comunhão com Cristo, que restabeleceu para todos nós a honra perante Deus e nos mostra o caminho para, mesmo na obscuridade, não perdermos a fé em Deus.

O Livro de Jó pode também nos ajudar numa distinção entre provação e tentação. Para se tornar maduro, o homem precisa de provação, para realmente encontrar uma piedade numa sempre mais fundamentada comunhão de ser com a vontade de Deus. Tal como o sumo da uva deve fermentar para se tornar um vinho generoso, do mesmo modo o homem precisa de purificações, de transformações, que são perigosas para ele, nas quais pode cair, mas que também são caminhos indispensáveis para chegar a si mesmo e a Deus. O amor é sempre mais um processo de purificações, de renúncias, de dolorosas transformações de nós mesmos e assim caminho de maturidade. Quando S. Francisco Xavier em oração com Deus podia dizer: "Eu amo-te não porque tu tens o céu ou a terra para dar, mas simplesmente porque tu és – meu rei e meu Deus", é porque certamente tinha sido necessário um longo caminho de interiores purificações até chegar a esta última liberdade: um caminho da maturação, que era necessário, embora a tentação e o perigo da queda permanecessem à espreita.

Assim, já podemos explicar de modo mais concreto o sexto pedido do *Pai-Nosso*. Com ele dizemos a Deus: "Eu sei que preciso de provações para que o meu ser se torne puro. Se tu sobre mim dispões estas provações, se tu – como em Jó – dás ao mal um pedaço de espaço livre, então pensa, por favor, na medida limitada da minha força. Não confies demasiado em mim. Não puxes para demasiado longe os limites dentro dos quais eu posso ser tentado e estejas próximo com a tua mão protetora, quando se tornar demasiado para mim". Foi neste sentido que S. Cipriano explicou este pedido. Ele diz: quando pedimos "e não nos conduzas à tentação", expressamos a consciência de que o inimigo não pode tudo contra nós, se não lhe for antes permitido, de modo que, no nosso temor, a nossa doação e a nossa atenção se voltam para Deus, porque ao mal nada é permitido, se não lhe for dado o pleno poder para isso" (*De dom. or.* 25, p. 285s).

E ele explica então ponderadamente a forma psicológica da tentação, de tal modo que pode haver duas diferentes razões pelas quais Deus concede ao mal um poder limitado. Isso pode acontecer por penitência, para dominar o nosso orgulho, para que experimentemos de novo a pobreza da nossa fé, da nossa esperança e do nosso amor e não nos vangloriemos de sermos grandes por nós mesmos: pensemos no fariseu que conta a Deus as suas próprias obras e que parece não necessitar de nenhuma graça. Infelizmente, S. Cipriano não explica mais detalhadamente o que significa a segunda espécie da provação – a tentação que Deus nos impõe *ad gloriam*, para a Sua glória. Mas não devemos aqui pensar que Deus carregou com uma carga de tentação especialmente pesada aqueles homens que Lhe estavam mais próximos, os grandes santos, desde Sto. Antão no deserto até Sta. Teresa de Lisieux no mundo piedoso do seu Carmelo. Eles se situam, por assim dizer, no seguimento de Jó, como apologia do homem, que é ao mesmo tempo defesa de Deus. Mais ainda: eles estão de um modo muito especial em comunhão com Jesus Cristo, que sofreu até o fim as nossas tentações. Eles são chamados a vencer as tentações no seu próprio corpo, na sua própria alma, suportá-las por nós, as almas habituais, e nos ajudar a chegar àquele que tomou sobre si a carga de todos nós.

Na nossa oração do sexto pedido do *Pai-Nosso* deve estar contida, por um lado, a disponibilidade para tomarmos sobre nós mesmos a carga na provação que nos está atribuída. Mas, por outro lado, trata-se precisamente do pedido para que Deus não nos atribua mais do que aquilo que podemos aguentar; que Ele não nos deixe escapar das Suas mãos. Nós dizemos esta oração na certeza confiante para a qual S. Paulo nos deu estas palavras: "Deus é fiel; Ele não vai permitir que sejais tentados acima das vossas forças. Na tentação Ele há de encontrar para vós um caminho de saída, de tal modo que a ela possais resistir" (1 Cor 10,13).

Mas livrai-nos do mal

O último pedido do *Pai-Nosso* retoma o penúltimo e transforma-o numa proposição positiva; deste modo, ambos os pedidos pertencem intimamente um ao outro. Se no penúltimo pedido domina o "nada" (não dar ao mal espaço para além do suportável), no último chegamos à esperança central da nossa fé no Pai. "Salvai-nos, redimi-nos, libertai-nos!" Trata-se em última instância do pedido pela salvação.

De que queremos ser salvos? A nova tradução do *Pai-Nosso* diz "do mal" e deixa assim aberta a questão de se saber se se trata do "mal" ou do "mau". Em última instância, ambas as leituras não podem ser separadas. Sim, nós nos vemos perante o dragão de que fala o Apocalipse (Ap 12 e 13). S. João desenhou o "animal do mar", dos abismos obscuros do mal com os elementos do Império Romano e, assim, formulou concretamente a ameaça perante a qual os cristãos do seu tempo se viram expostos: a total pretensão de domínio sobre os homens representada no culto do imperador, e o poder político, militar e econômico culminado em total onipotência – como figura do mal que ameaça tudo devorar. Isso se alia à desagregação dos ordenamentos morais por meio de uma cínica espécie de ceticismo e de iluminismo. Nesta ameaça, o cristão do tempo da perseguição invoca o Senhor como o único poder que o pode salvar: salvai-nos, libertai-nos do mal.

Mesmo que já não exista o Império Romano nem as suas ideologias, tudo isto está, no entanto, bastante presente! Também hoje aí estão, por um lado, as potências do mercado, da negociação com armas, drogas e com seres humanos, que pesam sobre o mundo e envolvem a humanidade em violências, que são irresistíveis. Também hoje aí estão, por outro lado, a ideologia do sucesso, do bem-estar, que nos diz: Deus não passa de uma ficção, Ele nos retira o tempo e a alegria de viver. Não te preocupes com ele! Procura apenas agarrar da vida tanto quanto puderes. Também estas tentações parecem irresistíveis.

O *Pai-Nosso*, como um todo e especialmente este pedido, quer dizer-nos: só quando tu perdeste Deus é que te perdeste a ti mesmo; então não és mais do que um produto casual da evolução. Então é que o dragão verdadeiramente saiu vitorioso. Enquanto ele não puder arrebatar-te de Deus, tu permaneces sempre profundamente salvo, mesmo no meio de todas as desgraças que te ameaçam. Portanto, está correto quando a nova tradução nos diz: salvai-nos do mal.

Desgraças podem ser necessárias para a nossa purificação, mas o mal arruína. Por isso pedimos também profundamente que a fé não nos seja arrebatada, a qual nos permite ver Deus, que nos liga a Cristo. Por isso pedimos que, por causa dos bens, não percamos o Bem; para que, na perda de bens, não percamos o bem Deus; para que não nos percamos: livrai-nos do mal!

De novo aqui S. Cipriano, o bispo mártir, que teve de resistir à situação do Apocalipse, encontrou para isso magníficas formulações: "Quando dizemos 'livrai-nos do mal', então nada mais resta para pedir. Quando nós alcançamos a proteção pedida contra o mal, então estamos seguros e protegidos contra tudo o que o demônio e o mundo possam realizar. Que medo poderia vir do mundo para aqueles cujo protetor no mundo é Deus?" (*ibid.* 27, p. 287). Esta certeza deu suporte aos mártires e permitiu-lhes estarem alegres e confiantes num mundo cheio de ameaças e eles mesmos "salvos" no mais profundo de si, libertos para a verdadeira liberdade.

É a mesma confiança que S. Paulo formulou admiravelmente nestas palavras: "Se Deus está por nós, quem está contra nós?... O que nos pode separar do amor de Cristo? Aflições ou necessidades ou perseguições, fome ou frio, perigo ou espada?... Tudo isso vencemos através daquele que nos amou. Porque eu estou certo: nem a morte nem a vida, nem anjos nem potestades, nem o presente nem o futuro, nem poderes do alto nem das profundidades nem qualquer outra criatura podem separar-nos do amor de Deus que está em Cristo, nosso Senhor" (Rm 8,31-39).

Neste sentido, regressamos com este último pedido aos três primeiros: uma vez que pedimos a libertação do poder do mal, pedimos em última instância o Reino de Deus, a nossa unidade com a Sua vontade, a santificação do Seu nome. Os orantes de todos os tempos entenderam esse pedido de um modo ainda mais vasto. Nas aflições do mundo pediram a Deus que pusesse um termo às desgraças que devastam a humanidade e a nossa vida.

Este modo muito humano de explicar o pedido foi introduzido na liturgia: em todas as liturgias, com exceção da bizantina, o último pedido do *Pai-Nosso* é alargado numa única oração, assim formulada na antiga liturgia romana: "Livrai-nos, Senhor, de todos os males, passados, presentes e futuros. Pelas orações... de todos os santos, concedei a paz nos nossos dias. Vinde em nossa ajuda com a vossa misericórdia, para que estejamos sempre livres dos pecados e seguros perante as perturbações...". Sentimos aqui as necessidades de tempos sem paz, sentimos o grito por uma redenção envolvente. Este "embolismo" com o qual nas liturgias o último pedido do *Pai-Nosso* é reforçado mostra a humanidade da Igreja. Sim, nós podemos, nós devemos pedir ao Senhor que Ele liberte o mundo, nós mesmos e os muitos homens e povos que sofrem das aflições que tornam a vida quase insuportável.

Nós podemos e devemos conceber esta extensão do último pedido do *Pai-Nosso* como um exame de consciência, como apelo para colaborar para que a superpotência do "mal" seja quebrada. Mas para isso deve permanecer diante dos nossos olhos a autêntica ordem dos bens e a relação das desgraças com o mal: o nosso pedido não deve cair no que é secundário; também nesta explicação do *Pai-Nosso* permanece central "que nós somos libertos do pecado", que nós reconhecemos o mal como a autêntica "desgraça" e que o nosso olhar nunca seja desviado do Deus vivo.

CAPÍTULO 6
Os discípulos

Em todos os capítulos da ação de Jesus que até agora consideramos, tornou-se claro que pertence a Ele o *nós* da nova família que Ele congregou por meio da sua pregação e da sua ação. Tornou-se claro que este *nós* desde o seu começo foi pensado universalmente: não se baseia na descendência, mas sim na comunhão com Jesus, de que Ele mesmo é a viva *Tora* de Deus. Este *nós* da nova família não é desprovido de forma. Jesus chama um núcleo mais íntimo de, num sentido muito especial, escolhidos por Ele, os quais continuam a sua missão e dão ordem e forma a essa família. Neste sentido, Jesus criou o círculo dos doze.

O título apóstolo originalmente vai além desse círculo, mas está sempre mais estreitamente ligado a ele: em S. Lucas, que fala sempre dos doze apóstolos, a palavra tornou-se praticamente adicionada ao termo doze. Não precisamos aqui seguir as questões já muito debatidas sobre o desenvolvimento do uso da palavra "apóstolo"; queremos simplesmente escutar os textos mais importantes, nos quais a formação da comunidade mais estreita dos discípulos de Jesus se tornou evidente.

O texto central sobre este tema encontra-se no Evangelho de S. Marcos, capítulo 3, versículos 13 a 19. Certo trecho diz assim: "Jesus subiu ao monte e chamou a si os que quis e eles foram ter com Ele" (Mc 3,13). Os acontecimentos anteriores tinham se passado no mar, e agora Jesus sobe ao "monte", que designa o lugar da sua comunhão com Deus – o lugar elevado, acima da ação e do fazer de todos os dias. S. Lucas, no seu texto paralelo, reforçou ainda mais este aspecto: "Naqueles dias aconteceu que Ele se retirou para o monte para rezar. E passou toda a noite em oração com Deus. Ao amanhecer, chamou os seus discípulos, e deles escolheu doze que também chamou apóstolos..." (Lc 6,12s).

A vocação dos discípulos é um acontecimento da oração; eles são, por assim dizer, gerados na oração, na intimidade com o Pai. Assim, a vocação dos doze alcança um profundo sentido teológico que vai muito além do simplesmente funcional: a sua vocação vem do diálogo do Filho com o Pai e está nele ancorada. É a partir daqui que é preciso entender a palavra de Jesus: "Rezai ao Senhor da messe para que mande trabalhadores para a sua messe" (Mt 9,38); os trabalhadores da messe de Deus não podem simplesmente ser procurados como faz um empreiteiro que procura o seu pessoal: eles devem ser de Deus implorados e por Ele mesmo escolhidos para este serviço. Este caráter teológico é ainda reforçado quando o texto de S. Marcos diz: "Ele chamou a si os que quis" (Mc 3,13). Ninguém pode se fazer discípulo; isso é um acontecimento da eleição, uma decisão da vontade do Senhor, que de novo está ancorada na sua união de vontade com o Pai.

E o texto continua: "E Ele fez doze, que chamou apóstolos, para estarem com Ele e os enviar..." (3,14). Temos aqui, em primeiro lugar, de refletir sobre a expressão "fez doze", que para nós parece um pouco estranha. Na realidade, o evangelista retoma a terminologia do Antigo Testamento para a instituição no sacerdócio (cf. 1 Rs 12,31; 13,33) e assim caracteriza o ministério apostólico como um serviço sacerdotal. Que, no entanto, os escolhidos sejam nomeados cada um pelo seu nome, liga-os aos profetas de Israel, que Deus chama pelo nome, de tal modo que o serviço apostólico aparece como a combinação da missão profética com a missão sacerdotal (Feuillet, p. 178). "Ele fez doze": 12

era o número simbólico de Israel, o número dos filhos de Jacó. Deles vieram as doze tribos de Israel, das quais, no entanto, depois do exílio, só restou a tribo de Judá. Então o número 12 é um retorno às origens de Israel, mas ao mesmo tempo uma imagem da esperança: Israel será restabelecido, as doze tribos serão de novo reunidas.

Doze: o número das tribos é ao mesmo tempo um número cósmico, no qual se exprime a abrangência do povo de Deus que está para surgir. Os doze estão aí como os fundadores deste povo universal, que é fundado sobre os apóstolos. No Apocalipse, na visão da nova Jerusalém, o simbolismo dos doze é aperfeiçoado numa imagem esplendorosa (Ap 21,9-14), que ajuda o povo de Deus peregrino a compreender o seu presente a partir do seu futuro e a iluminá-lo com o espírito da esperança: passado, presente e futuro implicam-se mutuamente a partir da figura dos doze.

A este contexto pertence também a profecia na qual Jesus insinua a Natanael a sua verdadeira identidade: "Vereis o céu abrir-se e os anjos de Deus subirem e descerem sobre o Filho do homem" (Jo 1,51). Jesus revela-se aqui como o novo Jacó. O sonho do patriarca – em que ele vê ao lado da sua cabeça a escada que chega ao céu, sobre a qual os anjos de Deus sobem e descem –, este sonho se tornou realidade em Jesus. Ele mesmo é "a porta do céu" (Gn 28,10-22), Ele é o verdadeiro Jacó, o "Filho do homem", o fundador do Israel definitivo.

Mas voltemos ao texto de S. Marcos. Jesus institui os doze com uma dupla determinação: "Que estejam com Ele e para os enviar". Eles devem estar com Ele, para O conhecerem; para alcançarem aquele conhecimento a que a "gente" não podia aceder, que apenas de fora O via e O tinha por um profeta, por um grande da história das religiões, mas que não podia captar a sua unicidade. Os doze devem estar com Ele, para que conheçam Jesus na sua unidade com o Pai e assim possam ser testemunhas do seu mistério (cf. Mt 16,13ss). Eles devem – como S. Pedro dirá antes da eleição de Matias – ter estado com Ele "desde quando Jesus esteve no meio de nós, desde que chegou e partiu" (cf. At 1,8.21). Eles devem chegar da mais exterior até a íntima comunhão com Jesus, poderia dizer-se. Mas ao mesmo tempo eles estão lá para serem enviados por Jesus – precisamente "apóstolos" –, para levar a Sua mensagem ao mundo: em primeiro lugar às ovelhas perdidas da casa de Israel, e depois "até os confins da terra". Estar com Jesus e ser enviado parece, à primeira vista, que são coisas excludentes, no entanto estão claramente interligados. Eles devem aprender a estar de tal modo com Ele que estão com Ele mesmo quando vão para os confins do mundo. Estar com Ele leva em si como tal a dinâmica da missão, porque todo o ser de Jesus é já missão.

Para o que eles, segundo este texto, são enviados? "Para pregarem e com o poder para expulsarem os demônios" (Mc 3,14s). S. Mateus descreve o conteúdo da missão um pouco mais: "E Ele lhes deu o poder para expulsarem os espíritos impuros e para curarem todas as doenças" (Mt 10,1). A primeira missão é a pregação: oferecer aos homens a luz da palavra, a mensagem de Jesus. Os apóstolos são antes de mais nada evangelistas – tal como Jesus, eles anunciam o Reino de Deus e reúnem assim os homens para a nova família de Deus. Mas a pregação do Reino de Deus não é nunca simples palavra, nunca simples instrução. Ela é acontecimento, tal como Jesus mesmo é acontecimento, palavra de Deus em pessoa. Anunciando-O, conduzem-nos ao Seu encontro.

Porque o mundo está dominado pelas potências do mal, esta pregação é ao mesmo tempo luta contra essas potências. "Ao mensageiro de Jesus trata-se, no seu seguimento, de uma exorcização do mundo, da fundação de uma nova forma de vida no Espírito Santo, que cura das possessões" (Pesch, *Marcus* I, p. 205). Na realidade, o mundo antigo – como principalmente Lubac mostrou – viveu a irrupção da fé cristã como libertação do medo demoníaco que, apesar do ceticismo e do iluminismo, tudo dominava; e assim acontece também hoje em toda parte onde o cristianismo sucede às antigas religiões tradicionais e em si mesmo as acolhe, transformando-as positivamente. Pode sentir-se esta irrupção em toda a sua pujança em S. Paulo, quando ele diz: "Ainda que haja alguns que sejam chamados deuses, quer no céu quer na terra, existindo assim muitos deuses e muitos senhores, para nós não há mais do que um só Deus, o Pai de quem tudo procede e para quem nós existimos; e um só senhor, Jesus Cristo, por meio do qual todas as coisas existem e nós igualmente existimos" (1 Cor 8,5s). Nestas palavras está um poder libertador – o grande exorcismo que purifica o mundo. Por muitos que sejam os deuses que pairam em volta do mundo, apenas um é Deus e um só é o Senhor. Se Lhe pertencemos, todo o resto não tem mais nenhum poder, perde o brilho da divindade.

O mundo é então representado na sua racionalidade: ela vem da eterna razão, e somente esta criativa razão é o verdadeiro poder sobre o mundo e no mundo. Somente a fé no único Deus liberta e "racionaliza" realmente o mundo. Onde ela desaparece, o mundo se torna racional apenas aparentemente. Na realidade, devem então as potências do acaso, que são indefiníveis, ser reconhecidas; a "teoria do caos" empurra para o lado a visão de uma estrutura racional do mundo e coloca o homem diante de obscuridades que ele não pode dissolver, além de estabelecer um limite ao lado racional do mundo. "Exorcizar", colocar o mundo na luz da *ratio*, que tem a sua origem na eterna razão criadora e nos seus bens salutares e a ela se referir: aqui está uma permanente e central tarefa dos mensageiros de Jesus Cristo.

S. Paulo, na Carta aos Efésios, e de outra perspectiva, descreveu assim este caráter exorcista do cristianismo: "Fortalecei-vos no Senhor, pelo seu poder soberano. Revesti-vos da armadura de Deus para que possais resistir às ciladas do demônio. Porque nós não temos de lutar contra a carne e o sangue, mas contra os principados e potestades, contra os dominadores deste mundo tenebroso, contra os espíritos malignos do domínio celeste" (Ef 6,10-12). H. Schlier explicou assim esta representação do combate cristão, para nós hoje surpreendente ou mesmo estranha: "Os inimigos não são isto ou aquilo, nem sequer eu mesmo, nem a carne nem o sangue... O confronto vai mais fundo. É contra um sem-número de adversários incansavelmente agressivos, difíceis de conceber, que não têm propriamente nome, mas apenas designações coletivas; que também desde o princípio são colocados acima do homem, e precisamente pela sua posição elevada, por meio da sua posição 'no céu' do ser, colocam-se acima também por intermédio da opacidade da sua posição e da sua intangibilidade – a sua posição é sim a 'atmosfera' do ser, que eles mesmos no seu sentido espalham à sua volta, e que finalmente estão todos cheios de essencial e mortal maldade" (*Der brief an der Epheser*, 291).

    Mas quem veria que precisamente assim está descrito também o nosso mundo, no qual o cristão é ameaçado por uma atmosfera anônima de "algo que paira no ar", que lhe deve fazer parecer a fé ridícula e absurda? E quem não veria que existe por todo o mundo envenenamentos do clima espiritual que ameaçam a humanidade na sua dignidade, até na sua existência? O homem individualmente e mesmo as comunidades humanas parecem sem esperança entregues à ação de tais potências. O cristão sabe que também ele por si mesmo não pode vencer esta ameaça. Mas a ele, na fé, na comunhão com o único verdadeiro Senhor do mundo, foi oferecida a "armadura de Deus", com a qual ele – em comunhão com todo o corpo de Cristo – pode enfrentar estas potências, sabendo que o Senhor nos restitui na fé o ar puro para respirar: o hálito do Criador, o hálito do Espírito Santo, somente pelo qual o mundo pode ser curado.

S. Mateus, ao falar da tarefa do exorcismo, acrescenta a missão de curar: os doze são enviados "para curar doenças e sofrimentos" (Mt 10,1). Curar é uma dimensão essencial da missão apostólica, da fé cristã em absoluto. E. Biser caracteriza o cristianismo precisamente como "religião terapêutica" – uma religião da cura. Se concebermos isso com a necessária profundidade, aqui está expresso todo o conteúdo de "redenção". O poder de expulsar demônios e de libertar o mundo da sua tenebrosa ameaça para o único e verdadeiro Deus: este poder exclui ao mesmo tempo toda a compreensão mágica da salvação, na qual alguém procura servir-se precisamente destas potências misteriosas. A cura mágica está também sempre ligada à arte de virar o mal para o outro e de colocar os "demônios" contra ele. Soberania de Deus, reino de Deus significa precisamente retirar o poder destas potências por meio da entrada do único Deus, que é bom, que é Ele mesmo a bondade. O poder de curar que os mensageiros de Jesus Cristo possuem nada tem a ver com a magia; ele exorciza o mundo também no campo da medicina. Nos milagres do Senhor e dos doze, é Deus que se mostra no Seu poder bondoso sobre o mundo. São essencialmente "sinais" que apontam para Deus e que desejariam colocar o homem em direção a Deus. Somente a união com Ele pode ser o verdadeiro processo da cura do homem.

    Assim, os milagres de cura são em Jesus e nos seus um elemento subordinado no conjunto da sua ação; trata-se de algo profundo, precisamente do "Reino de Deus" – portanto, que Deus seja Senhor em nós e no mundo. Como o exorcismo expulsa o medo dos demônios e entrega o mundo, que vem da razão de Deus, à razão do homem, assim também a cura pelo poder de Deus é chamada para que o homem acredite em Deus e que utilize as forças da razão para o serviço da salvação. Mas, aqui, entende-se sempre uma razão aberta, que escuta Deus e que a partir daqui reconhece o homem como unidade de corpo e de alma. Quem realmente queira curar o homem deve vê-lo na sua totalidade e deve saber que a sua última cura só pode ser o amor de Deus.

Mas voltemos ao nosso texto de S. Marcos. Depois da informação sobre a missão, os doze são designados pelo nome. Já tínhamos visto que isso indica a dimensão profética da sua missão. Deus conhece-nos pelos nomes, chama-nos pelos nomes. Não podemos esboçar aqui agora cada uma das figuras do círculo dos doze a partir da Bíblia e da tradição. Importante para nós é a composição do conjunto, e este é altamente heterogêneo.

    Dois do grupo vêm do partido dos zelotes: Simão, o qual em S. Lucas (6,15) se chama "o zelota", em S. Mateus e em S. Marcos, "cananeu", o que, porém, segundo os conhecimentos da mais recente investigação, significa o mesmo; depois Judas: a palavra Iscariotes pode talvez significar simplesmente "o homem de Chariot", mas também o pode caracterizar como sicário, uma variante radical dos zelotes. O "fervor" (*zelos*) pela lei, que deu o nome a este movimento, viu os seus modelos nos grandes "fervorosos" da fé de Israel, começando com Pinchas, que matou um israelita que servia os ídolos diante de toda a comunidade (Num 25,6-13), até Matatias, o fundador dos macabeus, que começou a revolta contra a tentativa feita pelo rei helenista Antíoco de extinção da fé de Israel, matando um conformista que, de acordo com a ordem do rei, quis publicamente sacrificar os ídolos (1 Mac 2,17-28). Os zelotes viam esta cadeia histórica de grandes "fervorosos" como uma herança obrigatória, que devia ser então aplicada contra a potência romana ocupante.

No outro lado do círculo dos doze, encontramos Levi Mateus, o qual trabalhava como coletor de impostos em íntima ligação com a potência ocupante e, portanto, por causa do seu estado devia ser classificado como um pecador público. O grupo principal dos doze é constituído por pescadores do mar de Genesaré: Simão, que o Senhor devia chamar Cefas-Pedro-Pedra, era presidente de uma cooperativa de pescadores (cf. Lc 5,10), na qual ele trabalhava com o seu irmão mais velho, André, e com os zebedeus João e Tiago, que o Senhor chamou Boanerges – "filhos do trovão": um nome que alguns investigadores tentam empurrar para perto do zelotismo, mas talvez sem razão. O Senhor designa com isso o seu tempestuoso temperamento, que também se pode inteiramente reconhecer no Evangelho de S. João. Finalmente, estão lá dois homens com nomes gregos, Filipe e André, aos quais no Domingo de Ramos se dirigem os visitantes gregos que vinham para a Páscoa, para conseguir um contato com Jesus (Jo 12,21ss).

Devemos admitir que todos os doze eram judeus crentes e observantes, que esperavam a salvação de Israel. Mas das suas posições concretas, da sua maneira de pensar acerca da redenção, da salvação, eram homens muito diferentes. Podemos assim imaginar como era difícil introduzi-los lentamente no novo caminho misterioso de Jesus; quantas tensões tinham de ser superadas; de quantas purificações, por exemplo, precisava o fervor dos zelotes para, finalmente, ser um só com o "fervor" de Jesus, que o Evangelho de S. João narra (Jo 2,7): o seu fervor termina na cruz. Precisamente nesta diversidade de origens, de temperamentos e de atitudes, os doze corporizam a Igreja de todos os tempos e a dificuldade da sua missão, de purificar esses homens e de os unir ao fervor de Jesus Cristo.

Somente S. Lucas relata que Jesus formou também um segundo grupo de discípulos, que consistia em setenta (ou 72) discípulos e que foram enviados como os doze e com uma missão semelhante (Lc 10,1--12). Tal como o número 12, também o número 70 (ou 72; os manuscritos variam entre ambas as informações) é um número simbólico. Em virtude de uma combinação entre Deuteronômio, capítulo 32, versículo 8, e Êxodo, capítulo 1, versículo 5, o número 70 designava os povos do mundo: segundo o Êxodo, eram setenta as pessoas que foram com Jacó para o Egito; "todas descendiam de Jacó". A mais recente leitura do Deuteronômio, e em geral recebida, diz: "Quando o Altíssimo... repartiu a humanidade, fixou os territórios segundo o número dos filhos de Israel" (Dt 32,8); referiu-se assim aos setenta membros da casa de Jacó na altura da emigração para o Egito. Ao lado dos doze filhos, que simbolizam Israel, estão os setenta, que representam o mundo inteiro e assim são de certo modo também vistos em relação com Jacó-Israel.

Esta tradição está por trás da lenda transmitida pela assim dita Carta de Aristeas, segundo a qual a tradução grega do Antigo Testamento surgida no século III a.C. teria sido feita por setenta (ou 72, ou seja, respectivamente seis representantes por cada uma das doze tribos de Israel) sábios por meio de uma especial infusão do Espírito Santo. Com a lenda, esta obra é indicada como a abertura da fé de Israel para os povos.

Na realidade, a Bíblia dos Setenta (*septuaginta*) exerceu um papel decisivo para a orientação de muitos homens, que, andando à procura, se voltavam no final da Antiguidade para o Deus de Israel. Os mitos do tempo primitivo tinham perdido a sua credibilidade; o monoteísmo filosófico não era suficiente para levar os homens a uma relação viva com Deus. Assim, muitos homens formados encontraram no monoteísmo de Israel, que não fora pensado filosoficamente, mas oferecido numa história da fé, um novo acesso a Deus. Em numerosas cidades, constituíram-se círculos de "tementes a Deus", de piedosos "pagãos", os quais não podiam nem queriam tornar-se inteiramente judeus, mas que participavam na liturgia da sinagoga e, assim, na fé de Israel. Foi neste círculo que a primitiva missão e pregação cristã encontrou a sua primeira base e a sua divulgação: agora estes homens podiam pertencer totalmente ao Deus de Israel, porque agora este Deus, por intermédio de Jesus – como S. Paulo o anunciava – tinha se tornado realmente o Deus de todos os homens; agora podiam, por meio da fé em Jesus, pertencer como filhos de Deus totalmente ao povo de Deus. Se S. Lucas, ao lado da comunidade dos doze, fala de um grupo de setenta, então se torna claro o sentido: neles se indica o caráter universal do Evangelho, o qual se destina a todos os povos da terra.

Neste momento, pode-se mencionar ainda outra particularidade do evangelista S. Lucas. No capítulo 8,1-3, ele nos conta que Jesus, que estava a caminho com os doze a pregar, era também acompanhado por mulheres. Ele menciona três nomes e então acrescenta: "E muitas outras que O serviam com os seus bens" (Lc 8,3). A diferença entre o discipulado dos doze e o discipulado das mulheres é evidente; ambas as tarefas são inteiramente diferentes. Mas S. Lucas torna claro, no entanto, o que também nos outros Evangelhos aparece de muitos modos: que "muitas" mulheres pertenciam à comunidade restrita dos crentes e que o seu caminhar crente com Jesus era essencial para a sua constituição, como aliás deveria mostrar-se de um modo especialmente impressionante junto à cruz e na ressurreição.

Talvez faça sentido aqui chamar precisamente a atenção para algumas peculiaridades do evangelista S. Lucas: tal como ele de um modo especial estava aberto para o significado das mulheres, do mesmo modo é também o evangelista dos pobres, em que se observa a inconfundível "opção preferencial pelos pobres".

Mesmo a respeito dos judeus, ele mostra uma especial compreensão: as paixões que se tinham desenterrado por meio da separação que se iniciava entre a sinagoga e a Igreja em formação, e cujos sinais foram registrados em S. Mateus e em S. João, quase não se encontram nele. Especialmente característico parece-me o modo como ele conclui a história do novo vinho e dos antigos ou novos odres. Em S. Marcos está assim: "Ninguém encherá odres velhos com vinho novo; se o fizer, o vinho rompe os odres, de tal modo que se perdem tanto o vinho como os odres. Não, vinho novo para odres novos" (Mc 2,22). De um modo semelhante diz o texto em S. Mateus (Mt 9,17). S. Lucas transmite-nos o mesmo diálogo, mas acrescenta no fim: "E ninguém que bebe vinho velho quer o novo; ele diz nomeadamente: o vinho velho é bom" (Lc 5,39) – o que deve então se explicar como uma palavra de compreensão para aqueles que queriam permanecer "no vinho velho".

Finalmente, para continuarmos acerca das particularidades de S. Lucas, já vimos como este Evangelho presta especial atenção à oração de Jesus como fonte da sua pregação e da sua ação: ele nos mostra que toda ação e todo discurso de Jesus brotam da íntima união com o Pai, do diálogo entre o Filho e o Pai. Se nós podemos estar convencidos de que as Sagradas Escrituras são "inspiradas", são amadurecidas de um modo especial sob a condução do Espírito Santo, então podemos também estar convencidos de que precisamente nestes aspectos especiais da tradição de S. Lucas nos foi guardado algo de essencial da figura de Jesus.

CAPÍTULO 7
A mensagem das parábolas

1. Essência e finalidade das parábolas

As parábolas formam, sem dúvida, o núcleo essencial da pregação de Jesus. Mesmo com o passar dos tempos, elas nos tocam sempre com sua atualidade e sua humanidade. J. Jeremias, ao qual devemos um livro fundamental sobre as parábolas de Jesus, chamou a atenção para o fato de que a comparação das parábolas de Jesus com a linguagem em imagens do apóstolo S. Paulo ou com as parábolas dos rabinos permite reconhecer "uma particularidade expressamente pessoal", "uma singular clareza e simplicidade, uma inaudita mestria da forma" (p. 6). Aqui sentimos de um modo absolutamente imediato – também a partir da particularidade na qual o texto aramaico transparece – a proximidade a Jesus, como Ele vivia e ensinava. Mas ao mesmo tempo nos acontece como aos contemporâneos de Jesus e aos seus discípulos: temos de Lhe perguntar sempre o que Ele nos quer dizer com cada uma das parábolas (cf. Mc 4,10). O esforço pela correta compreensão das parábolas atravessa toda a história da Igreja; inclusive a exegese histórico-crítica teve de repetidamente corrigir-se e não nos pode oferecer nenhuma informação definitiva.

Um dos maiores mestres da exegese crítica, Adolf Jülicher, introduziu uma nova fase da interpretação das parábolas com a sua obra em dois volumes sobre as parábolas de Jesus, na qual, por assim dizer, parecia ter encontrado a fórmula definitiva para a sua compreensão. Jülicher começa por evidenciar energicamente a radical diferença entre alegoria e parábola: a alegoria teria surgido na cultura helenista como forma de interpretação de antigos textos religiosos importantes, os quais, da maneira como estavam, já não podiam ser assimilados. As suas afirmações foram explicadas então como formas veladas de um misterioso conteúdo que estava sob o sentido da palavra; podia-se, assim, compreender a linguagem dos textos como um falar por imagens, que eram explicadas peça por peça, passo por passo e deste modo se apresentavam como representações em imagens de uma visão filosófica que agora devia aparecer como o seu conteúdo real. No ambiente de Jesus, a alegoria era o contato usual com discursos em imagens; era então natural que as parábolas fossem explicadas, segundo este modelo, como alegorias. Nos próprios Evangelhos encontram-se múltiplas explicações alegóricas de parábolas, que são mesmo colocadas na boca de Jesus, como, por exemplo, na parábola do semeador, cuja semente cai na estrada, entre as pedras, entre os espinhos e até em terra fértil (Mc 4,1-20). Jülicher demarcou com rigor as parábolas de Jesus a respeito das alegorias; elas não são propriamente alegorias, mas um pedaço da vida real, em que se trata apenas de *um só* pensamento – um único "ponto emergente" –, que deve ser concebido do modo mais geral possível. Sendo assim, as explicações alegóricas colocadas na boca de Jesus são consideradas ingredientes posteriores correspondentes a um equívoco.

O pensamento fundamental de Jülicher, a distinção entre alegoria e parábola, está como tal correto e foi logo acolhido por toda a investigação. Mas, lentamente, tornaram-se sempre mais evidentes os limites da sua visão. Ainda que seja possível fundamentar a separação da parábola em relação à alegoria como tal, isso não ocorre com a sua radical separação, nem histórica nem objetivamente.

O judaísmo também conhecia – principalmente na fase apocalíptica – o discurso alegórico; parábola e alegoria podem sobrepor-se completamente. J. Jeremias mostrou que a palavra hebraica *masal* (parábola, enigma) envolve os mais diferentes gêneros: parábola, comparação, alegoria, fábula, símbolo, figura fictícia, exemplo (modelo), motivo, fundamentação, desculpa, objeção, anedota (p. 14). Já antes tinha a história das formas tentado avançar por meio da classificação das parábolas em categorias. "Distinguia-se entre imagem, comparação, parábola, alegoria, exemplos" (*ibid.*, p. 13).

Se já a fixação do gênero literário da parábola num determinado tipo literário era falsa, mais ainda está ultrapassado o modo como Jülicher julgava poder fixar o "ponto emergente" do qual tudo dependeria na parábola. Dois exemplos podem ser suficientes. A parábola do homem rico e do pobre Lázaro (cf. Lc 12,16ss) quereria dizer: "O homem, mesmo o mais rico, está em cada momento dependente do poder e da graça de Deus". O ponto emergente na parábola do louco rico (cf. Lc 16,1ss) seria: "Exploração decidida do presente como condição para um futuro feliz". J. Jeremias comenta, a propósito, com razão: "As parábolas anunciam a verdadeira humanidade religiosa; do seu escatológico ímpeto nada resta. Imperceptivelmente Jesus torna-se 'apóstolo do progresso' (Jülicher, II 483), um mestre de sabedoria, que grava máximas éticas e uma teologia simplificada em quadros e em histórias que se podem fixar. Mas Ele não era isto!" (p. 13). De um modo mais dramático expressa-se C. W. F. Smith: "Ninguém crucificaria um mestre que conta histórias agradáveis, para fortalecer a inteligência" (*The Jesus of the parables*, 1948, p. 17; Jeremias, p. 15).

Conto isso aqui tão detalhadamente porque nos permite lançar um olhar para os limites da exegese liberal, vista no seu tempo como o ponto mais elevado e não superável de uma ciência rigorosa e de uma segurança histórica, e para a qual também exegéticos católicos olhavam com inveja e admiração. Já no Sermão da Montanha vimos que este tipo de explicação, que faz de Jesus um moralista, um mestre de uma moral iluminista e individualista, apesar de todo o significado da visão histórica, permanece escasso na sua teologia e não se aproxima de modo nenhum da figura real de Jesus.

Jülicher, que tinha concebido o "ponto emergente" de um modo totalmente humanista a partir do espírito do seu tempo, mais tarde o identificou com a escatologia próxima: em última instância, todas as parábolas acabaram por anunciar a proximidade temporal do *Eschaton* iminente – do "Reino de Deus". Mas também assim violenta-se a maior parte dos textos; a orientação para a escatologia próxima só de um modo artificial se pode enxertar em muitas parábolas. A este respeito, J. Jeremias evidenciou com razão que cada parábola tem o seu próprio contexto e a sua respectiva afirmação. Neste sentido colocou em evidência no seu livro sobre as parábolas nove pontos temáticos importantes e assim admitiu a procura de uma linha comum, na busca de um ponto absolutamente interior e principal da mensagem de Jesus. Jeremias sabe que com isso depende do exegeta inglês C. H. Dodd, mas distancia-se ao mesmo tempo dele num ponto essencial.

Dodd fez da orientação das parábolas para o tema do Reino de Deus, da soberania de Deus, o ponto central da sua exegese, mas rejeita a concepção da escatologia próxima do exegeta alemão e liga escatologia com cristologia: o Reino chega na pessoa de Jesus. À medida que as parábolas apontam para o Reino, apontam para Ele como a verdadeira figura do Reino. Jeremias julgava não poder admitir esta posição da "escatologia realizada", como Dodd a designava, e fala, em vez disso, de uma "escatologia em realização"; conserva, no entanto, mesmo que talvez amortecido, o pensamento fundamental do exegeta alemão, de que Jesus anunciou a proximidade (temporal) da vinda do Reino de Deus e que de modos diferentes a apresentou aos ouvintes. O vínculo entre cristologia e escatologia é de novo amortecido; permanece a questão acerca do que o ouvinte deverá reter de tudo isto 2 mil anos depois: ele deve, em todo caso, considerar o horizonte de proximidade escatológica de então como um erro, porque o Reino de Deus, no sentido de uma mudança radical do mundo, não chegou; e ele também não pode apropriar-se deste pensamento para hoje.

Todas as nossas reflexões até agora nos levaram a reconhecer a imediata expectativa do fim dos tempos como um aspecto na primitiva recepção da mensagem de Jesus, mas ao mesmo tempo se tornou claro que não se pode colocá-lo de modo nenhum sobre todas as palavras de Jesus nem erigi-lo como o tema autêntico da sua mensagem. Dodd estava muito mais na esteira da real inclinação dos textos.

Mais especificamente no Sermão da Montanha, mas também na explicação do *Pai-Nosso*, vimos que o tema mais profundo da pregação de Jesus era o seu próprio mistério, o mistério do Filho, no qual Deus está entre nós e cumpre a Sua palavra; que Ele anuncia que o Reino de Deus está para chegar e que vem na sua pessoa. Sob este aspecto, devemos no essencial dar razão a Dodd: sim, o Sermão da Montanha de Jesus é escatológico no sentido em que o Reino de Deus se "realiza" na sua vinda; Jesus é, mesmo já tendo vindo, aquele que, todavia, ao longo de toda a história, ainda há de vir; desta "vinda" é que em última instância Ele fala para nós. Por isso podemos concordar inteiramente com as últimas palavras do livro de Jeremias: "O dia da graça do Senhor começou. De fato, apareceu Aquele cuja glória escondida sob cada palavra e sob cada parábola brilha, o salvador" (p. 194).

Se podemos conceber todas as parábolas como convites escondidos e dispostos em diversas camadas para a fé n'Ele como o "Reino de Deus em pessoa", então depara no nosso caminho uma palavra de Jesus que nos irrita. Todos os três evangelhos sinópticos contam-nos que Jesus, à pergunta dos discípulos sobre o sentido da parábola do semeador, terá dado uma resposta geral sobre o sentido da pregação em parábolas. No centro desta resposta de Jesus está uma palavra retirada de Isaías (cf. 6,9s) que os sinópticos transmitem em diversos modos de leitura. O texto de S. Marcos diz assim, na tradução cuidadosamente fundamentada de J. Jeremias: "A vós (isto é, ao círculo dos discípulos) ofereceu Deus o mistério do Reino de Deus: mas aos outros que estão de fora é tudo em enigmas, de modo que (como está escrito) 'vejam e, no entanto, não vejam, ouçam e no entanto não compreendam, não aconteça que se convertam e que Deus lhes perdoe'" (Mc 4,12: Jeremias, *Gleichnisse*, p. 11). O que isso significa? Será que as parábolas do Senhor servem para tornar a sua mensagem inacessível e para reservá-la apenas para um pequeno círculo de eleitos, aos quais Ele mesmo as explica? Será que as parábolas não querem abrir, mas sim fechar? Será que Deus é partidário e não quer o todo, todos, mas apenas uma elite?

Se queremos compreender a palavra misteriosa do Senhor, devemos lê-la a partir de Isaías, que Ele cita, e devemos lê-la também a partir do Seu caminho, cuja saída Ele conhece. Jesus, com esta palavra, coloca-se na linha dos profetas – o seu destino é o destino dos profetas. A palavra de Isaías é no seu todo ainda mais severa e assustadora do que o resumo citado por Jesus. No Livro de Isaías diz-se: "Obceca o coração deste povo, ensurdece-lhe os ouvidos, fecha-lhe os olhos, para que não veja nada com os seus olhos, não ouça com os seus ouvidos, não entenda com o seu coração e não se cure de novo" (Is 6,10). O profeta fracassa: a sua mensagem contradiz demasiado a opinião geral, os hábitos de vida adquiridos. Só por meio do seu fracasso é que a sua palavra há de tornar-se eficaz. Esse fracasso do profeta permanece como questão obscura ao longo de toda a história de Israel e repete-se, de algum modo, sempre na história da humanidade. Este é também, antes de mais nada, o destino de Jesus de Nazaré: Ele termina na cruz. Mas precisamente a partir da cruz vem a grande fecundidade.

E estabelece-se agora, inesperadamente, também a relação com a parábola da semente, em cujo contexto se encontra nos sinópticos a palavra de Jesus. É surpreendente o significado que a imagem da semente assume no conjunto da mensagem de Jesus. O tempo de Jesus, o tempo dos discípulos, é tempo de semear e tempo da semente. O "Reino de Deus" está presente como semente. A semente é, vista exteriormente, algo pequeno. Pode passar despercebida. A mostarda – imagem do Reino de Deus – é a mais pequena das sementes e, no entanto, traz em si uma grande árvore. A semente é presente de algo futuro. Na semente, o que há de vir já está aí de um modo escondido. Ela é presente de esperança. O Senhor resumiu as diversas parábolas da semente no Domingo de Ramos e revelou o seu sentido: "Em verdade, em verdade vos digo: se o grão de trigo não cair na terra e não morrer, permanece sozinho; mas, se morre, dá muito fruto" (Jo 12,24). Ele mesmo é a semente. O seu "fracasso" na cruz é precisamente o caminho para chegar a todos, dos poucos aos muitos: "E Eu, quando for elevado da terra, hei de atrair todos a Mim" (Jo 12,32).

O fracasso dos profetas, o Seu fracasso, aparece aqui noutra luz. É precisamente o caminho para onde "eles hão de se converter e serão

perdoados por Deus". Este é justamente o modo como agora todos os olhos e todos os ouvidos serão abertos. Na cruz, as parábolas são decifradas. Nos discursos de despedida, o Senhor diz a propósito: "Eu vos disse isto em parábolas (num discurso velado); chega a hora na qual já não vos falarei de um modo velado, mas sim abertamente vos anunciarei o Pai" (Jo 16,25). Assim, camufladamente, as parábolas falam do mistério da cruz; elas não falam apenas disso – elas lhe pertencem. De fato, precisamente porque elas permitem abrigar o mistério divino de Jesus levam à contradição. E justamente onde elas alcançam uma máxima inteligibilidade como na parábola dos vinhateiros infiéis (Mc 12,1-
-12), tornam-se estações para a cruz. Nas parábolas, Jesus não é apenas o semeador, que espalha a semente da palavra de Deus, mas também é a semente, que cai na terra para morrer e assim produzir frutos.

É deste modo que o inquietante esclarecimento de Jesus sobre o sentido das suas parábolas nos conduz para o seu sentido mais profundo, apenas se lermos – como é correto a partir da essência da palavra de Deus escrita – a Bíblia, e especialmente os Evangelhos, como uma unidade e como um todo que exprime em todas as suas camadas históricas uma mensagem que está interiormente interligada. Talvez valha a pena, porém, depois deste esclarecimento totalmente teológico conseguido com base na Bíblia, lançar um olhar para as parábolas também a partir do seu aspecto especificamente humano. O que é exatamente uma parábola? O que ela quer contar?

Ora, cada educador, cada mestre que queira transmitir conhecimentos aos seus ouvintes sempre há de servir-se também de exemplos, de parábolas. Por meio do exemplo, o mestre aproxima do seu pensamento uma realidade que até então permanecia longe do ângulo de visão dos seus interlocutores. Ele quer mostrar como algo transparece numa realidade que pertence ao seu campo de experiência, de que até então não se tinham apercebido. Por meio da parábola, aproxima dos ouvintes o que estava longe, de tal modo que chegam até o desconhecido pela ponte da parábola. Trata-se aqui de um duplo movimento:

por um lado, a parábola traz o que está longe para a proximidade dos ouvintes. Por outro lado, o ouvinte é ele mesmo, deste modo, posto a caminho. A dinâmica interior da parábola, a interior autossuperação da imagem escolhida, convida-o a confiar-se a esta dinâmica e a avançar para além do seu anterior horizonte, a aprender e a compreender o até agora desconhecido. Mas isso significa que a parábola exige a colaboração do aprendiz, ao qual não somente se traz alguma informação, mas ele mesmo deve acolher o próprio movimento da parábola e seguir com esse movimento. Neste momento, surge também a problemática da parábola: pode dar-se a incapacidade de descobrir a sua dinâmica e de se deixar conduzir por ela. Pode dar-se, principalmente se se trata de parábolas que tocam a existência e a mudam, a falta de vontade de se deixar entrar no movimento exigido.

E assim nos aproximamos de novo da palavra do Senhor sobre o ver e não ver, o ouvir e não compreender. De fato, Jesus não nos quer transmitir uns quaisquer conhecimentos abstratos, que não iriam até o fundo de nós mesmos. Ele quer conduzir-nos ao mistério de Deus – para a luz que os nossos olhos não suportam e da qual fugimos. Para que isso nos seja acessível, Ele mostra a transparência da luz divina nas coisas deste mundo e nas realidades do nosso cotidiano. Por meio do cotidiano, Ele quer nos mostrar o autêntico fundamento de todas as coisas e, assim, a verdadeira direção que devemos todos os dias acertar para andarmos de um modo correto. Ele nos mostra Deus, não um Deus abstrato, mas o Deus que age, que entra na nossa vida e que nos quer tomar pela mão. Por meio do cotidiano, Ele nos mostra quem nós somos e o que, por conseguinte, temos de fazer. Ele nos transmite um conhecimento muito ambicioso, que não nos traz apenas um novo saber, mas que altera a nossa vida. É um conhecimento que nos presenteia ao dizer-nos: Deus está a caminho para ir ter contigo. Mas é também um conhecimento exigente: crê e deixa-te conduzir pela fé. Deste modo, a possibilidade da recusa é muito atual: falta à parábola a necessária evidência.

São possíveis milhares de objeções razoáveis – não só na geração de Jesus, mas ao longo de todas as gerações, hoje talvez mais do que nunca. De fato, elaboramos um conceito de realidade que exclui a transparência do real para Deus. Como real vale apenas o experimentalmente verificável. Deus não se deixa forçar na experimentação. Ele censura na geração do deserto precisamente isto: "Lá os vossos pais tentaram-me (quiseram forçar-me na experiência) provaram-me, embora tivessem visto as minhas obras" (Sl 95,9). Deus não pode absolutamente transparecer – assim diz o moderno conceito de realidade. E por isso é que não pode ser aceita a exigência que Ele nos faz; acreditar n'Ele como Deus e viver de acordo com isso parece-nos totalmente impossível de exigir. Nesta situação, as parábolas conduzem então na realidade ao não saber e ao não compreender, à "dureza do coração".

Mas, assim, as parábolas são, em última instância, expressão da ocultação de Deus neste mundo e de como o conhecimento de Deus reclama o homem todo – um conhecimento que se identifica com a vida; conhecimento que não pode dar-se sem "conversão". De fato, no mundo marcado pelo pecado, o peso, o centro de gravidade da nossa vida é caracterizado pela prisão no Eu e no anonimato, que deve ser rompida para um novo amor, o qual nos desloca para outro campo de gravidade e nos permite viver de um modo novo. O conhecimento de Deus não é, neste sentido, possível sem o dom do amor de Deus tornando-se visível; tampouco o presente que se aceite. Neste sentido aparece nas parábolas a essência da mensagem de Jesus. Desse modo, o mistério da cruz já está interiormente inscrito na essência das parábolas.

2. Três grandes parábolas – narrativas de S. Lucas

Mesmo que quisesse explicar apenas uma parte significativa das parábolas de Jesus, isso ultrapassaria os limites deste livro. Por isso, vou limitar-me às três grandes parábolas – narrativas do Evangelho de S. Lucas –, cuja beleza e profundidade tocaram espontaneamente mesmo não crentes: a história do samaritano, a parábola dos dois irmãos e a narração do louco rico e do Lázaro pobre.

O samaritano misericordioso (Lc 10,25-37)
Na história do samaritano misericordioso trata-se da questão fundamental do homem. Um escriba, portanto um mestre em exegese, pergunta ao Senhor: "Mestre, que devo fazer, para herdar a vida eterna?" (Lc 10,25). O evangelista diz a propósito que o escriba dirigiu essa pergunta a Jesus para O experimentar. Por ser formado nas Escrituras, ele mesmo sabe a resposta que a Escritura dá a essa pergunta, mas ele quer saber o que este profeta sem estudo da Bíblia dirá a este respeito. O Senhor remete-o muito simplesmente para a Escritura, que ele conhece, e deixa que o próprio escriba dê a resposta. O escriba o faz de um modo muito preciso, numa ligação do Deuteronômio, capítulo 6, versículo 5, com o Levítico, capítulo 19, versículo 18: "Tu deves amar o Senhor teu Deus com todo o coração, com todas as tuas forças e com todos os teus pensamentos, e: deves amar o teu próximo como a ti mesmo". Sobre esta questão Jesus não ensina outra coisa a não ser a *Tora*, cujo sentido está todo contido neste duplo mandamento. Mas agora o escriba, que conhecia perfeitamente a resposta à pergunta por ele mesmo formulada, devia justificar-se: a palavra da Escritura é evidente, mas a maneira como deve ser aplicada na prática da vida levanta algumas questões, que eram muito debatidas na escola (e também na própria vida).

A questão concreta diz: quem é, então, "o próximo"? A resposta corrente, que pode também apoiar-se em textos da Escritura, dizia que pelo "próximo" se entendia o concidadão. O povo forma uma comunidade solidária, na qual todos são responsáveis uns pelos outros, onde cada um é mantido pelo todo e deve considerar o outro "como a si mesmo", como parte de um todo, do qual recebe o espaço da sua vida. Então os estrangeiros, sendo homens que pertencem a outro povo, não são "o próximo"? Isso era de novo contra a Escritura, a qual precisamente incitava também o amor ao estrangeiro, recordando que Israel mesmo vivera no Egito como estrangeiro. No entanto permanecia debatendo-se até que ponto os limites deviam ser levados; em geral, consideravam-se pertencentes à comunidade solidária e, portanto, "próximos", os "ocupantes" que viviam no meio do povo. Outras limitações do conceito "próximo" eram também muito divulgadas; um dito dos rabinos ensinava que não era preciso considerar próximos hereges, traidores e infiéis (Jeremias, p. 170). Era também claro que os samaritanos, que pouco antes, entre os anos 6 e 9, tinham profanado o átrio do Templo de Jerusalém precisamente nos dias da festa da Páscoa, espalhando ossos humanos (Jeremias, p. 171), não eram considerados "próximos".

A esta pergunta tão concreta, Jesus responde então com a parábola do homem que caiu nas mãos dos ladrões no caminho que vai de Jerusalém para Jericó e que foi abandonado saqueado e quase morto ao lado da estrada. Esta era uma história absolutamente real, visto que ao longo daquele caminho aconteciam regularmente assaltos como este. Um sacerdote e um levita – conhecedores da Lei, que conheciam a questão da salvação e que a serviam por profissão – passam por ali e não prestaram atenção no ocorrido. Eles não deviam necessariamente ser pessoas duras de coração; talvez tivessem medo e por isso procuravam o mais depressa possível chegar à cidade; talvez fossem pessoas sem habilidade e não soubessem como fazer para ajudar – além do que parecia que nada mais havia que se pudesse fazer. Então aparece no caminho o samaritano – provavelmente um comerciante, que tinha de passar por esta estrada muitas vezes e que era conhecido do proprietário da estalagem mais próxima; um samaritano – portanto alguém que não pertence à comunidade solidária de Israel e não precisava, consequentemente, olhar para o assaltado como seu "próximo".

A propósito, é preciso recordar que o evangelista, alguns capítulos antes, tinha contado que Jesus, no caminho para Jerusalém, enviara diante de si mensageiros que foram a uma localidade de samaritanos e quiseram procurar lá alojamento para Ele. "Mas não O acolheram, porque ia a caminho de Jerusalém" (Lc 9,52s). Os filhos do trovão – Tiago e João –, desgostosos, tinham por causa disso dito ao Senhor: "Senhor, devemos ordenar que venha fogo do céu para que os aniquile?". Mas o Senhor não lhes permitiu. Encontraram alojamento noutra localidade.

Aqui, entra em ação o samaritano. O que vai fazer? Não pergunta a respeito do raio de extensão dos seus deveres de solidariedade nem sequer sobre merecimentos para a vida eterna. Acontece algo completamente diferente: o seu coração como que se rasga; o Evangelho usa a palavra que originariamente em hebraico se referia ao corpo materno e à relação maternal. Ele é atingido nas suas "entranhas", na sua alma, ao ver aquele homem assim. "Foi tomado de compaixão", traduzimos hoje, atenuando assim a originária vitalidade do texto. Por meio da luz fulminante da misericórdia que alcança a sua alma, torna-se ele mesmo "próximo", para além das perguntas e dos perigos.

Neste ponto, a questão vai em outra direção: já não se trata de saber quem é o meu próximo ou não. Trata-se de mim mesmo. Eu tenho de me tornar próximo, porque o outro conta comigo "como eu mesmo".

Se a pergunta tivesse sido assim formulada: o samaritano é também meu próximo?, naquela situação a resposta teria sido claramente negativa. Mas agora Jesus coloca a questão ao contrário: o samaritano, o estrangeiro, faz-se a si mesmo próximo e mostra-me que é a partir do meu interior que devo aprender a ser próximo e que trago a resposta já em mim. Eu devo ser alguém que ama, alguém cujo coração está aberto à comoção perante a necessidade do outro. Então eu encontro o meu próximo, ou melhor, serei encontrado por ele.

Helmut Kuhn, na sua explicação da parábola, vai certamente muito além do sentido literal da palavra e caracteriza oportunamente a radicalidade da sua afirmação quando escreve: "A amizade política baseia-se na igualdade dos parceiros. A parábola simbólica do samaritano pelo contrário sublinha a radical desigualdade: o samaritano, como estrangeiro, enfrenta o outro que é anônimo, presta ajuda à vítima abandonada de um assalto de ladrões. A *ágape*, assim nos dá a entender a parábola, ataca diretamente todas as ordens políticas com o seu princípio dominante do *do ut des* e caracteriza-se assim como uma grandeza sobrenatural. De acordo com o seu princípio, não se encontra apenas para além destas ordens, mas a si mesma se entende como a sua inversão: os últimos devem ser os primeiros (Mt 19,30). E os mansos possuirão a terra (Mt 5,5). Uma coisa é clara: aparece uma nova universalidade, que tem a sua origem no fato de eu já ser interiormente irmão de todos aqueles que encontro e que precisam da minha ajuda.

É óbvia a atualidade da parábola. Se a traduzirmos nas dimensões da história do mundo, veremos como nos dizem respeito os povos da África que lá jazem explorados e saqueados. Veremos então como eles são nosso "próximo"; como também o nosso estilo de vida, a nossa história, na qual nos movemos, os saqueou e os saqueia. A isso pertence também o fato de que os ferimos na alma. Em vez de lhes darmos Deus, o Deus que em Cristo se aproxima de nós, e assim acolhermos tudo o que é precioso e grande nas suas próprias tradições, e levá-lo à perfeição, levamos o cinismo de um mundo sem Deus, no qual tudo depende do poder e do proveito; destruímos os critérios morais, de tal modo que se tornaram evidentes a corrupção e a vontade pelo poder sem escrúpulos. E isto vale não apenas para a África.

Sim, temos ajudas materiais para dar e temos de provar a nossa própria forma de vida. No entanto, damos muito pouco se dermos apenas coisas materiais. E não encontramos também por acaso à nossa volta pessoas saqueadas e destroçadas? As vítimas das drogas, do comércio de seres humanos, do turismo sexual, homens interiormente destruídos, que estão vazios no meio de uma riqueza material. Tudo isso nos diz respeito e nos chama para termos olhar e coração para o próximo e também a coragem para o amor fraterno. Pois, como foi dito, o sacerdote e o levita seguiram adiante talvez mais por temor do que por indiferença. De novo e a partir do interior é que havemos de aprender o risco da bondade; só poderemos fazer isso se nós mesmos formos "bons" a começar de dentro, se a começar de dentro formos "próximo" e então estivermos atentos ao modo do serviço que nos é exigido no nosso ambiente e no raio maior da nossa vida e que a nós possivelmente, e a partir daí, nos é confiado como tarefa.

Os Padres da Igreja leram a parábola cristologicamente. Poderia dizer-se: isso é uma alegoria, portanto uma interpretação que passa ao lado do texto. Mas se pensarmos que em todas as parábolas e de modos diferentes o Senhor nos quer convidar para a fé no Reino de Deus, que Ele mesmo é, então uma explicação cristológica não está totalmente desprovida de sentido. Ela corresponde de algum modo a uma potencialidade interior do texto e pode ser um fruto que cresce a partir de uma semente. Os Padres da Igreja veem a parábola em toda a amplitude da história do mundo: o homem que jaz quase morto e espoliado ao lado da estrada não seria uma imagem de "Adão", do homem em si, que verdadeiramente "caiu nas mãos dos ladrões"? Não é verdade que o homem, esta criatura, está aí ao longo de toda a história, alienado, destroçado, maltratado? A grande massa da humanidade viveu quase sempre na opressão e inversamente aos opressores; são eles então a verdadeira imagem do homem ou serão antes a sua desfiguração, uma degradação do homem? Karl Marx descreveu de um modo drástico a "alienação" do homem; embora não tenha atingido a profundidade autêntica da alienação, porque a pensou apenas em termos materiais, forneceu no entanto um quadro visível para o homem que caiu nas mãos dos ladrões.

A teologia medieval concebeu as duas informações da parábola sobre o estado do homem destroçado como afirmação fundamentalmente antropológica. Da vítima do assalto diz-se, por um lado, que foi espoliado (*spoliatus*) e, por outro, que foi ferido quase até a morte (*vulneratus*; Lc 10,30). Os escolásticos referem isto às duas dimensões da alienação do homem. Ele é *spoliatus supernaturalibus* e *vulneratus naturalibus*, dizem eles: é despojado do brilho da graça sobrenatural que lhe fora dada e ferido na sua natureza. Ora, isto é alegoria, que certamente vai além do sentido literal da palavra, mas em todo caso uma tentativa de precisar a dupla ferida que pesa na história da humanidade.

A estrada de Jerusalém para Jericó aparece como a imagem da história do mundo; o quase morto que jaz ao lado da estrada é a imagem da humanidade. Sacerdotes e levitas passam ao lado: apenas do que é próprio da história, das suas culturas e religiões não vem salvação nenhuma. Se o assaltado é a imagem do homem como tal, então o samaritano só pode ser a imagem de Jesus Cristo. O próprio Deus, que para nós é o estranho e o distante, abriu-se, para assumir em si a sua criatura ferida. Deus, o distante, fez-se próximo em Jesus Cristo. Ele derrama azeite e vinho nas nossas feridas, em que pode ver-se uma imagem do dom santificante dos sacramentos, e Ele nos conduz à estalagem, à Igreja, onde nos manda tratar e também deixa o dinheiro para os custos do tratamento.

Cada um dos passos da alegoria, que variam segundo os Padres, podemos deixar tranquilamente à parte. Mas a grande visão – de que o homem jaz alienado e sem ajuda na estrada da história e de que o próprio Deus em Jesus Cristo se fez seu próximo –, esta devemos reter tranquilamente como uma profunda dimensão da parábola que nos diz respeito. De fato, o intenso imperativo que se encontra na parábola não será assim amortecido, mas sim levado à sua total grandeza. Só assim o grande tema do amor, que constitui o ponto autêntico do texto, alcança toda a sua extensão. Pois só assim percebemos que todos precisamos do amor de Deus, que se oferece e que redime, de modo que também nós possamos tornar-nos capazes de amar. Percebemos que precisamos sempre de Deus, que se fez nosso próximo, para que possamos também ser próximos.

Ambas as figuras dizem, portanto, respeito a cada homem: cada um está "alienado", precisamente também alienado do amor (que é a essência do "brilho sobrenatural" do qual fomos roubados); cada um deve ser antes de mais nada curado e agraciado. Mas cada um deve também se tornar samaritano – seguir Cristo e tornar-se como Ele. Só assim é que vivemos corretamente. Então vivemos corretamente, se formos semelhantes àquele que primeiro nos amou (1 Jo 4,19).

A parábola dos dois irmãos (o filho pródigo e o que ficou em casa) e do pai bondoso (Lc 15,11-32)
Esta, que é talvez a mais bela parábola de Jesus, é conhecida com o nome de "parábola do filho pródigo". De fato, a figura do filho perdido é tão impressionantemente descrita, e o seu destino, tanto no bem como no mal, vai tão diretamente ao coração, que ela deve aparecer como o centro autêntico do texto. A parábola, porém, tem na realidade três personagens principais. J. Jeremias e outros propuseram que seria melhor designá-la como a parábola do Pai bondoso – Ele seria o autêntico centro do texto.

P. Grelot, por sua vez, chamou a atenção para a figura do segundo irmão como totalmente essencial e, a partir disso, era da opinião – com razão, parece-me – de que a designação mais adequada seria "a parábola dos dois irmãos". Isso resulta, em primeiro lugar, da situação à qual a parábola responde. Ela é em S. Lucas assim representada: "Todos os publicanos e pecadores vinham ter com Ele, para O escutarem. Os fariseus e os escribas irritaram-se e disseram: Ele se dá com os pecadores e até come com eles" (Lc 15,1s). Encontramos aqui dois grupos, dois "irmãos": publicanos e pecadores; fariseus e escribas. Jesus responde-lhes com três parábolas: com a das 99 ovelhas que ficaram em casa e a ovelha perdida; com a parábola da dracma perdida; e, finalmente, acrescenta outra e diz "um homem tinha dois filhos" (Lc 15,11). Trata-se, portanto, dos dois.

Com isto, o Senhor agarra uma tradição muito antiga: a temática dos dois irmãos percorre todo o Antigo Testamento, a começar com Caim e Abel, passando por Ismael e Isaac, até Esaú e Jacó, e espelha-se de um outro modo de novo na relação dos 11 filhos de Jacó no que se refere a José. Na história das eleições domina uma notável dialética entre os dois irmãos, que permanece no Antigo Testamento como uma questão aberta. Jesus retomou essa temática numa nova hora da ação de Deus na história e imprimiu-lhe um novo rumo. Em S. Mateus encontra-se um texto semelhante à nossa parábola dos dois irmãos: um declara que quer fazer a vontade do pai, mas não a realiza; o outro diz não à vontade do pai, mas depois se arrepende e realiza aquilo de que tinha sido encarregado (Mt 21,28-32). Também aqui se trata da relação dos pecadores e dos fariseus; também aqui o texto, em última instância, apela a um novo sim para o chamado de Deus.

Mas procuremos então agora seguir a parábola passo a passo. Lá está, em primeiro lugar, a figura do filho pródigo, mas logo no princípio vemos também a grandeza do coração do pai. Ele atende ao desejo do filho mais novo pela sua parte da riqueza e divide a herança. Dá ao filho a liberdade. Ele pode imaginar o que o filho mais novo vai fazer, mas deixa-lhe o caminho livre.

O filho vai "para uma terra distante". Os Padres da Igreja viram aqui principalmente o interior alheamento do mundo do pai – o mundo de Deus, a ruptura interior da relação, a extensão do afastamento do que é próprio e do que é autêntico. O filho esbanja a sua herança. Ele quer simplesmente gozar. Quer saborear a vida até o extremo, ter, segundo seu pensamento, "uma vida em plenitude". Não quer estar submetido a mais nenhum mandamento, a mais nenhuma autoridade: ele procura a radical liberdade; quer apenas viver para si mesmo; sente-se totalmente autônomo.

É difícil para nós ver aqui também o espírito da moderna rebelião contra Deus e contra a sua lei? O abandono de tudo o que até agora se tinha alcançado e a caminhada para uma liberdade sem limites? A palavra grega que está na parábola para a fortuna esbanjada significa, na linguagem da filosofia grega, "essência". O pródigo esbanja a "sua essência", a si mesmo.

No fim, está tudo gasto. Então, aquele que se tornara totalmente livre torna-se agora escravo: guardador de porcos, que seria feliz se recebesse o comer dos porcos como alimento. O homem que entende a liberdade como radical arbitrariedade da própria vontade e do próprio caminho vive na mentira, pois o homem, por essência, faz parte de um convívio, a sua liberdade é uma liberdade compartilhada; a sua essência traz em si mesma instrução e norma, e assim a liberdade seria esta interior unidade. Por isso, uma falsa autonomia conduz à escravatura: a história mostrou isso claramente. Para os judeus, o porco é um animal impuro – servir aos porcos é então a expressão da extrema alienação e da extrema miséria do homem. O totalmente livre tornou-se um escravo miserável.

Neste momento, ocorre a "mudança". O pródigo percebe que está perdido. Que na casa de seu pai é que era livre e que os servos do seu pai são mais livres do que ele, que tinha julgado ser totalmente livre quando tomou sua herança e partiu. "Entrou em si mesmo", diz o Evangelho (Lc 15,17); e aparece aqui como uma palavra vinda de uma terra distante o pensamento filosófico dos Padres da Igreja: longe de casa, vivendo longe da sua origem, este homem tinha também se afastado de si mesmo. Ele vivia longe da verdade da sua existência.

A sua mudança, a sua "conversão", consiste em que ele reconhece, concebe-se como alienado, que realmente foi "para o estrangeiro" e que agora regressa a si mesmo. E em si mesmo ele encontra a indicação do caminho para o pai, para a verdadeira liberdade de um "filho". As palavras que ele preparou para o seu regresso permitem-nos reconhecer a peregrinação interior que ele então atravessa. Ela é um estar a caminho da existência, que agora, atravessando todos os desertos, se dirige para casa, para si mesmo. Com esta explicação "existencial" do caminho de casa, os Padres da Igreja explicam-nos também o que é "conversão", que dores e que interiores purificações envolve, e devemos dizer tranquilamente que, assim, eles compreenderam corretamente a essência da parábola e, assim, nos ajudam a reconhecer a sua atualidade.

O pai "vê o filho de longe" e vai ao seu encontro. Ele ouve a confissão do filho e vê assim o caminho interior que o filho percorreu, vê que ele encontrou o caminho da verdadeira liberdade. Por isso, o pai não o deixa acabar de falar, abraça-o e beija-o e manda preparar um grande banquete de alegria. É alegria porque o filho, que já "estava morto" (Lc 15,32) quando partiu com a sua fortuna e que agora vive, ressuscitou; estava perdido e "foi de novo encontrado".

Os Padres da Igreja colocaram todo o seu amor na explicação desta cena. O filho perdido torna-se para eles a imagem do homem em si, de "Adão", que somos todos – daquele Adão, de quem Deus foi ao encontro e que agora acolheu de novo na sua casa. Na parábola, o pai encarrega os criados de trazerem depressa "o melhor vestido". Para os Padres da Igreja, este "melhor vestido" é a referência ao vestido perdido da graça, com o qual o homem tinha sido vestido no princípio e que tinha perdido no pecado. Agora lhe é oferecido de novo esse "melhor vestido" – o vestido do filho. Na festa, que é então organizada, eles veem uma imagem da festa da fé, da eucaristia festiva, na qual é antecipada a eterna refeição festiva. Literalmente, segundo o texto grego, o primeiro irmão, ao regressar para casa, ouve "sinfonias e coros" – de novo para os Padres uma imagem para a sinfonia da fé, que transforma o ser cristão em alegria e em festa.

Mas o essencial do texto não está certamente neste pormenor; o essencial é agora claramente a figura do pai. É porventura compreensível? Pode e deve um pai agir assim? P. Grelot chamou a atenção para o fato de que Jesus aqui fala totalmente com base no Antigo Testamento: o modelo desta visão de Deus, do Pai, encontra-se em Oseias (cf. 11,1--9). Fala-se, em primeiro lugar, da eleição de Israel e da sua traição: "O meu povo persiste na infidelidade; clamam por Baal, mas ele não os ajuda" (Os 11,2); "Mas Deus vê também como este povo está destroçado, como a espada brame nas suas cidades" (Os 11,6). E acontece exatamente o que é descrito na nossa parábola: "Como é que eu poderia abandonar-te, Efraim, como é que eu poderia entregar-te, Israel?... O meu coração volta-se contra mim. A minha compaixão inflama-me. Não posso executar a minha ardente ira, e não posso aniquilar outra vez Efraim. Porque eu sou Deus, não um homem, o santo no meio de ti..." (Os 11,8s). É porque Deus é Deus, o santo, que Ele age assim, como nenhum homem poderia agir. Deus tem um coração, e este coração volta-se, por assim dizer, contra Ele mesmo: encontramos aqui no profeta, como no Evangelho, a palavra de "compaixão", expressa com a imagem do corpo materno. O coração de Deus transforma a ira e muda o castigo em perdão.

Para os cristãos, levanta-se agora a questão: em que ponto se encaixa aqui Jesus Cristo? Na parábola somente aparece o Pai. Falta a cristologia na parábola? Sto. Agostinho tentou acrescentar a cristologia quando se diz que o pai abraçou o filho (Lc 15,20). "O braço do Pai é o Filho", diz. E aqui ele teria podido basear-se em Sto. Irineu, que caracteriza o Filho e o Espírito como as duas mãos do Pai. "O braço do Pai é o Filho", quando Ele coloca esse braço nos nossos ombros como o "seu doce jugo"; então, não é nenhum peso nos carregar, mas sim um gesto de amorosa aceitação. O "jugo" deste braço não é peso, que nós devamos carregar, mas oferta do amor, que nos leva e que nos torna a nós mesmos filhos. Esta é uma lindíssima explicação, mas mesmo assim "alegoria", que claramente vai além do texto.

P. Grelot encontrou uma interpretação mais condizente com o texto e que conduz a uma profundidade ainda maior. Ele chama a atenção para o fato de que Jesus, com as anteriores parábolas, justifica com o comportamento do pai a Sua própria bondade a respeito dos pecadores, a sua aceitação dos pecadores. Jesus torna-se assim "com o seu comportamento a revelação mesma daquele que Ele chamou de Pai". O olhar para o contexto histórico da parábola mostra por si mesmo uma cristologia implícita. "A sua paixão e a sua ressurreição fortalecem ainda mais este aspecto: como Deus mostrou o seu amor misericordioso para com os pecadores? Porque Ele 'morreu por nós quando ainda éramos pecadores'" (Rm 5,8). "Jesus não pode entrar no campo narrativo da parábola, porque Ele vive na identificação com o Pai celeste, refere o seu comportamento ao do Pai. O Cristo ressuscitado permanece hoje, neste ponto, na mesma situação que Jesus de Nazaré durante o tempo do seu serviço terreno" (p. 228s). Na realidade: Jesus justifica nesta parábola o seu comportamento à medida que o reconduz ao do Pai, que o identifica com Ele: deste modo, por meio da figura do Pai, Cristo está na parábola como a concreta realização da ação paterna.

Agora entra em ação o filho mais velho. Ele regressa à casa vindo do trabalho no campo, ouve a festa em casa, informa-se acerca da causa da festa e fica muito zangado. Ele não pode simplesmente achar justo que a este vadio que dissipou com prostitutas toda a sua fortuna – o bem do Pai –, agora, sem prova nem tempo de penitência, imediatamente e com brilhante esplendor, lhe seja oferecida uma festa. Isso contradiz o seu sentido de justiça: uma vida de trabalho, que ele passou, parece sem importância perante o indecente passado do outro. Fica cheio de amargura: "Há tantos anos que te sirvo e nunca transgredi um sequer dos teus mandamentos", diz para o pai, "e nunca me deste nem sequer um cabrito para fazer uma festa com os meus amigos" (Lc 15,29). Também com ele foi ter o pai, e agora lhe fala cheio de bondade. O irmão mais velho não sabe nada a respeito da mudança interior e das peregrinações do outro, do caminho para o longínquo afastamento, da sua ruína e do seu reencontrar-se. Ele só vê a injustiça. E aqui se mostra talvez que também o mais velho, mesmo que em silêncio, teria sonhado com uma liberdade sem limites, que ele interiormente se tornou amargo na sua obediência e não conhece a graça do que significa estar em casa, da verdadeira liberdade, que ele como filho tem. "Meu Filho, tu estás sempre comigo", diz-lhe o pai, "tudo o que é meu é também teu" (Lc 15,31). Ele lhe explica assim a grandeza de ser filho. São as mesmas palavras com as quais Jesus, na oração sacerdotal, descreve a sua relação com o Pai: "Tudo o que é meu é teu e o que é teu é meu" (Jo 17,10).

A parábola interrompe-se aqui; nada nos diz sobre a reação do filho mais velho. Mas também não pode continuar, porque neste momento a parábola transita imediatamente para a realidade: com estas palavras do pai, Jesus fala ao coração dos fariseus e dos escribas que murmuravam, que se irritavam por causa da bondade de Jesus para com os pecadores (Lc 15,2). Fica então totalmente claro que Jesus identifica na parábola a Sua bondade para com os pecadores com a bondade do pai e que todas as palavras colocadas na boca do pai Ele mesmo as diz aos piedosos. A parábola não explica nenhuma realidade distante, mas trata daquilo que agora acontece através d'Ele. Ele procura conquistar o coração dos seus adversários. Ele os convida a entrarem e a se alegrarem nesta hora do regresso à casa e da reconciliação. Estas palavras permanecem como um implorante convite a se manterem no Evangelho. S. Paulo aceita este implorante convite quando escreve: "Pedimo-vos em vez de Cristo: reconciliai-vos com Deus!" (2 Cor 5,20).

A parábola situa-se, assim, de um modo muito realista, no ponto histórico em que Jesus a expôs; mas ao mesmo tempo ela vai além do momento histórico, pois o convite de Deus continua presente. Mas a quem Ele se dirige agora? Os Padres da Igreja referiram de um modo muito geral o tema dos dois irmãos à relação entre judeus e pagãos. Não foi muito difícil para eles reconhecer, no filho depravado que se afastou para longe de Deus e de si mesmo, o mundo do paganismo, ao qual agora Jesus abriu as portas da graça para a comunhão com Deus e para os quais Ele agora faz a festa do seu amor. Também não foi difícil para eles reconhecer no filho que ficou em casa o povo de Israel, o qual, com direito, podia dizer de si mesmo: "Há tantos anos que te sirvo e nunca transgredi nem sequer um dos teus mandamentos" (a tradução alemã suaviza um pouco esta declaração: "Nunca agi contra a tua vontade"). Precisamente da fidelidade à *Tora* aparece a fidelidade de Israel e também a sua imagem de Deus.

 A explicação aplicada aos judeus não é injustificada, se assim a deixarmos ficar como a encontramos no texto: como aberta palavra de Deus dirigida a Israel, que está totalmente nas mãos de Deus. Mas observemos que o pai da parábola não só não contesta a fidelidade do irmão mais velho, como também expressamente confirma a sua filiação: meu filho, estás sempre comigo, e tudo o que é meu é teu. Portanto, será falsa a explicação, se dela se fizer uma condenação dos judeus, da qual não se diz nada no texto.

Se podemos considerar a explicação da parábola dos dois irmãos referida a Israel e aos pagãos como uma dimensão do texto, a verdade é que permanecem possíveis outras dimensões. Em Jesus, o que se diz do irmão mais velho destina-se não apenas a Israel (os pecadores que se dirigiam a Ele também eram judeus), mas sim a um perigo específico dos piedosos, daqueles que estão *en règle* com Deus, que estão em regra, como P. Grelot se expressa (p. 229). Grelot salienta a pequena frase: "Nunca transgredi nem um sequer dos teus mandamentos". Deus é para eles sobretudo lei; eles se veem numa relação jurídica com Deus e assim estão em ordem com Ele. Mas Deus é maior: eles devem converter-se do Deus-lei para o Deus maior, para o Deus do amor. Então eles não abandonarão a obediência, mas ela virá de uma fonte mais profunda e por isso maior, mais aberta e mais pura, mas sobretudo também mais humilde.

 Acrescentemos com um ponto de vista mais amplo o que antes já fora recordado: na amargura da bondade perante a bondade de Deus, torna-se evidente uma amargura mais interior da obediência cumprida, que anuncia os limites dessa obediência; interiormente eles mesmos teriam também partido para a grande liberdade. Existe uma silenciosa inveja por aquilo que o outro pôde permitir-se. Eles não atravessaram a peregrinação que purificou o mais novo e lhe permitiu reconhecer o que significa a liberdade, o que significa ser filho. Eles transportam a sua liberdade propriamente como servidão e não amadureceram para a verdadeira filiação. Também eles precisam ainda de um caminho; só o conseguem encontrar se derem simplesmente a Deus o direito de assumir a sua festa como a deles. Então, com a parábola, é Deus que por meio de Cristo fala conosco, nós, que permanecemos em casa, para que também nos convertamos verdadeiramente e estejamos alegres por causa da nossa fé.

A parábola do louco rico e do Lázaro pobre (Lc 16,19-31)

Também nesta história se encontram diante de nós duas figuras contrastantes entre si: o rico, que se regala no seu bem-estar, e o pobre, que nem sequer pode apanhar as migalhas que os ricos dissipados atiram da mesa – segundo os costumes de então, pedaços de pão com os quais purificavam as mãos e que depois atiravam para fora. Os Padres da Igreja classificaram em parte também essa parábola segundo o esquema dos dois irmãos e aplicaram-na à relação de Israel (o rico) e da Igreja (o pobre Lázaro); mas, assim, perderam a outra grande tipologia de que aqui se trata. Isso é mostrado já pelos diferentes pontos de partida. Enquanto o texto dos dois irmãos permanece aberto, termina como questão e como convite, aqui o fim irrevogável de um e do outro é já descrito.

Como pano de fundo, que nos abre a compreensão desta narrativa, devemos considerar uma série de salmos, nos quais o lamento do pobre sobe até Deus, que vive na fé em Deus e na obediência aos seus mandamentos, mas que só experimenta infelicidade, enquanto os cínicos, que desprezam Deus, caminham de sucesso em sucesso e saboreiam toda a felicidade da terra. Lázaro pertence aos pobres, cuja voz escutamos, por exemplo, no Salmo 44: "Tu fizeste-nos escárnio dos povos; os pagãos só nos mostram desprezo... Por tua causa seremos mortos, dia após dia, tratados como ovelhas destinadas ao matadouro" (Sl 44,15-23; cf Rm 8,36). A primitiva sabedoria de Israel tinha partido do princípio de que Deus recompensa o justo e castiga o pecador; portanto, que ao pecado corresponde infelicidade e à justiça a felicidade. Pelo menos desde o exílio esta sabedoria tinha caído em crise. Não foi só o povo de Israel como povo que tinha sofrido mais do que os seus vizinhos, levado ao exílio e oprimido; mesmo no domínio privado mostrou-se sempre mais que o cinismo compensa e que o justo deverá sofrer neste mundo. Nos salmos e na literatura sapiencial posterior vemos o esforço contra esta contradição, uma nova tentativa de se tornar "sábio" – de compreender corretamente a vida, de encontrar de novo e de conceber Deus, que aparentemente é injusto ou absolutamente ausente.

Um dos textos mais impressionantes deste esforço, o Salmo 73, pode ser considerado em certo sentido o fundo espiritual da nossa parábola. Vemos lá a figura do libertino rico formalmente perante nós, acerca do qual o orante – Lázaro – se queixa: "Eu tive inveja dos fanfarrões, ao ver que tudo corre bem aos malfeitores. Eles não sofrem nenhuma aflição, o seu corpo está sadio e bem alimentado. Não conhecem a fadiga dos mortais e por isso a altivez é o seu colar... A maldade sai-lhes do coração embotado, a transbordar de presunção... Com a sua boca apontam o céu... Por isso as gentes voltam-se para eles e bebem com avidez das suas águas. Dizem: que sabe Deus disto? Como pode o Altíssimo saber isto?" (Sl 73(72),3-11).

O justo sofredor, que vê tudo isso, está em perigo de se perder na sua fé. Deus não vê nada realmente? Não ouve? Não se preocupa com o destino do homem? "Foi então para nada que conservei um coração puro?... Sou provado a cada hora e molestado continuamente. O meu coração lastimava-se" (Sl 73,13s.21). A mudança vem quando o justo sofredor contempla Deus no santuário e, ao contemplá-lo, a sua perspectiva se amplia. Agora ele vê que a aparente esperteza do cínico com sucesso, vista à luz, é loucura: esta espécie de sabedoria significa "ser louco e sem entendimento, como uma rês" (Sl 73,22). Ele permanece na perspectiva dos animais e perde a perspectiva do homem, que está além do que é material: para Deus e para a vida eterna.

Podemos recordar neste momento outro salmo, no qual um perseguido diz ao final: "Enche tranquilo o seu corpo com bens; os seus filhos serão saciados... Eu porém quero na justiça contemplar o teu rosto; ver-me saciado na tua figura, ao levantar-me" (Sl 17(16),14s). Duas espécies de saciedade encontram-se aqui frente a frente: a saciedade com os bens materiais e, ao ser saciado com a contemplação da "tua figura", a saciedade do coração por meio do encontro com o amor infinito. "Quando eu acordo": isto remete para o acordar para a nova vida, para a vida eterna, mas fala também do "acordar" profundo neste mundo, o estar acordado para a verdade, que já oferece ao homem uma nova saciedade.

Deste estar acordado na oração fala o Salmo 73. Pois agora o orante vê que a tão invejada felicidade do cínico é apenas "como um sonho, que esmorece ao acordar, cuja imagem se esquece, quando se levanta" (Sl 73(72),20). E agora o orante conhece a verdadeira felicidade: "Eu, porém, permaneço sempre junto de ti, tu seguras-me pela minha mão direita... Que é que eu tenho no céu fora de ti? Junto de ti nada me agrada na terra... Estar perto de Deus é a minha felicidade..." (Sl 73(72),23.25.28). Isto não é consolação para o além, mas estar desperto para a verdadeira grandeza do ser humano, à qual pertence também a vocação para a vida eterna.

Só aparentemente é que nos afastamos da nossa parábola. Na realidade, o Senhor quer com esta história justamente nos introduzir no processo do "despertar", que está sedimentado nos salmos. Não se trata aqui de uma condenação barata da riqueza ou dos ricos nascida da inveja. Nos salmos, como brevemente consideramos, é vencida toda a inveja: ao orante torna-se precisamente evidente que a inveja desta espécie de riqueza é insensata, porque ele mesmo conheceu o verdadeiro bem. Depois da crucificação de Jesus, encontramos dois homens que vivem bem – Nicodemos e José de Arimateia –, que encontraram o Senhor e que estavam "despertos". O Senhor quer conduzir-nos de uma esperteza insensata para a verdadeira sabedoria, ensinar-nos a conhecer o verdadeiro bem. E assim devemos, mesmo isso não estando no texto, dizer, a partir dos salmos, que o libertino rico era já neste mundo um homem de coração vazio, que queria na sua devassidão apenas abafar o vazio, que já constava no aquém. Naturalmente esta parábola, à medida que nos desperta, é ao mesmo tempo um apelo para o amor e para a responsabilidade que precisamos agora ter para com os nossos irmãos pobres, quer no plano da sociedade mundial quer na pequenez do nosso cotidiano.

Na representação do além que se segue na parábola, Jesus detém-se nas representações que se encontravam no judaísmo do seu tempo. Sendo assim, não se deve forçar esta parte do texto: Jesus toma os elementos das imagens disponíveis, sem formalmente as elevar à sua doutrina sobre o além. Ele afirma claramente a substância das imagens. Sendo assim, não é sem importância que Jesus agarre nas representações do estado intermediário entre a morte e a ressurreição, que entretanto se tinham tornado patrimônio comum da fé judaica. O rico encontra-se no Hades como um lugar provisório, não na "Gehenna" (inferno), que é o nome do estado definitivo (Jeremias, *Gleichnisse*, p. 152). Jesus não conhece uma "ressurreição na morte". Mas isto, como disse, não é a autêntica doutrina que o Senhor nos quer ensinar nessa parábola. Trata-se antes, como J. Jeremias apresentou de modo convincente, num segundo ponto culminante da parábola, da exigência de sinais.

    O homem rico diz do Hades a Abraão, o que muitos homens de hoje dizem ou gostariam de dizer a Deus: se quiseres que acreditemos e que organizemos a nossa vida segundo a palavra da revelação da Bíblia, então deves ser mais claro. Manda-nos alguém do além, que nos possa dizer que de fato assim é realmente. O problema da exigência de sinais, da exigência de uma maior evidência da revelação, percorre todo o Evangelho. A resposta de Abraão, bem como a resposta de Jesus, à exigência de sinais dos seus contemporâneos fora do mistério é clara: quem não acredita na palavra da Escritura também não acreditará em alguém que venha do além. As mais elevadas verdades não podem ser forçadas à mesma evidência empírica própria das coisas materiais.

Abraão não pode mandar Lázaro à casa paterna do homem rico. Mas aqui algo nos chama a atenção. Pensamos na ressurreição de Lázaro de Betânia, a qual nos relata o Evangelho de S. João. O que acontece? "Muitos judeus acreditaram n'Ele", explica-nos o evangelista. Eles vão ter com os fariseus e relatam o que aconteceu, e depois reúnem o sinédrio para deliberar. Ali as coisas são vistas do ponto de vista político: um movimento assim surgido entre o povo podia levar os romanos a entrar em ação e provocar uma situação perigosa. Por isso decidiram matar Jesus: o milagre não conduz à fé, mas sim ao endurecimento (Jo 11,45-53).

Mas os nossos pensamentos vão mais longe. Não reconhecemos por trás da figura de Lázaro, que, coberto de feridas, jaz diante da porta do homem rico, o mistério de Jesus, que "sofreu fora dos muros da cidade" (Hb 13,12) e que foi estendido nu sobre a cruz, exposto ao escárnio e ao desprezo, o seu corpo "cheio de sangue e de feridas": "Eu, porém, sou um verme, não um homem, escárnio da multidão, desprezado pelo povo" (Sl 22,7).

Este verdadeiro Lázaro *ressuscitou* – Ele veio para nos dizer isso. Se virmos na história de Lázaro a resposta de Jesus à exigência de sinais da sua geração, então nos encontramos em harmonia com a resposta central que Jesus deu a esta exigência. Em S. Mateus diz assim: "Esta geração má e perversa exige um sinal. Mas nenhum sinal lhe será dado exceto o sinal do profeta Jonas. Pois, assim como Jonas esteve três dias e três noites no ventre do peixe, assim também o Filho do homem estará três dias e três noites no interior da terra" (Mt 12,39s). Em S. Lucas lemos: "Esta geração é má. Ela exige um sinal; mas nenhum outro sinal lhe será dado exceto o sinal de Jonas. Pois, assim como Jonas foi um sinal para os habitantes de Nínive, assim o será também o Filho do homem para esta geração" (Lc 11,29s).

Não precisamos aqui analisar a diferença dessas duas versões. Uma coisa é clara: o sinal de Deus para os homens é o Filho do homem, é Jesus. E Ele o é profundamente no seu mistério pascal, no mistério da morte e da ressurreição. Ele mesmo é "o sinal de Jonas". Ele, o crucificado e o ressuscitado, é o verdadeiro Lázaro: a parábola, que é mais do que uma parábola, convida-nos a acreditarmos e a seguirmos este grande sinal de Deus. Ela fala da realidade, da realidade mais decisiva da história em absoluto.

CAPÍTULO 8
As grandes imagens de São João

1. Introdução: a questão joanina

Na nossa tentativa de escutar Jesus e de assim O conhecer, mantivemo-nos até agora extensamente no testemunho dos Evangelhos sinópticos (S. Mateus, S. Marcos e S. Lucas) e apenas ocasionalmente lançamos um olhar para o Evangelho de S. João. Por isso, é tempo de voltarmos a nossa atenção para a imagem de Jesus, em muitos aspectos totalmente diferente, que aparece no quarto Evangelho.

A nossa escuta do Jesus dos sinópticos mostrou-nos que o mistério da sua unidade com o Pai está sempre presente e tudo determina, mas permanece no entanto escondido sob a sua humanidade; observavam-no com atenção, por um lado, os seus adversários e, por outro, os discípulos, que estiveram com Jesus enquanto rezava, que interiormente podiam estar perto d'Ele, e que, apesar de todas as dificuldades de compreensão, começaram a conhecer em grandes momentos e de um modo quase imediato este acontecimento inaudito.

Em S. João, a divindade de Jesus aparece claramente. Os seus confrontos com as instâncias judaicas do Templo já descrevem de algum modo o processo de Jesus diante do Grande Conselho, que S. João, ao contrário dos sinópticos, praticamente não menciona.

Esta diferença do Evangelho de S. João – no qual não ouvimos parábolas, mas, em vez delas, grandes discursos simbólicos, e no qual o lugar principal da ação de Jesus é deslocado da Galileia para Jerusalém – fez que a moderna pesquisa crítica negasse ao texto a historicidade (com exceção do relato da Paixão e de alguns episódios) e o considerasse uma reconstrução teológica posterior. O Evangelho de S. João nos transmite o estado de uma cristologia bastante desenvolvida, mas nenhuma fonte para podermos modelar o conhecimento do Jesus histórico. A radical datação tardia do referido Evangelho que se tentou aplicar teve de ser abandonada, porque as descobertas de papiros do Egito, que devem ser datados do início do século II, mostraram que o Evangelho de S. João deve ter surgido ainda no século I, mesmo que no final; no entanto, isso não foi o bastante para que se rediscutisse a renúncia ao caráter histórico deste Evangelho.

Para a interpretação do Evangelho de S. João foi muito influente, na primeira metade do século XX, o comentário de Rudolf Bultmann sobre o discípulo feito na sua primeira edição, em 1941. Para ele, é certo que as tendências determinantes do Evangelho de S. João não devem ser procuradas nem no Antigo Testamento nem no judaísmo do tempo de Jesus, mas sim na gnose. Característica é a frase: "Entretanto, não foi o pensamento da encarnação do redentor que do cristianismo penetrou na gnose, mas é originariamente gnóstico; ele foi muito cedo assumido pelo cristianismo e feito muito fecundo para a cristologia" (*Das Evangelium des Johannes*, p. 10s). Do mesmo modo: "O *logos* absoluto só pode ter a sua origem na gnose" (RGG³ III 846).

O leitor se pergunta: de onde Bultmann tirou tal conclusão? A resposta de Bultmann é espantosa: "Mesmo se o conjunto desta visão for no essencial reconstruído a partir de fontes que são mais recentes do que João, permanece mesmo assim inquestionável a sua maior antiguidade" (*Das Evangelium des Johannes*, p. 11). Neste ponto decisivo, Bultmann engana-se. Na sua lição inaugural em Tübingen, publicada de modo mais extenso em 1975 com o título *O Filho de Deus*, Martin Hengel caracterizou o "alegado mito da missão do filho de Deus ao mundo" como uma "representação mítica pseudocientífica" e a propósito provou: "Na realidade não há nas fontes nenhum mito do redentor gnóstico que seja demonstrável cronologicamente anterior ao cristianismo" (p. 53s). "A própria gnose aparece como movimento espiritual não antes do fim do século I depois de Cristo e desenvolve-se plenamente só no século II" (p. 54s).

A pesquisa sobre o Evangelho de S. João sofreu uma radical virada na geração posterior a Bultmann, cujo resultado é possível encontrar-se apresentado e radicalmente discutido no livro de Hengel *A questão joanina* (1993). Se nós hoje, a partir do estado atual da pesquisa, lançamos um olhar retrospectivo para a interpretação de S. João feita por Bultmann, torna-se de novo evidente que mesmo a elevada cientificidade não se pode proteger de erros profundos. Mas o que nos diz a pesquisa atual?

Bem, ela finalmente fortaleceu e desenvolveu o que no essencial Bultmann também já sabia: que o quarto Evangelho se baseia em informações extraordinariamente precisas sobre lugares e tempos, que, portanto, só podem ter origem em alguém que conhecia realmente muito bem a Palestina do tempo de Jesus. Além disso, tornou-se evidente que o Evangelho pensa e argumenta totalmente a partir do Antigo Testamento – isto é, da *Tora* (R. Pesch), e que, em toda a sua forma de argumentação, mergulha profundamente as suas raízes no judaísmo do tempo de Jesus. A linguagem do Evangelho, que Bultmann considerava "gnóstica", mostra de modo inconfundível esta interior residência do livro. "A obra está escrita em coinê simples, não literário nem saturado pela linguagem da piedade judaica, tal como era também falado pela camada média e alta em Jerusalém…, mas em que também se lia, rezava e discutia a Escritura na 'língua sagrada'" (Hengel, p. 286).

Hengel chama também a atenção para o fato de que "no tempo de Herodes se formou em Jerusalém uma autêntica classe alta judaica mais ou menos helenizada com uma cultura especial" (p. 287) e vê relacionada a isso a origem do Evangelho na aristocracia sacerdotal de Jerusalém (p. 306-313). Pode-se confirmar tal relação na pequena notícia que encontramos em João, capítulo 18, versículos 15 e 16. Aí se conta que Jesus, depois de ser preso, foi levado aos sumo sacerdotes para ser interrogado, e entretanto Simão Pedro "e um outro discípulo" seguiram Jesus, para ver o que iria acontecer. Acerca do "outro discípulo" diz-se então: "Este discípulo era conhecido do Sumo Sacerdote e entrou com Jesus no átrio do palácio do Sumo Sacerdote". Os seus conhecimentos na casa do Sumo Sacerdote eram de tal natureza que lhe foi possível conseguir a entrada de Pedro, do que resultou a situação que levou à negação. O círculo dos discípulos alargava-se, portanto, até a aristocracia sumo sacerdotal, em cuja língua o Evangelho extensamente fala.

Chegamos assim à segunda e decisiva questão de que em última instância se trata na questão joanina: quem é o autor deste Evangelho? Como se situa a sua credibilidade histórica? Procuremos aproximar-nos da primeira questão. O próprio Evangelho durante a história da paixão dá a este respeito uma clara informação. Relata-se que um soldado perfurou o lado de Jesus com uma lança, "e imediatamente saiu sangue e água". Seguem depois as importantes palavras: "E aquele que viu isto é que o testemunhou e o seu testemunho é verdadeiro. E ele sabe que diz a verdade, para que também vós acrediteis" (Jo 19,35). O Evangelho reporta-se a uma testemunha ocular, e é claro que essa testemunha ocular é precisamente o discípulo do qual antes se diz que estava de pé ao lado da cruz e que era o discípulo que Jesus amava (Jo 19,26). Em João, capítulo 21, versículo 24, este discípulo é outra vez designado como o autor do Evangelho. Encontramos de novo a sua figura em João, capítulo 13, versículo 23, capítulo 20, versículos de 2 a 10, e capítulo 21, versículo 7, e ainda talvez em João, capítulo 1, versículos 35, 40, e capítulo 18, versículos 15 e 16.

Estas afirmações sobre a origem exterior do Evangelho são aprofundadas na história do lava-pés no sentido da sua fonte interior. Ali é dito deste discípulo que, durante a refeição, tinha o seu lugar ao lado de Jesus e, por ocasião da pergunta a respeito do traidor, se "reclinou sobre o peito de Jesus" (Jo 13,25). Esta palavra está formulada em consciente paralelo com o fim do prólogo de S. João, no qual se diz a respeito de Jesus: "Ninguém jamais viu a Deus. O único, que é Deus e que repousa no coração do Pai é que O deu a conhecer" (Jo 1,18). Assim como Jesus, o Filho, a partir do seu repouso no coração do Pai conhece o seu mistério, assim também o evangelista foi a partir do coração de Jesus, do seu interior repousado nele que adquiriu o seu conhecimento.

Mas quem é então este discípulo? O Evangelho não o identifica diretamente com o nome. Na ligação com Pedro, bem como com outras vocações de discípulos, ele conduz para a figura de João, o filho de Zebedeu, mas não faz claramente essa identificação. Ele deixa evidentemente e de um modo bem consciente a questão envolvida em mistério. O Apocalipse (Ap 1,1.4) designa, todavia, expressamente João como o seu autor; no entanto, apesar da relação próxima entre o Apocalipse e o Evangelho e com as epístolas, a questão fica em aberto, se o autor é um só e o mesmo.

O exegeta evangélico Ulrich Wilckens, na sua abrangente teologia do Novo Testamento, desenvolveu recentemente a tese segundo a qual o "discípulo predileto" não deve ser considerado uma figura histórica, e sim fundamentalmente uma figura baseada em uma estrutura da fé: "'Só a Escritura' não existe sem a 'voz viva' do Evangelho e este também não sem o testemunho pessoal de um cristão na função e na autoridade do 'discípulo predileto', no qual ministério e espírito se ligam e se condicionam mutuamente" (I 4, p. 158). Por mais correta que esta estrutura seja, permanece no entanto insuficiente. Se o discípulo amado no Evangelho assume expressamente a função de testemunha para a verdade do acontecimento, então ele se apresenta como uma pessoa viva: ele quer como testemunha responder por um acontecimento histórico e reivindica portanto a qualidade de uma figura histórica, pois, de outro modo, estas frases, que determinam o objeto e a qualidade de todo o Evangelho, seriam de todo esvaziadas de sentido.

Desde Sto. Irineu de Lião (c. 202), a tradição eclesial considera unanimemente João, o Zebedeu, como o discípulo predileto e o autor do Evangelho. Isso está de acordo com os indícios de identificação que se encontram no Evangelho, que nos apontam em todo o caso para um apóstolo e companheiro de Jesus desde o batismo no Jordão até a Última Ceia, desde a cruz até a ressurreição.

Na modernidade, porém, foram apresentadas dúvidas sempre mais fortes contra essa identificação. Pode ter o pescador de Genesaré escrito este elevado Evangelho da contemplação mais profunda do mistério de Deus? Pode ele, galileu e operário, ter estado tão profundamente ligado à linguagem da aristocracia sacerdotal de Jerusalém, como o evangelista realmente está? Pode ele ter sido parente da família do Sumo Sacerdote, como o texto insinua? (Jo 18,15).

O exegeta francês Henri Cazelles, em ligação com os estudos de J. Colson, J. Winandy e Marie-Emile Boismard, com o seu estudo sobre a sociologia do sacerdócio do Templo antes da sua destruição, mostrou ser inteiramente possível tal identificação. As classes sacerdotais faziam o seu serviço por turnos duas vezes ao ano; cada turno durava uma semana. Depois de terminarem o serviço, os sacerdotes regressavam à sua terra; portanto, não seria nada incomum se Zebedeu não fosse um simples pescador, mas sim que empregasse vários diaristas, razão pela qual era possível que os seus filhos o pudessem deixar. "Então Zebedeu pode muito bem ser um sacerdote e ao mesmo tempo ter também as suas propriedades na Galileia, onde a pesca no mar o ajudava a custear a sua subsistência. Ele tinha talvez apenas uma hospedaria perto ou na parte da cidade de Jerusalém habitada por essênios..." (*Communio* 2002, p. 481). "Mesmo aquela refeição durante a qual este discípulo se reclinou no peito de Jesus, realizou-se naquele lugar que com toda a probabilidade se encontrava na parte da cidade habitada por essênios", na "hospedaria" do sacerdote Zebedeu, o qual "cedeu o quarto superior a Jesus e aos doze" (p. 480s). Neste contexto, é ainda interessante outra indicação no contributo de Cazelles: segundo o costume judeu, o dono da casa ou na sua ausência, como aqui, "o seu filho primogênito sentava-se à direita do hóspede, com a cabeça apoiada no seu peito" (p. 480).

Se então é totalmente possível, no atual estado da pesquisa, ver em João Zebedeu aquela testemunha que solenemente se preocupa com a sua qualidade de testemunha ocular (Jo 19,34) e se identifica assim como o verdadeiro autor do Evangelho, então a complexidade na redação do Evangelho levanta outras questões.

Neste contexto, é importante a informação do historiador da Igreja Eusébio de Cesareia (*c.* 338). Eusébio informa-nos sobre a existência de uma obra em cinco volumes do bispo Papias de Hierápolis, falecido por volta do ano 220, que nela teria mencionado não ter conhecido nem visto o santo apóstolo, mas recebido a doutrina da fé daqueles que teriam estado perto dos apóstolos. Ele fala de outros que tinham sido igualmente discípulos do Senhor e cita os nomes de Aristion e de um presbítero João. Importante agora ele distinguir o apóstolo e evangelista João, por um lado, e o presbítero João, por outro. Não conheceu pessoalmente o primeiro, mas ele mesmo se encontrou com o segundo (III, p. 39).

Esta informação é inteiramente digna de nota; a partir dela e de indícios análogos resulta que em Efésios havia algo como uma escola de João, que se reportava ao discípulo amado de Jesus, na qual, porém, um "presbítero João" gozava de uma determinada autoridade. Este "presbítero" João aparece na segunda e na terceira carta de João (respectivamente 1, 1) como remetente e autor da carta simplesmente sob o título "o presbítero" (sem a informação do nome João). É totalmente claro que não se identifica com o apóstolo, de modo que aqui no texto canônico nos encontramos expressamente com a figura misteriosa do presbítero. Ele deve ter estado intimamente ligado ao apóstolo, talvez tenha mesmo conhecido Jesus. Depois da morte do apóstolo, foi considerado o portador da sua herança; na recordação, ambas as figuras acabaram por confluir uma na outra. Em todo o caso podemos atribuir ao "presbítero João" uma função essencial na formação final do texto do Evangelho, em que ele tinha cada vez mais consciência de ser o procurador fiel da tradição recebida de Zebedeu.

Eu posso convictamente concordar com a conclusão que P. Stuhlmacher tirou dos resultados apresentados. Para ele, "os conteúdos do

Evangelho conduzem ao discípulo que Jesus (especialmente) amou. O presbítero compreendeu-se a si mesmo como o seu transmissor e porta-voz" (II, p. 206). Em sentido semelhante dizem E. Ruckstuhl e P. Dschullnigg: "O autor do Evangelho de João é por assim dizer o administrador da herança do discípulo predileto" (*ibid.*, p. 207).

Com estas verificações já demos um passo decisivo para a questão da credibilidade histórica do quarto Evangelho. Atrás dele há, em última instância, uma testemunha ocular e também a certeza concreta de que a redação aconteceu certamente no círculo vivo dos seus discípulos, através de um discípulo íntimo.
    Pensando nesta direção, escreve P. Stuhlmacher, poderia supor-se "que na escola de João terá sido continuado o estilo de pensar e de ensinar que antes da Páscoa determinou o ensino interno de Jesus com Pedro, Tiago e João (bem como no círculo dos 12 em geral)... Enquanto a tradição sinóptica permite conhecer como os apóstolos e os seus discípulos falaram de Jesus nas instruções missionárias e nas instruções à comunidade eclesial, no círculo joanino, na base e no pressuposto desta instrução, foi prolongada a reflexão e analisado o mistério da revelação da autoabertura de Deus no 'Filho'" (p. 207). Por outro lado, deveria no entanto se dizer que, segundo o próprio texto do Evangelho, encontramos menos instruções internas de Jesus do que a sua discussão com a aristocracia do Templo, na qual direta e antecipadamente se desenrola já o seu processo – a questão "és tu o Cristo, o Filho do Altíssimo" (Mc 14,61) torna-se em diversas formas necessariamente sempre mais o centro de toda a discussão, na qual aparece e deve aparecer por si mesma, e de modo sempre mais dramático, a pretensão filial de Jesus.
    É surpreendente que Hengel, do qual aprendemos tanto sobre o enraizamento histórico do Evangelho na aristocracia sacerdotal de Jerusalém e, portanto, no contexto da vida real de Jesus, no seu diagnóstico sobre o caráter histórico do texto permaneça espantosamente negativo ou – dito de um modo prudente – extremamente cauteloso. Ele diz: "O quarto Evangelho é uma extensa, mas não uma *totalmente*

livre 'poesia de Jesus'... Ceticismo radical leva ao erro aqui tanto como uma confiança ingênua. Por um lado, aquilo que não pode ser provado como histórico também não pode ser tomado como simples ficção, por outro lado, a última palavra para o evangelista (e a sua escola) quem a tem não é a 'histórica', banal recordação do passado, mas sim o Espírito Paráclito que explica e introduz na verdade" (p. 322). Entretanto, levanta-se a questão: o que significa este confronto? O que torna banal a memória histórica? Isso depende da verdade do que se recorda ou não? E em que verdade é que o Paráclito introduz, se Ele desconsidera o histórico como banal?

De modo mais drástico aparece a problemática de tais confrontos no diagnóstico do exegeta católico Ingo Broer: "O Evangelho de João está assim diante dos nossos olhos como uma obra *literária*, que dá testemunho da fé e que quer fortalecer a fé, e não como um relato histórico" (p. 197). De que fé "testemunha", se, por assim dizer, deixou para trás de si a história? Como se fortalece a fé, se se apresenta como testemunho histórico – e isto com grande ênfase – e todavia narra de um modo não histórico? Penso que aqui estamos diante de um falso conceito do que é histórico bem como perante um falso conceito do que é a fé e o Paráclito: uma fé que deixa cair o histórico assim torna-se realmente "gnose". Deixa para trás de si a carne, a encarnação, precisamente a verdadeira história.

Se entendermos por "histórico" que os discursos comunicados de Jesus, por assim dizer, devem ter o caráter da transcrição de uma gravação, para que sejam reconhecidos como autenticamente "históricos", então os discursos do Evangelho de S. João não são "históricos". Mas que eles não tenham elevado à pretensão esta espécie de literalidade, não significa de modo nenhum que sejam por assim dizer poemas de Jesus, que teriam sido esboçados gradualmente no círculo da escola de João, para o que então teria sido necessário ocupar o Paráclito. A autêntica pretensão do Evangelho é ter transmitido corretamente o conteúdo dos discursos, do autotestemunho de Jesus nos grandes confrontos em Jerusalém, de tal modo que o leitor encontre o conteúdo decisivo desta mensagem e nela a figura autêntica de Jesus.

Aproximamo-nos mais da realidade e podemos determinar mais precisamente o tipo especial de historicidade de que se trata no quarto Evangelho, se prestarmos atenção na ordem dos diversos fatores que Hengel considera determinantes para a composição do texto. A este Evangelho pertencem, segundo ele, "a vontade de configuração teológica do autor, a sua recordação pessoal", a tradição eclesial e ao mesmo tempo a realidade histórica, a qual surpreendentemente Hengel diz que o evangelista "alterou", sim, digamos calmamente: "violentou"; finalmente, que "a última palavra" quem a tem não é a "recordação do passado, mas o Paráclito que interpreta e introduz na verdade" (p. 322).

O modo como Hengel dispõe estes cinco elementos ao lado uns dos outros e, numa certa perspectiva, uns contra os outros, não fornece para a sua estrutura nenhum sentido certo. De fato, como o Paráclito deve ter a última palavra, se antes o evangelista violentou a realidade histórica? Como se relacionam uns com os outros estes elementos: a vontade de configuração do evangelista, a sua pregação pessoal e a tradição eclesial? É a vontade de configuração mais determinante do que a recordação, de modo que em seu nome a realidade deve ser violentada? Como é então que esta vontade de configuração se legitima? Como é que se harmoniza com o Paráclito?

Penso que os cinco elementos apresentados por Hengel sejam realmente as forças essenciais que definiram a composição do Evangelho, mas devem ser vistas numa outra ordem interior e, assim, também cada uma em si mesma num outro significado.

Antes de mais nada, os elementos 2 e 4 – recordação pessoal e realidade histórica – estão relacionados um com o outro. Eles formam juntos o que os Padres da Igreja caracterizam como o *factum historicum* que define o "sentido literal" de um texto: o lado exterior do acontecimento, que o evangelista conhece em parte graças à própria recordação, em parte graças à tradição eclesial (sem dúvida ele conhecia os Evangelhos sinópticos numa ou noutra versão). Ele quer falar dos acontecimentos como "testemunha". Ninguém acentuou esta dimensão do realmente acontecido – a "carne" da história – tão fortemente como João: "O que era desde o princípio, o que nós ouvimos, o que vimos com os olhos, o que contemplamos, o que as nossas mãos apalparam, é isso que anunciamos: a palavra da vida. Pois a vida revelou-se; nós vimos e testemunhamos e vos anunciamos a vida eterna, que estava junto do Pai e que nos foi revelada" (1 Jo 1,1s).

Ambos estes fatores – realidade histórica e recordação – conduzem por si mesmos para o 3º e o 5º elementos que Hengel cita: a tradição eclesial e a condução pelo Paráclito. De fato, a própria recordação é no autor do Evangelho por um lado muito pessoalmente acentuada, como nos mostra a palavra no final da cena da crucificação (Jo 19,35); não é, porém, um recordar simplesmente privado, mas um recordar em e com o "nós" da Igreja: "O que *nós* ouvimos, o que com os nossos olhos vimos, o que nós contemplamos, o que as nossas mãos tocaram…". O sujeito do recordar é sempre em S. João o "nós": ele se recorda em e com a comunidade dos discípulos, em e com a Igreja. Quanto mais aparece o autor individualmente como autor, tanto mais o "nós" da comunidade dos discípulos, o "nós" da Igreja é o sujeito da recordação que aqui fala. Porque o ato de recordar, que forma a base do Evangelho, é purificado e aprofundado por meio da inclusão na memória da Igreja: é assim, na realidade, ultrapassada a simples memória banal de fatos.

Em três lugares importantes do seu Evangelho, S. João utiliza a palavra "recordar" e dá-nos assim a chave de compreensão para aquilo que nele significa "memória". No relato sobre a purificação do Templo está a palavra: "Os seus discípulos recordaram-se que está escrito: 'o zelo pela tua casa consuma-me' (Jo 2,17; cf. Sl 69,10). O acontecimento passado desperta a memória para uma palavra da Escritura e torna-se assim compreensível para além da sua facticidade. A memória permite ao sentido do fato aparecer à luz e o fato só deste modo se torna cheio de significado. Ele aparece como um fato, no qual está o *logos*, que tem a sua origem no *logos* e a ele conduz. Mostra-se a relação da ação e do sofrimento de Jesus com a palavra de Deus, e torna-se deste modo compreensível o mistério de Jesus.

No relato sobre a purificação do Templo, segue-se então o anúncio de Jesus de que Ele, em três dias, reconstruiria o Templo destruído. E o evangelista acrescenta: "Depois que Ele ressuscitou dos mortos, os seus discípulos recordaram-se de que Ele tinha dito isto. E eles acreditaram na Escritura e na palavra que Jesus tinha dito" (Jo 2,22). A ressurreição desperta a memória, e a memória à luz da ressurreição permite que apareça o sentido da palavra antes inconcebível e coloca-a de novo em relação com o conjunto da Escritura. A unidade entre *logos* e *factum* é o ponto ao qual o Evangelho quer chegar.

Mais uma vez, volta a aparecer a palavra "recordar" no Domingo de Ramos. Então, conta-se que Jesus encontrou um jumentinho e que se sentou nele, "como está escrito na Escritura: não temas, filha de Sião! Olha, o teu rei chega; está sentado sobre o potro de uma jumenta" (Jo 12,14s; cf. Zc 9,9). A propósito, observa o evangelista: "Os seus discípulos não compreenderam isto logo; mas, quando Jesus foi glorificado, então se recordaram de que assim estava acerca d'Ele na Escritura e que assim O tinham tratado" (Jo 12,16). De novo se relata um acontecimento que primeiro está como simples fato. E de novo nos diz o evangelista que, depois da ressurreição, surgiu para os discípulos uma luz que então lhes ensinou a compreender o fato. Agora eles "se recordam". Uma palavra da Escritura, que antes não significava nada para eles, torna-se agora compreensível no seu sentido previsto por Deus e dá o seu significado ao processo exterior.

A ressurreição ensina um novo modo de ver; ela descobre a relação entre as palavras dos profetas e o destino de Jesus. Ela desperta a "recordação", isto é, permite a entrada no lado interior dos acontecimentos, na relação entre o falar e o agir de Deus.

Com esses textos, o próprio evangelista nos dá as decisivas sugestões para como o seu Evangelho está composto, de que visão ele parte. Ele se baseia na recordação do discípulo, que, porém, é um recordar-se com o "nós" da Igreja. Esse recordar é uma compreensão conduzida pelo Espírito Santo; recordando, o crente penetra na profunda dimensão do acontecimento e vê o que de início, e de um modo simplesmente exterior, não podia ser visto. Deste modo, porém, ele não se afasta da realidade, mas conhece-a mais profundamente e vê assim a verdade que se esconde no fato. No recordar da Igreja acontece o que o Senhor na sala da Última Ceia tinha previsto para os seus: "Mas quando Ele vier, o Espírito da verdade, Ele conduzir-vos-á para a verdade total…" (Jo 16,13).

O que S. João diz no seu Evangelho sobre o recordar, que será compreensão e caminho "para a verdade total", toca muito de perto naquilo que S. Lucas explica acerca do recordar da mãe de Jesus. Em três lugares da história da infância, S. Lucas descreve-nos este processo do "recordar". Em primeiro lugar, no relato sobre o anúncio da concepção de Jesus pelo arcanjo Gabriel. Então nos diz S. Lucas que Maria se assustou com a saudação e entrou num íntimo "diálogo" sobre o que essa saudação queria significar. As mais importantes passagens encontram-se no relato sobre a adoração dos pastores. A este respeito nos diz o evangelista: "Maria guardava todas estas coisas e colocava-as no seu coração" (Lc 2,19). No final da narração sobre Jesus aos doze anos, diz mais uma vez: "A sua mãe guardava todas estas coisas no coração" (Lc 2,51). A memória de Maria é, em primeiro lugar, um conservar os acontecimentos na recordação, mas é mais do que isso: uma relação interior com o acontecimento. Deste modo, ele penetra no lado interior, vê os processos na sua relação e ensina a compreendê-los.

É precisamente nesta espécie de "recordação" que se baseia o Evangelho de S. João, que aprofunda mais o conceito de memória como memória do nós dos discípulos, da Igreja. Esse recordar não é nenhum processo simplesmente psicológico ou intelectual, mas um acontecimento pneumático. O recordar da Igreja não é algo simplesmente privado, ele ultrapassa a esfera do compreender e do saber propriamente humano. É um ser conduzido pelo Espírito Santo, o qual nos mostra a relação da Escritura, a relação da palavra e da realidade e assim nos conduz "à verdade total".

No fundo é também aqui dito algo de essencial sobre o conceito de inspiração: o Evangelho vem do recordar humano e pressupõe a comunidade daqueles que recordam, neste caso, a escola de João e ainda antes a comunidade dos discípulos. Mas, porque o autor pensa e escreve com a memória da Igreja, então o nós ao qual ele pertence se abre para além do que é próprio e é conduzido profundamente pelo Espírito de Deus, que é o Espírito da verdade. Neste sentido, o Evangelho, por sua vez, abre também um caminho da compreensão, que permanece sempre ligado a esta palavra e que, no entanto, pode e deve conduzir sempre, de geração em geração, para a verdade total.

Isto quer dizer que o Evangelho de S. João como "Evangelho pneumático" não transmite simplesmente uma espécie de reprodução estenografada das palavras e dos caminhos de Jesus, mas que, em virtude do compreender recordando, nos conduz para além do exterior até a profundidade da palavra e dos acontecimentos que têm a sua origem em Deus e que para Ele nos levam. O Evangelho é, como tal, "recordar", e isso quer dizer: ele permanece junto da realidade acontecida e não é poesia de Jesus, não é violência sobre acontecimentos históricos. Ele nos mostra antes o que realmente Jesus era e nos mostra precisamente aquele que não só era, mas que é; que sem cessar pode dizer no presente: Eu sou. "Antes que Abraão fosse, *Eu sou*" (Jo 8,58). Ele nos mostra o Jesus verdadeiro, e nós devemos usá-lo com confiança como fonte sobre Jesus.

Antes de nos voltarmos para os grandes discursos de S. João, gostaria ainda de fazer duas observações gerais sobre a particularidade do Evangelho de S. João que se me afiguram úteis. Enquanto Bultmann viu o Evangelho enraizado na gnose, e por isso afastado da sua origem no Antigo Testamento e da origem judaica, tornou-se claro para a pesquisa mais recente que S. João se encontra profundamente fundado no Antigo Testamento. "Acerca de Mim Moisés escreveu", diz Jesus aos seus adversários (Jo 5,46); já no princípio – nas histórias de vocação –, Filipe tinha dito a Natanael: "Encontramos Aquele sobre o qual Moisés escreveu na Lei e os Profetas anunciaram..." (Jo 1,45). O conteúdo dos discursos é precisamente realizar e fundamentar isso. Ele não anula a *Tora*, mas ilumina o seu pleno sentido e realiza-a plenamente. A relação entre Jesus e Moisés aparece sobretudo programaticamente no fim do prólogo; nessa passagem nos é dada a chave interior para o Evangelho. "Da sua plenitude todos nós recebemos graça sobre graça. Pois a lei foi-nos dada por Moisés, a graça e a verdade vieram por Jesus Cristo. Ninguém jamais viu a Deus. O único, que é Deus e que repousa no coração do Pai é que O deu a conhecer" (Jo 1,16-18).

Começamos este livro com a profecia de Moisés: "O Senhor teu Deus fará surgir do meio de ti, de entre os teus irmãos um profeta como eu. Deves escutá-lo" (Dt 18,15). Vimos como o Livro do Deuteronômio, no qual se encontra essa profecia, termina com a observação: "Nunca mais houve em Israel um profeta como Moisés que conhecia o Senhor face a face" (Dt 34,10). A grande profecia não tinha ainda encontrado a hora do seu cumprimento. Mas agora Ele está aí, Aquele que repousa verdadeiramente no coração do Pai, o único que O viu e vê e que nos fala a partir desta visão – Aquele ao qual se aplicam estas palavras: deveis escutá-l'O (Mc 9,7; Dt 18,15). Esta promessa de Moisés foi abundantemente realizada, de um modo transbordante, e nela o próprio Deus se empenhou: aquele que acaba de chegar é maior do que Moisés, é mais do que um profeta. Ele é o Filho. E por isso agora são reveladas a graça e a verdade, não como destruição, mas como cumprimento da lei.

A segunda observação diz respeito ao caráter litúrgico do Evangelho de S. João. Ele obtém o seu ritmo com base no calendário das festas de Israel. As grandes festas do povo de Deus oferecem a articulação interior do caminho de Jesus e revelam igualmente o fundamento a partir do qual se eleva a mensagem de Jesus.

Logo no princípio do ministério de Jesus encontra-se a "festa da Páscoa dos judeus", da qual resulta o tema do verdadeiro Templo e também da cruz e da ressurreição (Jo 2,13-25). A cura do paralítico, que se torna a ocasião para o primeiro discurso público de Jesus, é de novo ligada a "uma festa dos judeus" (Jo 5,1) – provavelmente a "festa das semanas": o Pentecostes. A multiplicação dos pães e os discursos sobre o pão da vida, que a explicam, os grandes discursos eucarísticos do Evangelho de S. João estão em relação com a festa da Páscoa (Jo 6,4). O grande discurso seguinte, com a promessa das "correntes de água viva", tem o seu contexto na festa dos tabernáculos (Jo 7,38s). Finalmente, encontramos de novo Jesus em Jerusalém no inverno na festa da dedicação (*Chanukka*) (cf. Jo 10,22). O caminho de Jesus termina na sua última festa da Páscoa (cf. Jo 12,1), na qual Ele mesmo, como o verdadeiro cordeiro pascal, derramou o Seu sangue na cruz. Mas havemos de ver que a oração sacerdotal de Jesus, que contém uma sutil teologia eucarística como teologia do Seu sacrifício da cruz, é totalmente desenvolvida a partir do conteúdo teológico da festa da reconciliação, de tal modo que também essa festa fundamental de Israel influencia determinantemente a forma da palavra e da obra de Jesus. No próximo capítulo, veremos além disso como a história da transfiguração narrada pelos sinópticos se situa no quadro da festa da reconciliação e dos tabernáculos e assim remete para o mesmo pano de fundo teológico. Então, se tivermos presente este enraizamento litúrgico como a grande estrutura do Evangelho de S. João, poderemos compreender a sua vivacidade e a sua profundidade.

Todas as grandes festas judaicas têm, como ainda havemos de mostrar mais detalhadamente, um tríplice fundamento: no princípio, encontramos festas das religiões da natureza, a ligação com a criação e com a humana procura de Deus por meio da criação; seguem-se depois festas da recordação, da comemoração e da representação das ações salvadoras de Deus; e finalmente a recordação transforma-se sempre mais em esperança na salvação que está para vir, mas que ainda não chegou. Torna-se assim claro que os discursos de Jesus no Evangelho de S. João não são disputas sobre questões metafísicas, mas sobre questões que transportam em si toda a dinâmica da história da salvação e que ao mesmo tempo se encontram enraizadas na criação. Em última instância, elas remetem para aquele que pode simplesmente dizer de si mesmo: Eu sou. Torna-se evidente como os discursos de Jesus remetem para a liturgia, e nessa medida para o "sacramento", e ao mesmo tempo incluem o questionar e o procurar de todos os povos.

Depois dessas reflexões introdutórias, é tempo de ver mais de perto os quatro grandes complexos de imagens que encontramos no quarto Evangelho.

2. As grandes imagens do Evangelho de S. João

a) A água
A água é um elemento originário da vida e por isso também um dos símbolos originários da humanidade. O homem encontra-a em diversas formas e também em diversos sentidos.

Temos, em primeiro lugar, a fonte, a água fresca que brota do interior da terra. A fonte é origem, princípio, na sua límpida e imaculada pureza. Assim, a fonte aparece como o elemento autenticamente criador, como símbolo da fecundidade, da maternidade.

Em segundo lugar, está o rio. As grandes correntes – o Nilo, o Eufrates e o Tigre – são as grandes doadoras da vida e aparecem por isso mesmo quase divinizadas, nos grandes países que circundam Israel. Em Israel, há o rio Jordão, que oferece a vida ao país. No batismo de Jesus vimos, entretanto, que o símbolo da corrente chama a atenção também para um outro lado: com a sua profundidade, corporiza também o perigo; o mergulho na profundidade pode, por isso, significar o mergulho na morte e a emersão do renascimento.

Finalmente, temos o mar na sua majestade e na sua admirável e espantosa potência, mas também temido como o oposto à terra, o espaço vital do homem. O Criador marcou ao mar os seus limites, que ele não deve ultrapassar: ele não deve tragar a terra. A passagem pelo mar Vermelho tornou-se para Israel principalmente o símbolo da redenção, mas chama naturalmente também a atenção para a ameaça, que se tornou fatalidade para os egípcios. Quando os cristãos consideraram a passagem pelo mar Vermelho como representação do batismo, então aparece em primeiro plano imediatamente o mar como símbolo da morte: ele se torna imagem para o mistério da cruz. Para renascer, deve o homem em primeiro lugar entrar com Cristo no "mar vermelho", mergulhar com Ele na morte, para então, com o ressuscitado, alcançar de novo a vida.

Mas agora, depois dessas observações gerais, vamos para o simbolismo histórico-religioso da água no Evangelho de S. João. O simbolismo da água percorre o Evangelho do princípio ao fim. Encontramo-lo logo na conversa de Nicodemos do capítulo 3: "Para poder entrar no Reino de Deus, o homem deve tornar-se outro, deve renascer da água e do espírito" (Jo 3,5). O que isso significa?

O batismo, como entrada na comunidade de Cristo, é interpretado como renascimento, ao qual pertence – em analogia com o nascimento natural a partir da fecundação masculina e da concepção feminina – um duplo princípio: o espírito divino e a "água", "'mãe de toda a vida natural – no sacramento através da graça elevada a imagem-irmã da virginal Theotókos'" (Ph. Rech II, p. 303).

Ao renascimento pertence, formulado de outro modo, o poder criador do Espírito de Deus; a ele pertence também com o sacramento o útero materno da Igreja, que o recebe e aceita. Ph. Rech cita Tertuliano: Ninguém é cristão sem a água (*De bapt* IX 4); e explica bem esta palavra um tanto enigmática do escritor eclesiástico: "Cristo nunca esteve e nunca está sem a Igreja..." (v. 2, p. 304). Espírito e água, céu e terra, Cristo e Igreja estão intimamente relacionados: é assim que acontece o "renascimento". A água está no sacramento pela terra mãe, pela santa Igreja, que acolhe em si a criação e a representa.

Imediatamente a seguir, no capítulo 4 do Evangelho de S. João, encontramos Jesus no poço de Jacó: o Senhor promete à samaritana uma água que aquele que dela beber se torna fonte que jorra para a vida eterna (Jo 4,14), de tal modo que o que a bebe nunca mais tem sede. Aqui o simbolismo do poço é ligado à história da salvação de Israel. Já na vocação de Natanael, Jesus tinha se revelado como o novo, o grande Jacó: Jacó tinha visto, numa visão noturna, os anjos de Deus subirem e descerem sobre a pedra que ele tinha utilizado como almofada para dormir. Jesus prediz a Natanael que os seus discípulos verão o céu aberto sobre Ele e os anjos de Deus a subir e a descer (Jo 1,51). Aqui, no poço de Jacó, encontramos Jacó como o antepassado que tinha oferecido com o poço a água como elemento fundamental da vida. Mas no homem encontra-se uma sede maior – que vai além da água da fonte, porque ele procura uma vida que está para além da esfera biológica.

Encontraremos a mesma tensão do ser humano no capítulo sobre o pão: Moisés ofereceu o maná, deu o pão do céu. Mas ele era ainda assim pão "terreno". O maná é uma promessa: o novo Moisés deve também dar pão. Mas deve ser dado algo mais do que o maná podia ser. De novo se mostra este se alongar do homem para o infinito, para um outro "pão", que será o verdadeiro "pão do céu".

Deste modo, correspondem-se a promessa da nova água e a do novo pão. Elas correspondem à outra dimensão da vida, que o homem irrecusavelmente deseja. S. João distingue *bios* e *zoe* – a vida biológica e aquela vida abrangente que é ela mesma fonte e que, portanto, não está submetida nem ao devir nem à morte, que marca toda a criação. Assim, no diálogo com a samaritana, a água torna-se – mesmo que de outro modo – símbolo do pneuma, o qual propriamente cria a vida, que sacia a sede mais profunda do homem e lhe oferece a vida toda, que ele espera mesmo sem conhecer.

A seguir, no capítulo 5, a água só aparece de passagem. É a história do homem que por 38 anos jazia doente ao lado da piscina de Betsaida e que esperava a sua cura se nela mergulhasse, mas que não encontrava ninguém que o pudesse ajudar. Jesus cura-o pelo seu próprio poder; Ele realiza no doente o que este esperava que lhe acontecesse se tocasse na água milagrosa. No capítulo 7, o qual, de acordo com uma esclarecedora hipótese dos exegetas modernos, originariamente talvez estivesse a seguir do capítulo 5, encontramos Jesus na festa dos tabernáculos com o seu rito solene de aspersão da água; sobre esse assunto nos ocuparemos mais detalhadamente a seguir.

De novo vamos encontrar o simbolismo da água no capítulo 9: Jesus cura um cego de nascença. Do processo da cura faz parte que o doente se lave, de acordo com a ordem de Jesus, na piscina de Siloé: só assim ele alcança a visão. "Siloé quer dizer na tradução: o enviado", comenta o evangelista para os seus leitores não versados em hebraico (9,7). Mas isso é mais do que uma nota filológica. Com isso é mencionada para nós a razão autêntica do milagre. Porque "o enviado" é Jesus. Em última análise, é em Jesus e por meio dele que o cego se deixa purificar, para que possa recuperar a visão. Todo o capítulo revela-se como uma explicação do batismo, que nos torna capazes de ver. Cristo é aquele que concede a luz, aquele que nos abre os olhos por meio do sacramento.

De modo semelhante, e, no entanto, com outro significado, a água aparece no capítulo 13, na hora da Última Ceia, no lava-pés: Jesus levanta-se da mesa, despoja-se do seu manto, cinge-se, deita água numa bacia e começa a lavar os pés dos seus discípulos (cf. Jo 13,4s). A humildade de Jesus, que se faz escravo dos seus, é o lava-pés purificador, que torna os homens capazes de se sentar à mesa de Deus.

Finalmente, a água aparece de novo, num modo muito misterioso, diante de nós no fim da paixão: porque Jesus já está morto, não Lhe partem as pernas, mas um dos soldados "perfurou-Lhe o lado com uma lança e logo saíram sangue e água" (Jo 19,34). Não há dúvida que S. João quer se referir aqui aos dois sacramentos principais da Igreja – o batismo e a eucaristia –, que brotam do coração aberto de Jesus e com os quais a Igreja nasceu do lado de Jesus.

Entretanto, S. João voltou ao tema do sangue e da água na sua Primeira Carta e imprimiu-lhe aqui um outro rumo: "Este é o que veio pela água e pelo sangue: Jesus Cristo. Ele não veio só na água, mas na água e no sangue... São três os que dão testemunho: o Espírito, a água e o sangue; e estes três são um só" (1 Jo 5,6-8). Aqui é mais do que evidente uma virada polêmica a respeito de um dado cristianismo que reconhecia o batismo de Jesus como acontecimento de salvação, mas não a sua morte na cruz. Trata-se aqui de um cristianismo que, por assim dizer, quer apenas a palavra, e não a carne nem o sangue. O corpo de Jesus e a sua morte não desempenham em última instância nenhum papel. Assim, do cristianismo só resta a "água" – a palavra sem a corporeidade de Jesus perde a sua força. O cristianismo reduz-se a simples doutrina, a simples moralismo, a uma coisa do intelecto, faltam-lhe a carne e o sangue. O caráter redentor do sangue de Jesus já não é admitido. Ele perturba a harmonia intelectual.

Quem é que não reconheceria aqui as ameaças do nosso cristianismo atual? Água e sangue relacionam-se intimamente; encarnação e cruz, batismo, palavra e sacramento são inseparáveis uns dos outros. E o pneuma deve juntar-se a esta trindade de testemunhas. Schnackenburg (*Die Johannes-Briefe*, p. 232) chama, com razão, a atenção para o fato de que aqui "se entende o testemunho do Espírito na Igreja e pela Igreja no sentido de Jo 15,26; 16,10".

Voltemo-nos agora para as palavras reveladoras de Jesus em relação à festa dos tabernáculos, que S. João nos transmite no capítulo 7, versículos 37 a 39. "No último dia da festa, o maior dia, Jesus pôs-se de pé e disse em voz alta: quem tem sede venha a Mim e beba, quem em Mim acredita. Como a Escritura diz: do seu interior correrão correntes de água viva...". No pano de fundo está o rito da festa, que consistia em se tirar água da piscina de Siloé, para no sétimo dia da festa trazê-la para o Templo. No sétimo dia, os sacerdotes andavam sete vezes em volta do altar com água num vaso dourado, antes de fazer a aspersão. Esses ritos com a água referem-se em primeiro lugar à origem da festa nas religiões da natureza: a festa era, antes de mais nada, uma oração de súplica pela chuva, de que uma terra tão ameaçada pela seca tinha tanta necessidade. Mas, depois, o rito transformou-se numa recordação histórico-salvífica da água que Deus tinha dado aos judeus durante a sua peregrinação pelo deserto, como resposta às suas dúvidas e angústias (Num 20,1-13).

Por fim, a água que brotava do rochedo tornou-se sempre mais um tema de esperança messiânica: Moisés tinha dado a Israel durante a sua peregrinação pelo deserto pão do céu e água do rochedo. Consequentemente, esperava-se também do novo Moisés, o Messias, estes dois dons essenciais da vida. Essa explicação messiânica da água do rochedo reflete-se na Primeira Carta de S. Paulo aos Coríntios: "Todos comeram o mesmo alimento pneumático e beberam a mesma bebida pneumática; beberam nomeadamente da rocha pneumática que caminhava com eles. Mas a rocha era Cristo" (1 Cor 10,3s).

Na palavra que Jesus proclama no rito da água, Ele responde a esta esperança: Ele é o novo Moisés. Ele mesmo é a rocha que oferece a vida. Tal como Ele no discurso do pão se revela como o verdadeiro pão que vem do céu, igualmente aqui – de modo semelhante ao que ocorrera com a samaritana –, Ele se revela como a água viva que a sede profunda do homem deseja – a sede de vida, de "vida em plenitude" (Jo 10,10); uma vida que já não é marcada pela sede que deve ser sempre saciada, mas uma vida que a partir de seu interior a si mesma se sacia. Jesus também responde à pergunta: como é que se bebe desta água da vida? Como se vai à fonte e se tira água de lá? "Quem acredita em mim..." A fé em Jesus é o modo de beber dessa água da vida, de beber da vida que nunca mais é ameaçada pela morte.

Mas agora devemos escutar o texto de um modo ainda mais preciso. Ele continua: "Como a Escritura diz, do seu corpo jorrarão correntes de água viva" (Jo 7,38). O corpo de quem? A essa questão, desde os tempos mais antigos, foram dadas duas respostas diferentes. A tradição alexandrina, fundada por Orígenes (*c.* 254), na qual, porém, se incluem os grandes Padres latinos S. Jerônimo e Sto. Agostinho, lê: "Quem acredita... do seu corpo...". O homem que acredita torna-se ele mesmo fonte, um oásis, do qual brota água fresca, pura, a força do Espírito criador que dá a vida. Mas ao lado está – embora menos divulgada – a tradição da Ásia Menor, a qual originariamente se encontra mais próxima de S. João, testemunhada por S. Justino (*c.* 165), Sto. Irineu, Sto. Hipólito, S. Cipriano, Sto. Efrém. Ela coloca a pontuação de um modo diferente: quem tem sede venha até Mim e beba, quem acredita em Mim. Como diz a Escritura, do seu corpo jorrarão correntes. O "seu corpo" é assim agora referido a Cristo: Ele é a fonte, a rocha viva, da qual a nova água vem.

De um ponto de vista puramente linguístico, a primeira explicação está mais próxima e por isso a ela se juntou – com os grandes Padres da Igreja – também a maior parte dos exegetas modernos. Mas, a partir do conteúdo, ele fala mais a favor da segunda, ou seja, da explicação que vem da Ásia Menor, à qual se junta, por exemplo, Schnackenburg, mesmo que não seja necessário ver uma oposição que exclui a explicação "alexandrina". Uma chave importante para a explicação encontra-se na expressão "como a Escritura diz". Jesus valoriza muito a continuidade da Escritura, a continuidade da história de Deus com o homem. Todo o Evangelho de S. João e além disso os Evangelhos sinópticos e toda a literatura do Novo Testamento legitimam a fé em Jesus na medida em que veem convergir para Ele todas as correntes da Escritura: na medida em que a partir d'Ele aparece o sentido da Escritura que oferece o contexto de tudo aquilo que se espera e para onde tudo se orienta.

Mas onde é que a Escritura fala desta fonte de água viva? S. João não tem claramente em vista nenhum texto em particular, mas precisamente "a Escritura", uma visão que percorre os seus textos. Já encontramos há pouco uma pista central: a história da rocha de onde brota água, que se tornou em Israel uma imagem da esperança. A segunda grande pista é oferecida por Ezequiel, capítulo 47, versículos de 1 a 12, a visão do novo Templo: "... e eu vi como debaixo do limiar do Templo brotava água e corria para o oriente..." (Ez 47,1). Cinquenta anos mais tarde, Zacarias retomou a imagem: "Naquele dia para a casa de Davi e para os habitantes de Jerusalém correrá uma fonte para a purificação dos pecados e de toda a impureza" (Zc 13,1). "Naquele dia correrá de Jerusalém água viva..." (Zc 14,8). O último capítulo da Sagrada Escritura explica de novo essas imagens e confere-lhes ao mesmo tempo toda a sua grandeza: "E ele me mostrou uma corrente, a água da vida, clara como cristal; ela sai do trono de Deus e do cordeiro" (Ap 22,1).

Já na rápida observação da cena da purificação do Templo vimos que S. João considera o Senhor ressuscitado, o seu corpo como o novo Templo, que é esperado não só pelo Antigo Testamento, mas por todos os povos (Jo 2,21). Então podemos escutar nas palavras sobre as correntes de água viva também uma alusão ao novo Templo: sim, este Templo existe. Existe esta corrente de vida prometida, que desinfeta a terra salgada e permite amadurecer a riqueza da vida e produzir frutos. É aquele que levou até o fim o seu amor por meio da cruz e que agora vive numa vida que nenhum tipo de morte pode ameaçar. É o Cristo vivo. Assim, a palavra da festa dos tabernáculos não remete apenas para a nova Jerusalém, na qual o próprio Deus vive e é a fonte da vida: ela remete imediatamente para o corpo do crucificado, do qual brotam sangue e água (cf. Jo 19,34). Ela O mostra como o verdadeiro Templo, que não é construído com pedras nem pela mão do homem, e, precisamente porque significa a habitação viva de Deus no mundo, é e permanecerá também fonte de vida para todos os tempos.

    Quem observa a história com olhos despertos pode ver esta corrente, que a partir do Gólgota, de Jesus crucificado e ressuscitado corre ao longo dos tempos. Pode ver como ali, aonde esta corrente chega, como a terra é desinfetada, como árvores frutíferas crescem, como a vida, vida verdadeira, jorra desta fonte do amor, que se ofereceu e que se oferece.

Esta explicação central referida a Cristo não deve – como já foi observado – excluir que a palavra, em sentido derivado, possa ser aplicada também aos crentes. Uma palavra do evangelho apócrifo de Tomé (10,6) aponta para uma direção que é adequada também ao Evangelho de S. João: "Quem bebe da minha boca tornar-se-á como eu" (Barrett, p. 334). O crente torna-se um só com Cristo e participa na sua fecundidade. O homem que acredita e que com Cristo ama o seu semelhante torna-se uma fonte que oferece vida. Isso pode admiravelmente ser visto na história, como os santos são oásis em torno dos quais a vida nasce, em volta dos quais se traz de volta um pouco do paraíso perdido. E lá, em última instância, é sempre Cristo que permanece como a fonte, que de um modo superabundante se comunica.

b) A videira e o vinho
Enquanto a água é um elemento fundamental para a vida de todas as criaturas sobre a terra, o pão de trigo, o vinho e o azeite são típicos dons da cultura do espaço mediterrânico. O salmo da criação refere-se em primeiro lugar à erva do campo que Deus preparou para o gado e fala depois naquilo que Deus oferece ao homem por meio da terra: o pão, que ele obtém da terra; o vinho, que alegra o seu coração; e finalmente o azeite, que torna brilhante o seu rosto. Então de novo o pão que

fortalece o coração do homem (Sl 104,14s). Os três grandes dons da terra tornaram-se então ao mesmo tempo, ao lado da água, os elementos sacramentais da Igreja, nos quais os frutos da criação se tornam portadores da ação histórica de Deus, "sinais" nos quais Ele, de um modo especial, nos oferece a sua proximidade.

Os três dons são caracteristicamente diferentes uns dos outros e têm por isso respectivamente diferentes funções significativas. O pão, preparado na sua forma mais simples, com água e trigo moído, mas que necessita também do elemento fogo e do trabalho do homem, é um alimento fundamental. Pertence aos pobres e aos ricos, mas principalmente aos pobres. Ele corporiza o bem da criação e do Criador, porém representa também a humildade da vida simples de cada dia. O vinho, pelo contrário, corporiza a festa. Ele permite ao homem sentir a glória da criação. Por isso ele pertence aos rituais do sábado, da Páscoa, das núpcias, permite-nos ter um pressentimento da festa definitiva de Deus com a humanidade. "O Senhor dos exércitos dará sobre este monte (Sião) um grande banquete para todos os povos com vinhos delicados, com os melhores, com os mais bem selecionados vinhos..." (Is 25,6). Finalmente, o azeite oferece ao homem força e beleza, tem força curadora e nutritiva. Ele é um sinal da mais elevada pretensão na unção dos profetas, dos reis e dos sacerdotes.

No Evangelho de S. João, segundo me parece, o azeite não é mencionado. O precioso "óleo perfumado", com o qual o Senhor foi ungido por Maria em Betânia na véspera da sua paixão (Jo 12,8), tem origem oriental. Aparece nessa cena, por um lado, como sinal do santo esbanjamento do amor e, por outro, como evocação da morte e da ressurreição. Encontramos o pão na cena da multiplicação dos pães, também pormenorizadamente testemunhada pelos sinópticos e a seguir nos grandes discursos eucarísticos do Evangelho de S. João. O dom do novo vinho encontra-se no centro das bodas de Caná (Jo 2,1-12) e o encontramos também nos discursos de despedida de Jesus que se diz a verdadeira videira (Jo 15,1-10).

Voltemo-nos agora para estes dois textos. O milagre de Caná parece não se enquadrar, à primeira vista, nas demais ações simbólicas de Jesus.

Que sentido pode ter que Jesus arranje uma grande fartura de vinho – cerca de 520 litros – numa festa privada? Por isso temos de observar mais de perto para reconhecer que não se trata de modo nenhum de um luxo privado, mas sim de algo muito maior. Desde já, é importante a datação. "No terceiro dia houve uma boda em Caná na Galileia" (Jo 2,1). Não é de todo evidente a que data anterior a referência ao terceiro dia pode ligar-se; mas é muito claro que para o evangelista é importante esta informação temporal que ele nos coloca nas mãos como chave de leitura para o acontecimento.

No Antigo Testamento, o terceiro dia é a data da teofania, como, por exemplo, no relato central sobre o encontro entre Deus e Israel no Sinai: "No terceiro dia, logo de madrugada, começou a trovejar e a relampejar... O Senhor tinha descido sobre ele no fogo" (Ex 19,16-18). Ao mesmo tempo, pode perceber-se aqui um prenúncio a respeito da definitiva e decisiva teofania da história: a ressurreição de Jesus Cristo no terceiro dia, data em que os anteriores encontros com Deus se tornam a definitiva irrupção de Deus sobre a terra; a terra será definitivamente rasgada, será definitivamente acolhida na autêntica vida de Deus. Assim, é-nos aqui indicado que se trata de uma primeira automanifestação de Deus na continuação dos acontecimentos do Antigo Testamento, que todos transportam em si o caráter de promessa e que agora aspiram à sua definitiva validade. Os exegetas juntaram os dias anteriores da vocação dos discípulos no Evangelho de S. João (por exemplo, Barrett, p. 213); de onde resulta que esse "terceiro dia" seria ao mesmo tempo o sexto ou o sétimo desde o início das vocações; como sétimo dia seria, por assim dizer, o dia da festa de Deus para a humanidade, antecipação daquele sábado definitivo que de algum modo é descrito na já anteriormente referida profecia de Isaías.

Com esta datação está ligado outro elemento fundamental da narração. Jesus fala a Maria da sua hora, que ainda não chegou. Isso significa, em primeiro lugar, que Ele não atua nem decide simplesmente a partir de si, mas sim em harmonia com a vontade do Pai, sempre a partir do plano do Pai. A "hora" caracteriza mais proximamente a sua "glorificação", na qual são vistas em conjunto a cruz e a ressurreição e a sua presença no mundo pela palavra e pelo sacramento. A hora de Jesus, a hora da sua "glória", começa no momento da cruz e tem o seu lugar histórico: no momento em que os cordeiros pascais são imolados, Jesus derrama o seu sangue como o verdadeiro cordeiro. A sua hora vem de Deus, mas está rigorosamente fixada no horizonte da história, ligada a uma data litúrgica e, precisamente assim, é o início da nova liturgia em "espírito e verdade". Quando Jesus fala com Maria neste momento sobre a sua hora, Ele liga deste modo o momento presente com o mistério da cruz como a sua glorificação. Esta hora ainda não chegou, isso deve ser dito antes de mais nada. E no entanto Jesus tem o poder para antecipar esta significativa e muito misteriosa hora. O milagre de Caná é assim caracterizado como antecipação da hora e interiormente a ela ligado.

Como poderíamos neste contexto esquecer que este estimulante mistério da antecipação da hora se dá e se transmite sempre. Como Jesus ao pedido de sua Mãe antecipa simbolicamente a sua hora e ao mesmo tempo chama a atenção para ela, assim acontece sempre na Eucaristia: na oração da Igreja o Senhor antecipa o seu regresso, ele já está para chegar, celebra a boda conosco e ao mesmo tempo já nos puxa para fora do nosso tempo e nos orienta para a hora.

Começamos assim a aprender o acontecimento de Caná. Sinal de Deus é a superabundância. Vemos isso na multiplicação do pão, vemos sempre, mas sobretudo no centro da história da salvação: nisto, que Ele a si mesmo se esbanja pela sua pobre criatura, o homem. Essa superabundância é a sua "glória". A fartura de Caná é, pois, um sinal de que começou a festa de Deus com a humanidade, a sua auto-oblação pelos homens. O enquadramento do acontecimento, a festa de núpcias, torna-se um sinal que aponta para além de si mesmo, isto é, para a hora messiânica: a história da boda de Deus com o seu povo já começou com a vinda de Jesus. A promessa do final dos tempos irrompe já.

Deste modo, a história de Caná está de acordo com o relato de S. Marcos sobre a questão dos discípulos de João e dos fariseus a Jesus: por que os teus discípulos não jejuam? A resposta de Jesus diz assim: "Podem então os participantes numa festa de núpcias jejuar, enquanto o noivo estiver com eles?" (Mc 2,18s). Jesus apresenta-se aqui a si mesmo como o "noivo" das prometidas núpcias de Deus com o seu povo e assim, misteriosamente, move a sua própria existência, a si mesmo para o mistério de Deus. N'Ele se tornam, de modo inesperado, uma única realidade – Deus e o homem –, caracterizando-se as "núpcias", as quais todavia – e Jesus chama a atenção para isso na sua resposta – passam pela cruz, pelo fato de o noivo "ser tirado".

Devemos considerar ainda dois aspectos da história de Caná, para de algum modo sondar a sua profundidade cristológica: a autorrevelação de Jesus e a sua "glória", que ali encontramos. Água, que serve para os rituais de purificação, é transformada em vinho, transformada em sinal e em dom de alegria nupcial. Deste modo, revela-se algo da plenitude da lei, que se cumpre no ser e na ação de Jesus.

A lei não é negada, não é colocada de lado, mas conclui-se a sua interior expectativa. Purificação ritual permanece em última análise ritual, permanece um gesto de esperança. Permanece "água", como o todo de ação própria do homem permanece diante de Deus "água". Purificação ritual nunca é suficiente para tornar o homem capaz de Deus, tornar o homem realmente "puro" para Deus. A água transforma-se em vinho. O dom de Deus, que a si mesmo se oferece e faz a festa da alegria, que só com sua presença pode criar, vai agora ao encontro do esforço do homem.

A pesquisa da história das religiões gosta de mencionar como paralelo pré-cristão da história de Caná o mito de Dioniso, o deus que descobriu a videira e ao qual é atribuída a mudança de água em vinho: um acontecimento mítico que também era liturgicamente celebrado. O grande teólogo judeu Fílon de Alexandria (13 a.C. – 45/50 d.C.) deu um outro sentido a esta história, eliminando-lhe o mito: o verdadeiro doador do vinho, diz ele, é o *logos* divino; é ele que nos dispensa a alegria, a doçura, o contentamento do verdadeiro vinho. Mas Fílon fixa esta sua teologia do *logos* histórico-salvificante em Melquisedec, o qual ofereceu pão e vinho: em Melquisedec é o *logos* que atua e que nos oferece os dons essenciais para a existência humana; então, o *logos* aparece ao mesmo tempo como o sacerdote de uma liturgia cósmica (Barrett, p. 21ss).

Que S. João tenha pensado em semelhante teologia é mais do que duvidoso. Mas que o próprio Jesus, na explicação da sua missão, tenha chamado a atenção para o Salmo 110(109), no qual aparece o sacerdócio de Melquisedec (cf Mc 12,35-37); que a Carta aos Hebreus, teologicamente muito próxima do Evangelho de S. João, desenvolva expressamente a teologia de Melquisedec; que S. João apresente Jesus como o *logos* de Deus e como o próprio Deus; que, finalmente, o Senhor ofereça pão e vinho como portadores de uma nova aliança; não é certamente proibido pensar-se em tais relações e assim ver transparecer na história de Caná o mistério do *logos* e da sua liturgia cósmica, na qual é radicalmente alterado o mito de Dioniso e, portanto, trazido para a sua verdade escondida.

Enquanto a história de Caná trata do fruto da videira com a sua rica simbologia, Jesus agarra-se, como podemos ver em João, capítulo 15 – no contexto dos discursos de despedida – na antiquíssima tradição da imagem da videira e leva até o fim a visão nela contida. Para compreendermos esse discurso, é necessário pelo menos considerar *um* texto fundamental do Antigo Testamento no qual se encontra a temática da videira e refletir um instante sobre uma parábola sinóptica análoga, que tornam o texto do Antigo Testamento e lhe confere um outro sentido.

Em Isaías, capítulo 5, versículos de 1 a 7, encontramos um cântico à videira. O profeta provavelmente cantou-o no contexto da festa dos tabernáculos, da alegre atmosfera que era própria desta festa, que durava oito dias (cf. Dt 16,14). Podemos imaginar como nos lugares entre as tendas erguidas com ramos e folhagem eram oferecidas muitas coisas, e como também o profeta aparece entre os festeiros e anuncia uma canção de amor: o cântico do seu amigo e da sua vinha.

Todos sabiam que a "vinha" era uma imagem para uma noiva (cf. Cant 2,15; 7,13 *passim*); por isso esperavam algo de interessante, que fosse apropriado à atmosfera da festa. E o poema começou mesmo bem: o amigo tinha uma vinha num terreno fértil, na qual plantou videiras de boa qualidade, e para cujo crescimento fez tudo o que é possível imaginar. Mas, de repente, a voz muda de tom: a vinha desilude, não produz frutos bons, apenas umas pequenas uvas verdes intragáveis. Os ouvintes percebem o que isso quer dizer: a noiva foi infiel, desiludiu a confiança e a esperança, desiludiu o amor que o amigo esperara. Como é que a história prossegue? O amigo abandona a sua vinha ao saque: atira a noiva para a condição de solteira que ela a si mesma atribui.

Agora se torna claro: a vinha, a noiva, é Israel, são os que estão ali presentes, aos quais Deus tinha oferecido na *Tora* o caminho correto, para quem tinha feito tudo e como resposta tinha recebido a transgressão da lei e um regime ilegítimo. Termina com um horizonte sombrio, com o olhar para Israel abandonado por Deus, sob o qual neste momento não é visível nenhuma promessa. No meio da desgraça da sua concretização, a situação é indicada na lamentação perante Deus no Salmo 80, que assim a descreve: "Arrancaste uma videira no Egito. Expulsaste povos para a transplantar. Crias para ela um largo espaço... Por que é que derrubas os seus muros? Todos os que passam pelo caminho a saqueiam..." (Sl 80,9-13). No salmo, a lamentação transforma-se em pedido: "Cuida da tua vinha, que a tua mão direita plantou..., Senhor, Deus dos exércitos. Restaura-nos! Brilhe o teu rosto sobre nós, e seremos salvos" (Sl 80,16-20).

Esta era, depois de todas as mudanças históricas desde o exílio, no fundo, ainda e de novo, a situação na qual Jesus vivia em Israel e na qual falou ao seu coração. Numa parábola posterior, na véspera da sua paixão, Ele toma de novo o Livro de Isaías, só que numa outra forma (Mc 12,1-12). No entanto, já não aparece no seu discurso a vinha como imagem de Israel;

Israel é antes representado nos rendeiros de uma vinha, cujo dono partiu de viagem e que mesmo longe exige os frutos que lhe são devidos. A história do sempre renovado esforço de Deus para com Israel é representada numa sequência de "servos" enviados em nome do senhor para irem buscar a parte dos frutos que lhe pertence. A história dos profetas, dos seus sofrimentos e da inutilidade dos seus esforços pode ser descortinada na narração, a qual fala dos maus-tratos, sim, do assassínio dos servos.

      Finalmente, o proprietário envia, como última tentativa, o seu "filho amado", o herdeiro, o qual, como herdeiro, pode fazer impor, mesmo perante os tribunais, o seu direito de exigir a renda e, portanto, pode esperar receber atenção. Mas acontece o contrário. Os rendeiros matam o filho, precisamente porque é o herdeiro; querem apoderar-se definitivamente da vinha. Jesus continua na parábola: "O que é que o dono da vinha vai fazer agora? Virá e matará os vinhateiros e dará a vinha a outros" (Mc 12,9).

Neste ponto, a parábola, tal como o poema de Isaías, passa da aparente explicação a respeito do passado para a situação dos ouvintes. A história torna-se de repente presente. Os ouvintes sabem: Ele fala de nós. Assim como os profetas foram maltratados e mortos, assim eles me querem matar: eu falo de vós e de mim.

A explicação moderna termina neste ponto e desloca assim a parábola de novo para o passado; ela aparentemente fala apenas do passado, da rejeição da mensagem de Jesus pelos seus contemporâneos; da sua morte na cruz. Mas o Senhor fala sempre no presente e para o futuro. Ele fala precisamente conosco e a respeito de nós. Se abrirmos os olhos, não é então isso que lá está dito, não é na realidade a descrição do nosso presente? Não é esta precisamente a lógica da modernidade, do nosso tempo: declaramos Deus morto, então nós mesmos nos tornamos Deus? Já não somos finalmente propriedade de um outro, mas somente proprietários de nós mesmos e senhores do mundo. Podemos finalmente fazer o que nos agrada. Abolimos Deus: já não há nenhuma medida acima de nós, nós somos a medida de nós mesmos. A "vinha" pertence-nos. O que então acontece com o homem e com o mundo é que começamos a ver...

Mas voltemos ao texto da parábola. Em Isaías não era visível, neste ponto, nenhuma promessa; no salmo, precisamente no meio da realização da ameaça, o sofrimento transformava-se em oração. Assim é sempre a situação de Israel, da Igreja e da humanidade. Encontramo-nos sempre na obscuridade da provação e só podemos chamar por Deus: salva-nos outra vez! Mas na palavra de Jesus encontra-se uma promessa, um início de resposta ao pedido: cuida da tua vinha! O Reino será dado a outros servos – esta afirmação é simultaneamente ameaça de juízo e promessa. Ela diz que o Senhor não abdica da sua vinha, não está ligado aos servos atuais. Essa ameaça-promessa diz respeito não apenas aos círculos dominantes dos quais e com os quais Jesus fala. Ela vale também para o novo povo de Deus; não diz respeito à Igreja como um todo, mas sim às parcelas da Igreja, como mostra a palavra do glorificado dirigida à Igreja dos efésios: "Converte-te, pratica as obras de antes, porque de outro modo eu venho e retiro o teu candeeiro do seu lugar..." (Ap 2,5).

Da ameaça e da promessa da entrega da vinha a outros servos decorre, porém, uma promessa de uma espécie muito mais fundamental. O Senhor cita o Salmo 118,22s: "A pedra que os construtores rejeitaram tornou-se pedra angular". A morte do Filho não é a última palavra. O que foi morto não permanece na morte, não permanece "rejeitado". Ele vai transformar-se num novo início. Jesus dá a entender que Ele mesmo será o Filho que hão de matar; Ele prevê a sua cruz e a sua ressurreição e anuncia que a partir d'Ele, morto e ressuscitado, Deus levantará no mundo uma nova construção, um novo Templo.

A imagem da vinha será abandonada, substituída pela imagem da construção viva de Deus. A cruz não é o fim, mas um novo início. O poema da vinha não termina com a morte do filho. Ele abre o horizonte para uma nova ação de Deus. O contato com João, capítulo 2, com a palavra sobre a destruição do Templo e a sua reconstrução é imenso.

Deus não fracassa; se nós formos infiéis, Ele permanece mesmo assim fiel (cf. 2 Tm 2,13). Ele encontra caminhos novos, maiores para o seu amor. A cristologia indireta da parábola anterior transforma-se numa clara e totalmente aberta afirmação cristológica.

A parábola da videira nos discursos de despedida de Jesus continua toda a história do pensamento e do discurso bíblico sobre a videira e abre-os para uma última profundidade. "Eu sou a verdadeira videira", diz o Senhor. Nessa afirmação, é antes de mais nada importante a palavrinha "verdadeira". A propósito diz muito bem Barrett: "Fragmentos de sentido, para os quais de um modo velado se alude através de outras videiras, são por Ele recolhidos e explicitados. Ele é a *verdadeira* videira" (p. 461). Mas o que é realmente importante nesta frase é o "Eu sou": o próprio Filho identifica-se com a videira, Ele mesmo se tornou videira. Ele se deixou plantar na terra. Ele entrou na videira: o mistério da encarnação, do qual S. João tinha falado no prólogo, é aqui de novo retomado de modo surpreendente. Agora a videira já não é uma criatura para a qual Deus olha com amor, mas sim algo que Ele pode também arrancar de novo e jogar fora. No Filho, Ele mesmo se tornou videira, Ele se identificou para sempre e essencialmente com a videira.

Essa videira nunca mais poderá ser arrancada, nunca mais pode ser abandonada ao saque: ela pertence definitivamente a Deus, por intermédio do Filho, o próprio Deus vive nela. A promessa tornou-se irrevogável, a unidade, indestrutível. Este é o grande, o novo passo histórico de Deus, que forma o conteúdo mais profundo da parábola: encarnação, morte e ressurreição tornam-se visíveis em toda a sua amplitude. "Pois o Filho de Deus Jesus Cristo [...] não veio ao mesmo tempo como sim e como não; n'Ele realizou-se o sim. Ele é o sim a tudo o que Deus prometeu" (2 Cor 1,19s) – assim o exprime S. Paulo.

Que agora a videira por Cristo seja o próprio Filho, isso já estava preparado na tradição bíblica. Já o Salmo 80(79), versículo 18, tinha ligado intimamente o "Filho do homem" com a videira. Inversamente, se o próprio Filho se tornou agora a videira, então Ele permanece precisamente deste modo unido com os seus, com todos os filhos dispersos de Deus, que Ele veio reunir (Jo 11,52). Como designação cristológica, a videira contém também em si mesma uma eclesiologia. Ela significa a união inseparável de Jesus com os seus, que todos são por Ele e com Ele "videira", e cuja vocação é "permanecerem" na videira. S. João não conhece a imagem paulina do "corpo de Cristo". Mas a parábola da videira exprime objetivamente a mesma coisa: que Jesus não pode separar-se dos seus, a sua unidade de ser com Ele e n'Ele. Assim, o discurso da videira mostra a irrevogabilidade do dom oferecido por Deus, que não será devolvido. Deus ligou-se a si mesmo na encarnação; o discurso fala também da pretensão desta oferta, que exige sempre mais de nós.

A vinha nunca mais poderá ser arrancada, nunca mais poderá ser abandonada ao saque, dissemos. Mas ela precisa sempre de purificação. Purificação, fruto, permanecer, mandamento, amor, unidade – estas são as grandes palavras-chave deste drama do *estar em* e do *estar com* o Filho na videira, que o Senhor, nas suas palavras, coloca diante de nossa alma. Purificação: a Igreja precisa sempre mais, cada um de nós precisa de mais purificação. Os processos da purificação, tão dolorosos quanto necessários, percorrem toda a história, penetram a vida do homem, apropriaram-se de Cristo. Nessas purificações está sempre presente o mistério da morte e da ressurreição. A própria grandeza do homem, bem como das instituições, deve ser extirpada; o que se tornou demasiado grande deve de novo ser reconduzido à simplicidade e à pobreza do Senhor. Só por meio de semelhantes processos de morte é que a fecundidade permanece e se renova.

A purificação visa ao fruto, nos diz o Senhor. Mas que fruto é esse que se espera? Olhemos em primeiro lugar para o fruto que Ele mesmo produziu na sua morte e na sua ressurreição. Isaías e toda a tradição profética tinham falado das uvas e do vinho precioso que Deus esperava da sua vinha: uma imagem para a justiça, para a retidão, que se forma por intermédio da vida na palavra, na vontade de Deus; a mesma tradição diz que, em vez disso, Deus encontra apenas pequenos bagos de uvas verdes e inúteis, que só servem para ser jogados fora: imagem para a vida atirada para longe da justiça de Deus, para a injustiça, para a corrupção e para a violência. A videira deve produzir boas uvas, das quais, pelo processo da vindima, do pisar as uvas no lagar e da fermentação, será feito o delicioso vinho.

Não nos esqueçamos de que a parábola da videira se encontra no contexto da Última Ceia de Jesus. Depois da multiplicação dos pães, Ele tinha falado do verdadeiro pão do céu, que Ele daria, e transmitiu assim uma pré-significação do pão eucarístico. É dificilmente pensável que Ele não tenha em surdina insinuado o novo vinho no discurso da videira, para o qual já chamara a atenção em Caná e que Ele agora oferece – o vinho que viria da sua paixão, do seu "amor até o fim" (Jo 13,1). Sob este ângulo, a parábola da videira tem um pano de fundo inteiramente eucarístico. Ela chama a atenção para o fruto que Jesus traz: o seu amor, que Ele oferece na cruz, que é o novo e delicioso vinho, que pertence às bodas de Deus com os homens. A eucaristia torna-se, assim, mesmo sem ser expressamente mencionada, compreensível em toda a sua profundidade e grandeza. Ela nos chama a atenção para o fruto que nós, como ramos da videira, com Cristo e a partir de Cristo podemos e devemos produzir: o fruto que o Senhor espera de nós é o amor, que com Ele acolhe o mistério da cruz, torna-se participação na sua autodoação e, assim, a verdadeira justiça que Deus espera de nós e que prepara o mundo para o Reino de Deus.

Purificação e fruto estão intimamente relacionados; somente por meio das purificações de Deus é que podemos produzir o fruto que desemboca no mistério eucarístico e assim conduz às núpcias, que constituem o objetivo final de Deus com a história. Fruto e amor estão intimamente relacionados: o verdadeiro fruto é o amor que vem por meio da cruz, por meio das purificações de Deus. A tudo pertence o "permanecer". Em João, capítulo 15, versículos de 1 a 10, a palavra "permanecer" ocorre onze vezes. O que os Padres da Igreja chamam *perseverantia*, o paciente perseverar na comunhão com o Senhor por meio de todas as confusões da vida, é puxado aqui bem para o centro. É fácil um primeiro entusiasmo, mas segue-se-lhe a perseverança mesmo nos caminhos monótonos do deserto, que têm de ser percorridos na vida, na paciência do sempre igual avançar, em que decai o romantismo do primeiro momento da partida e apenas permanece o profundo, o puro sim da fé. É precisamente assim que se torna bom vinho. Sto. Agostinho experimentou profundamente, depois das brilhantes iluminações do princípio, da hora da conversão, a fadiga desta paciência e foi precisamente assim que aprendeu o amor para com o Senhor e a profunda alegria do que encontrou.

Se o fruto que devemos produzir é o amor, então o seu pressuposto é precisamente este "permanecer", que tem profundamente a ver com a fé que nunca abandona o Senhor. No versículo 7 fala-se então da oração como de um momento essencial desse permanecer: ao que reza é prometido seguramente que será atendido. Rezar em nome de Jesus não é, todavia, pedir isto ou aquilo, mas pedir o dom essencial que Jesus, nos discursos de despedida, caracteriza como "a alegria", mas que S. Lucas designa como o Espírito Santo (Lc 11,13) – o que no fundo é a mesma coisa. As palavras sobre o permanecer no amor chamam antecipadamente a atenção para o último versículo da oração sacerdotal de Jesus (Jo 17,26) e ligam assim o discurso sobre a videira também ao grande tema da unidade, que então Jesus apresenta como pedido ao Pai.

c) O pão

Já tratamos o tema do pão detalhadamente quando falamos das tentações de Jesus; vimos que na tentação de transformar as pedras do deserto em pão já está presente toda a problemática da missão do Messias, e que na desfiguração desta missão pelo demônio também já se pode ver como pano de fundo a resposta positiva de Jesus – que se tornará definitivamente clara na doação do seu corpo como pão para a vida do mundo – na noite antes da sua paixão. De novo encontramos a temática do pão na explicação do quarto pedido do *Pai-Nosso*, no qual procuramos ver as diversas dimensões desse pedido e assim toda a extensão do tema do pão. No final do ministério de Jesus na Galileia, a multiplicação dos pães torna-se, por um lado, o sinal destacado da missão messiânica de Jesus, mas aparece também como encruzilhada da sua ação, que a partir daí se torna claramente caminho para a cruz. Todos os três Evangelhos sinópticos relatam uma refeição extraordinária para cinco mil homens (Mt 14,13-21; Mc 6,32-44; Lc 9,10b-17); S. Mateus e S. Marcos falam, além disso, de uma outra refeição com quatro mil (Mt 15,32-38; Mc 8,1-9).

Não podemos ocupar-nos aqui do rico conteúdo teológico de ambas as narrativas. Limito-me à história joanina da multiplicação dos pães (Jo 6,1-15); mas também ela não deve ser aqui investigada de modo muito pormenorizado, pois vamos voltar o nosso olhar para a explicação do acontecimento que Jesus no dia seguinte oferece no seu grande discurso sobre o pão na sinagoga, na outra margem do lago. Ainda outra limitação é necessária: também não podemos contemplar nos seus pormenores este grande discurso muito meditado pelos exegetas e também de muitos modos desfeito e fragmentado. Eu gostaria apenas de tentar elucidar as suas grandes linhas e sobretudo ordená-lo no conjunto de toda a tradição, na qual se encontra e a partir da qual deve ser compreendido.

O contexto fundamental no qual todo o capítulo está enquadrado é o contraste entre Moisés e Jesus: Jesus é o definitivo, o grande Moisés, o "profeta" que Moisés havia anunciado no seu discurso na fronteira da Terra Santa e do qual dissera: "Eu quero colocar as minhas palavras na sua boca e ele dir-lhes-á tudo o que eu lhes ordenar" (Dt 18,18). Então não é por acaso que, no fim da multiplicação dos pães e antes da tentação de proclamarem Jesus como rei, está a frase: "Este é verdadeiramente o profeta que deve vir ao mundo" (Jo 6,14), como também, de modo semelhante, depois do anúncio da água viva na festa dos tabernáculos, os homens digam: "Não será este talvez realmente 'o profeta'?" (Jo 7,40). É deste pano de fundo representado por Moisés que resulta a pretensão que Jesus deve apresentar. Moisés tinha feito brotar água do rochedo no deserto; Jesus promete água que dá a vida, já vimos. Mas o grande dom, que estava principalmente no campo de visão da memória, era o maná: Moisés tinha oferecido pão do céu, o próprio Deus tinha alimentado com pão celeste Israel peregrino. Para um povo no qual muitos sofrem com fome e sob a fadiga da procura do pão para cada dia, esta era a promessa das promessas, que de algum modo a todas em si resumia: a remoção de todas as necessidades, um dom que para todos e para sempre saciaria a fome.

Antes de nos agarrarmos a este pensamento, a partir do qual o capítulo 6 de S. João deve ser compreendido, devemos ainda completar a imagem de Moisés, porque somente assim se torna clara a imagem de Jesus que S. João tem diante dos olhos. O ponto central do qual partimos neste livro e para o qual queremos sempre retornar consiste em que Moisés falava com Deus "como os homens falam uns com os outros" (Ex 33,11; Dt 34,10). Somente porque Ele falava com Deus é que podia trazer aos homens a palavra de Deus. Mas sobre esta proximidade com Deus, que está no núcleo da missão de Moisés e que é o seu fundamento mais íntimo, paira no entanto uma sombra. De fato, ao pedido de Moisés, "deixa-me ver o teu rosto!", no mesmo instante em que se fala da sua amizade, da sua relação direta com Deus, ouve-se esta resposta: "Quando a minha glória passar, colocar-te-ei na cavidade do rochedo e cobrir-te-ei com a minha mão, até que Eu tenha passado. Então tirarei a minha mão e tu poderás ver as minhas costas. Mas o meu rosto ninguém o pode ver" (Ex 33,18.22s). Também Moisés vê apenas as costas de Deus – o seu rosto "ninguém o pode ver". Os limites que também a Moisés são impostos tornam-se visíveis.

Para a imagem de Jesus do Evangelho de S. João, a chave decisiva encontra-se na afirmação do fim do prólogo: "Ninguém jamais viu a Deus. O único, que é Deus e que repousa no coração do Pai, é que no-lo deu a conhecer" (Jo 1,18). Só aquele que é Deus vê Deus – Jesus. Ele fala realmente a partir da visão do Pai, Ele fala a partir do permanente diálogo com o Pai, um diálogo que é a Sua vida. Se Moisés nos mostrou, porque só isso nos podia mostrar, as costas de Deus, então Jesus é a palavra que vem de Deus, que vem da viva visão, da unidade com Ele. Deste modo estão relacionados outros dois dons de Moisés, que em Cristo encontram a sua forma definitiva: Deus comunicou o seu nome a Moisés e assim possibilitou a relação entre si e o homem; por meio da transmissão do nome que lhe foi revelado, Moisés torna-se o mediador da verdadeira relação dos homens com o Deus vivo (sobre isso já refletimos quando da contemplação do primeiro pedido do *Pai-Nosso*). Na sua oração sacerdotal, Jesus sublinha que revela o nome de Deus, que também neste ponto leva a seu termo a obra começada por Moisés. Na contemplação da oração sacerdotal de Jesus havemos de investigar de modo mais próximo esta afirmação: em que perspectiva Jesus revela o nome de Deus indo além de Moisés?

    O outro dom de Moisés que está em íntima relação com a visão de Deus, com a revelação do nome bem como com o maná, e por meio do qual Israel é em absoluto o que é, ou seja, povo de Deus, é a *Tora* – a palavra de Deus que indica o caminho que conduz para a vida. Israel reconheceu sempre mais claramente que este era o dom fundamental e permanente de Moisés; que nele consistia também a autêntica distinção de Israel, ou seja, conhecer a vontade de Deus e assim o caminho correto da vida. O grande Salmo 119 é uma única explosão da alegria e da gratidão por esse dom. Uma visão unilateral da lei, que resultou de uma explicação unilateral da teologia paulina, desloca o nosso olhar desta alegria de Israel: a alegria de conhecer a vontade de Deus e assim poder e dever viver essa vontade.

Com esta indicação chegamos – mesmo que de um modo aparentemente inesperado – de novo ao discurso sobre o pão. De fato, no desenvolvimento interno do pensamento judaico tinha-se tornado sempre mais claro que o autêntico pão do céu que alimentava e que alimenta Israel é precisamente a lei – a lei de Deus. Na literatura sapiencial, a sabedoria, que em última instância é acessível e se encontra acessível na lei, aparece como "pão" (Prov 9,5); a literatura rabínica desenvolveu ainda mais este pensamento (Barrett, p. 301). É a partir desta perspectiva que devemos compreender a discussão de Jesus com os judeus reunidos na sinagoga de Cafarnaum. Jesus chama, em primeiro lugar, a atenção para o fato de eles não terem entendido a multiplicação dos pães como "sinal" – como na verdade era o seu sentido –, mas o que lhes interessava era o comer e o ficar saciado (Jo 6,26). Eles viram a salvação de um modo puramente material, a partir do bem-estar em geral, e assim reduziram o homem; na realidade, deixaram Deus fora. Mas, se virmos o maná apenas sob o aspecto da saciedade, é preciso verificar que mesmo o maná não era pão do céu, mas apenas pão da terra. Mesmo ele vindo do "céu" era alimento terreno, alimento de substituição que deveria acabar quando o povo abandonasse o deserto e chegasse à terra habitada.

Mas o homem tem fome de algo mais, precisa de mais. O alimento que alimenta o homem como homem deve ser maior, deve situar-se em outro plano. É a *Tora* este outro alimento? De algum modo, o homem já pode nela e por ela fazer da vontade de Deus o seu alimento (cf. Jo 4,34). Sim, a *Tora* é "alimento" que vem de Deus; mas ela só nos mostra, por assim dizer, as costas de Deus, ela é "sombra". "O pão de Deus é aquele que desceu do céu e que dá a vida ao mundo" (Jo 6,33). Visto que os ouvintes não perceberam isso, Jesus diz mais uma vez, de modo ainda mais categórico: "Eu sou o pão da vida; quem vem a mim nunca mais terá fome e quem acredita em mim nunca mais terá sede" (Jo 6,35).

A lei tornou-se pessoa. No encontro com Jesus alimentamo-nos, por assim dizer, do próprio Deus vivo, comemos realmente "pão do céu". Consequentemente, já antes Jesus tinha tornado claro que a única obra que Deus exige consiste em acreditar n'Ele. Os ouvintes tinham perguntado a Jesus: "Que é que devemos fazer para realizar as obras de Deus?" (Jo 6,28). A palavra grega aqui utilizada, *ergazesthai*, quer dizer "merecer pelo trabalho" (Barrett, p. 298). Os ouvintes estão prontos para trabalhar, para atuar, para fazer "obras", para receber este pão. Mas ele não pode ser "merecido"por meio do trabalho humano, pela própria "capacidade". Ele só pode vir até nós como dom de Deus, como *obra de Deus*: toda a teologia paulina está presente neste diálogo. O mais elevado e próprio não podemos alcançar por nós mesmos; devemos fazer que nos ofereçam e, por assim dizer, deixar-nos introduzir na dinâmica do que nos é oferecido. Isso acontece na fé em Jesus, que é diálogo, relação viva com o Pai e que quer tornar-se em nós de novo palavra e amor.

Mas a questão: como podemos "alimentar-nos" de Deus, vivermos d'Ele, de tal modo que Ele mesmo seja o nosso pão? – essa questão ainda não foi totalmente respondida. Deus torna-se "pão" para nós em primeiro lugar na encarnação do *logos*: a palavra toma a carne. O *logos* torna-se um de nós e coloca-se ao nosso nível, entra naquilo que a nós é acessível. Mas, além da encarnação, do fato de a palavra se tornar homem, é ainda necessário dar outro passo, ao qual Jesus se refere nas palavras conclusivas do seu discurso: a sua carne é vida "para" o mundo (Jo 6,51). Assim, para lá do ato da encarnação e que é o seu objetivo final e a sua última realização está: a oblação de Jesus na morte e o mistério da cruz.

Isso se torna ainda mais claro no versículo 53, em que o Senhor acrescenta a palavra sobre o Seu sangue que Ele dá para "beber". Aqui, torna-se clara não apenas a referência à eucaristia, mas principalmente aparece o sacrifício de Jesus que lhe está subjacente, que derrama por nós o seu sangue e, por assim dizer, sai de si mesmo, derrama-se como uma corrente, para que o façamos nosso.

Deste modo, a teologia da encarnação e a teologia da cruz sobrepõem-se uma à outra neste capítulo; ambas são inseparáveis. Não é possível opor a teologia pascal dos sinópticos e de S. Paulo a uma hipotética pura teologia da encarnação de S. João. A encarnação da palavra, de que fala o prólogo, visa precisamente à oblação do corpo na cruz, o qual se torna acessível para nós no sacramento. S. João segue aqui a mesma linha que a Carta aos Hebreus desenvolveu a partir do Salmo 39, versículos 6 a 8: sacrifícios e oblações não quiseste – preparaste para mim um corpo (Hb 10,5). Jesus torna-se homem para a si mesmo se dar e se colocar no lugar dos sacrifícios de animais, que apenas podiam ser um gesto do desejo, mas não a resposta.

No discurso de Jesus sobre o pão, por um lado, o grande movimento da encarnação e do caminho pascal é orientado para o sacramento, no qual para sempre encarnação e Páscoa são simultâneas, mas inversamente também o sacramento, a santa eucaristia, é deste modo ordenado para o grande contexto da descida de Deus para nós e por nós. Assim, a eucaristia é decididamente trazida para o centro da existência cristã: aqui Deus nos oferece realmente o maná que a humanidade aguarda, o verdadeiro "pão do céu", do qual como homens podemos em última instância viver. Mas é claro então que a eucaristia se torna o grande encontro do homem com Deus, no qual o Senhor se dá como "carne", para que nós n'Ele e na participação no seu caminho possamos tornar-nos "espírito": assim como Ele, por meio da cruz, sofreu a transformação do seu corpo para uma nova humanidade, totalmente penetrada pelo ser de Deus, do mesmo modo, para nós, este alimento deve ser abertura da existência, passagem pela cruz e antecipação da nova existência da vida em Deus e com Deus.

 Por isso, no fim do discurso, em que é muito intensamente posta em evidência a encarnação de Jesus e o comer e o beber da "carne e do sangue do Senhor", encontra-se a frase: "O Espírito é que dá a vida, a carne não serve para nada" (Jo 6,63). Isso pode nos levar a recordar a palavra de S. Paulo: o primeiro Adão era uma alma viva, o último Adão tornou-se Espírito que dá a vida (1 Cor 15,45). Aqui, nada se retira do realismo da encarnação. Mas a perspectiva pascal do sacramento é sublinhada: é somente por meio da cruz e por meio da transformação que ela percebe que essa carne se torna acessível e nos arrebata no processo de transformação. Desta grande dinâmica cristológica, e mesmo cósmica, tem sempre muito que aprender a piedade eucarística.

Para compreendermos em toda a sua profundidade o discurso de Jesus sobre o pão, temos de considerar finalmente, ainda que de modo muito breve, uma das palavras-chave do Evangelho de S. João, que Jesus diz no Domingo de Ramos já na perspectiva da Igreja universal a chegar, que haveria de incluir os judeus e os gregos, todos os povos do mundo: "Se o grão de trigo não for lançado à terra e não morrer, permanece só, mas, se morrer, produz muito fruto" (Jo 12,24). No produto que nós chamamos "pão" está contido o mistério da paixão. O pão pressupõe que a semente – o grão de trigo – seja lançada à terra, que "morra" e que a partir desse morrer nasça uma nova espiga. O pão terreno pode ser portador da presença de Cristo, porque ele mesmo leva em si o mistério da paixão, une em si morte e ressurreição. Por isso é que, nas religiões do mundo, o pão se tornou o ponto de partida dos mitos da morte e da ressurreição da divindade, nos quais o homem exprimiu a sua esperança na vida a partir da morte.

O cardeal Schönborn recorda-se neste contexto do processo de conversão do grande escritor inglês C. S. Lewis, o qual leu uma obra em doze volumes sobre esses mitos, e que o tinha levado à convicção de que este Jesus, que tomou o pão nas suas mãos e que disse "isto é o meu corpo", não passava de uma entre tantas divindades ligadas aos cereais, um rei de cereais, que entrega a sua vida pela vida do mundo. Mas um dia ouviu numa conversa um ateu convencido observar que as provas a favor da historicidade dos Evangelhos eram surpreendentemente boas. E veio-lhe então este pensamento: "Coisa bem estranha. Tudo o que se diz sobre um Deus que está a morrer é de tal modo que parece que aconteceu *alguma vez*" (G. Kranz, cit. em Schönborn, p. 23s).

Sim, aconteceu mesmo, realmente. Jesus não é nenhum mito, Ele é um homem de carne e de sangue, está bem real na história. Podemos seguir os lugares por onde Ele andou. Podemos, por meio de testemunhas, escutar as suas palavras. Ele morreu e ressuscitou. O mistério da paixão do pão, por assim dizer, esperou por Ele, estendeu-se a Ele, e os mitos esperaram por Ele, aquilo por que se aspirava tornou-se n'Ele realidade. A mesma ciscunstância vale para o vinho. Também ele traz a paixão em si, é esmagado, e é deste modo que das uvas se faz o vinho. Os Padres da Igreja interpretaram de modo muito desenvolvido esta linguagem escondida dos dons eucarísticos. Gostaria de juntar aqui apenas um exemplo. Na assim dita doutrina dos 12 apóstolos (por volta do ano 100), encontra-se uma oração que é dita sobre o pão destinado à eucaristia: "Do mesmo modo como este pão estava espalhado sobre os montes e foi reunido, assim será a Igreja reunida de todos os fins da terra no teu reino…" (IX, p. 4).

d) O Pastor

A imagem do pastor, sob a qual Jesus, tanto nos sinópticos como no Evangelho de S. João, representa a sua missão, transporta consigo uma longa história. No antigo Oriente, tanto nas inscrições reais dos sumérios como no espaço babilônico e assírio, o rei designa-se como o pastor instituído por Deus; apascentar é uma imagem para a sua missão de governar. O cuidado pelos fracos pertence, a partir dessa imagem, às tarefas do soberano justo. Podia, então, dizer-se que, a partir da sua origem, a representação de Cristo como bom pastor é um Evangelho de Cristo como rei, que permite iluminar a realeza de Cristo.

    A pré-história imediata do uso dessa imagem por Jesus nos seus discursos encontra-se no Antigo Testamento, no qual o próprio Deus aparece como o pastor de Israel. Esta imagem marcou profundamente a piedade de Israel e, principalmente nos tempos difíceis de Israel, tornou-se uma palavra de consolação e de confiança. É talvez no Salmo 23 que se encontra resumida, do modo mais belo, esta piedade da confiança: o Senhor é o meu pastor – "mesmo que eu tenha de atravessar vales sombrios, não temo nenhum mal. Porque tu estás comigo..." (23,4). Ainda mais perfeita é a imagem de Deus como pastor em Ezequiel nos capítulos 34 a 37, cuja visão, transposta concretamente para o presente tanto nas parábolas sinópticas sobre o pastor como nos discursos de S. João sobre o mesmo tema, é tomada como profecia do ministério de Jesus. Perante os pastores que se apascentam, que Ezequiel encontra no seu tempo e que acusa, ele proclama a promessa de que o próprio Deus procurará as suas ovelhas e que Ele mesmo tratará delas. "Arrancá-las-ei de entre os povos, reuni-las-ei dos vários países para as reconduzir à sua própria terra... Sou eu que apascentarei as minhas ovelhas, sou eu que as farei descansar. Procurarei a ovelha perdida, reconduzirei a transviada, a que está ferida tratá-la-ei, à doente darei força, ao mesmo tempo que vigiarei a que está gorda e vigorosa" (Ez 34,13.15-16).

    Ante à murmuração dos fariseus e dos escribas a respeito da comunhão de mesa de Jesus com os pecadores, o Senhor conta a parábola das 99 ovelhas que permanecem no curral e da única perdida, que o pastor vai procurar, que ele, cheio de alegria, coloca em seus ombros e traz para casa. Com essa parábola, Jesus diz aos seus adversários: não lestes a palavra de Deus em Ezequiel? Eu só faço o que Deus como o verdadeiro pastor anunciou: quero procurar a ovelha que está perdida, quero trazer para o rebanho a tresmalhada.

Na hora mais tardia da profecia no Antigo Testamento, opera-se uma profunda e surpreendente mudança na representação da imagem do pastor, que conduz diretamente ao mistério de Jesus Cristo. S. Mateus conta-nos que Jesus, depois da Última Ceia, a caminho do jardim das Oliveiras, anuncia que então havia de acontecer o que está anunciado no Livro de Zacarias, capítulo 13, versículo 7: quero ferir o pastor, e então as ovelhas serão dispersas (Mt 26,31). Na realidade, aparece aqui em Zacarias a visão de um pastor, "o qual segundo a vontade de Deus suporta a morte e assim introduz a última viragem" (J. Jeremias ThWNT VI 487).

 Esta surpreendente visão de um pastor assassinado, o qual por meio da sua morte se torna redentor, está intimamente ligada com outra imagem do Livro de Zacarias: "... Sobre a casa de Davi e sobre os habitantes de Jerusalém hei de derramar o espírito de compaixão e de oração. E eles hão de olhar para aquele que trespassaram. Hão de lamentá-lo como se lamenta o filho único... Naquele dia haverá um grande pranto em Jerusalém tão forte como o pranto sobre Adadremon na planície de Magedon... Naquele dia correrá para a casa de Davi e para os habitantes de Jerusalém uma fonte para a purificação dos pecados e de toda a impureza" (Zc 12,10.11; 13,1). Adadremon era uma das divindades da vegetação que morria e ressuscitava, que já encontramos antes em relação ao pão, que pressupõe a morte e a ressurreição do trigo. A sua morte, a que se segue então à ressurreição, era celebrada com selvagens lamentações rituais; eram para aqueles que as viviam – o profeta e os seus leitores pertencem certamente a este grupo – absolutamente o modelo do luto e da lamentação. Para Zacarias, Adadremon é uma das divindades vãs que Israel despreza, como sonhos míticos. E, no entanto, ela se torna, por meio do rito da lamentação, misteriosa imagem antecipada do único que realmente existe.

Uma relação íntima com o servo de Deus do Deutero-Isaías não é difícil de reconhecer. A profecia tardia de Israel vê, mesmo sem poder esclarecer de um modo mais próximo, a figura, o redentor que sofre e que morre, o pastor, que se torna o cordeiro. K. Elliger comenta a propósito: "Mas por outro lado o seu olhar (de Zacarias) aponta raramente para um alvo seguro a longa distância e gira em torno da figura do que é trespassado na cruz sobre o Gólgota, mesmo sem captar claramente a figura de Cristo, embora com a menção de Adadremon toque notavelmente no mistério do ressuscitado, mas é precisamente apenas tocado... sobretudo sem ver claramente a autêntica relação entre a cruz e a fonte contra todos os pecados e toda a impureza" (ATD B. 25, 1964[5], p. 172). Quando, em S. Mateus, o próprio Jesus, no início do relato da paixão, cita Zacarias, capítulo 13, versículo 7, a imagem do pastor assassinado, S. João termina o relato da crucificação do Senhor com a referência a Zacarias, capítulo 2, versículo 10: "Hão de olhar para aquele que trespassaram" (Jo 19,37). Agora é claro: aquele que foi morto e é o redentor é Jesus Cristo, o crucificado.

S. João liga isto à visão de Zacarias que anuncia a fonte para a purificação dos pecados e de toda a impureza: do lado aberto de Jesus correm sangue e água (Jo 19,34). O próprio Jesus, o que foi trespassado na cruz, é a fonte para a purificação e salvação para todo o mundo. S. João liga isso também à imagem do cordeiro pascal, cujo sangue tem força purificadora: "Não lhe partirão nenhum osso" (Jo 19,36; Ex 12,46). Deste modo, o anel fecha-se de novo no fim retomando o princípio do Evangelho, quando o Batista, olhando para Jesus, disse: "Eis o cordeiro de Deus que tira os pecados do mundo" (Jo 1,29). A imagem do cordeiro, que, de um outro modo, é determinante no Apocalipse, abrange assim todo o Evangelho e explica também profundamente o discurso sobre o pastor, cujo ponto central é precisamente representado pela oblação de Jesus.

Os discursos sobre o pastor começam surpreendentemente não com a afirmação "Eu sou o bom pastor", mas sim com outra imagem: "Em verdade, em verdade, Eu vos digo: Eu sou a porta para as ovelhas" (Jo 10,7). Já antes Jesus tinha dito: "Quem não entra no redil pela porta, mas por outro lado, esse é um ladrão ou salteador. Mas quem entra pela porta, esse é o pastor das ovelhas" (Jo 10,1s). Só podemos entender isso no sentido de Jesus colocar aqui o critério de referência para os pastores do seu rebanho depois da sua subida para o Pai. Que alguém seja um verdadeiro pastor, mostra-se no fato de ele entrar através de Jesus, que é a porta. De fato, deste modo, é Jesus que em última instância permanece como o pastor – só a Ele "pertence" o rebanho.

Como isso concretamente corre por si mesmo, ou seja, entrar através de Jesus como porta, mostra-nos o apêndice ao Evangelho no capítulo 21: a investidura de S. Pedro no ministério pastoral do próprio Jesus. Três vezes diz o Senhor a Pedro: apascenta os meus cordeiros (isto é, as minhas ovelhas; 21,15-17). S. Pedro é claramente definido como pastor das ovelhas de Jesus, instituído no ministério pastoral de Jesus. Mas, para que ele possa ser tal pastor, deve entrar através da "porta" (10,3). Esse entrar – ou melhor, ser admitido através da porta (Jo 21,15-17) – é dirigido a Pedro na pergunta três vezes repetida: "Simão, filho de João, tu Me amas?". Temos aqui, em primeiro lugar, o elemento totalmente pessoal da vocação: Simão é chamado pelo nome, pelo seu nome muito pessoal, "Simão", e com a sua origem. E ele é interrogado sobre o amor, que lhe permite ser um só com Jesus. Deste modo, é "através de Jesus" que ele chega às ovelhas; ele as toma não como suas – de Simão Pedro –, mas como o "rebanho" de Jesus. Porque ele vem pela "porta" que é Jesus, porque ele vem unido no amor com Jesus, por isso é que as ovelhas escutam a sua voz, a voz de Jesus – não seguem Simão, mas Jesus, em nome do qual e pelo qual Simão vem ter com elas, de tal modo que na sua condução é o próprio Jesus quem conduz.

A cena inteira da instituição termina então com a palavra de Jesus a Pedro: "Segue-me" (Jo 21,19). Ela nos leva a pensar na cena depois da primeira confissão de Pedro, em que este tentou desviar Jesus do caminho da cruz e o Senhor lhe disse: "Para trás de Mim"; para então exigir tudo, tomar a cruz sobre si e "segui-l'O" (Mc 8,33s). Também o discípulo, que agora como pastor vai adiante, deve "seguir" Jesus. A isso pertence – como o Senhor anunciou a Pedro depois da transmissão do ministério pastoral – aceitar a cruz, a disponibilidade para dar a sua vida. É precisamente assim que a palavra se torna concreta: Eu sou a porta. É precisamente assim que o próprio Jesus permanece como o pastor.

Voltemos ao discurso do pastor no capítulo 10. Só no segundo momento é que aparece a afirmação: "Eu sou o bom pastor". Toda a carga histórica da imagem do pastor é retomada, purificada e levada ao seu pleno sentido. São especialmente evidenciados quatro conteúdos essenciais. O ladrão vem "para roubar, para matar e para destruir" (Jo 10,10). Ele vê as ovelhas como uma coisa que lhe pertence, que ele possui, e as explora para si. Para ele, trata-se apenas de si mesmo, tudo está ali apenas para ele. O verdadeiro pastor é exatamente o contrário: ele não tira a vida, mas dá a vida: "Eu vim para que tenham a vida e a tenham em abundância" (Jo 10,10).

Esta é a grande promessa de Jesus: dar a vida em abundância. Cada homem deseja para si a vida em abundância. Mas o que é isso? Em que consiste a vida? Onde a encontramos? Quando e como temos a "vida em abundância"? Quando vivemos como o filho pródigo – quando esbanjamos todo o dote que Deus nos deu? Quando vivemos como o ladrão e o salteador – pegando tudo para nós? Jesus promete mostrar às ovelhas as "pastagens", isto é, aquilo de que elas vivem, conduzi-las verdadeiramente às fontes da vida. Nós devemos escutar aqui as palavras do Salmo 23: "Ele nos leva a descansar em verdes prados. Ele me leva a descansar junto da água. Tu preparas uma mesa para mim... a graça e a bondade hão de acompanhar-me todos os dias da minha vida..." (Sl 23,2.5s).

Mas o que tudo isso quer dizer? De que as ovelhas vivem, isso sabemos; mas de que é que vive o homem? Os Padres da Igreja viram na terra de Israel sobre um monte e nas pastagens situadas nas suas elevações, onde existem sombra e água, uma imagem para as elevações da Sagrada Escritura, para o alimento vivificante da palavra de Deus. E mesmo se esse não for o sentido histórico do texto, mesmo assim eles viram bem e principalmente compreenderam corretamente Jesus. O homem vive da verdade e do fato de ser amado, de ser amado pela verdade. Ele precisa de Deus, do Deus que se aproxima dele e que lhe explica o sentido da vida e assim lhe indica o caminho da vida. Certamente! O homem precisa de pão, precisa do alimento do corpo, mas precisa no fundo, e principalmente, da palavra, do amor, do próprio Deus. Quem lhe der isso dá-lhe "vida em plenitude". E deste modo liberta-lhe também as forças pelas quais ele pode, com pleno sentido, modelar a terra, pode encontrar para si e para os outros os bens que nós só podemos ter uns com os outros.

Neste ponto dá-se uma íntima relação entre o discurso sobre o pão do capítulo 6 e o discurso sobre o pastor: trata-se sempre daquilo de que o homem vive. Fílon, o grande filósofo judeu da filosofia da religião e contemporâneo de Jesus, disse que Deus, o verdadeiro pastor do seu povo, instituiu como pastor o seu "filho primogênito", o *logos* (Barrett, p. 374). O discurso joanino sobre o pastor não tem nenhuma relação direta com a compreensão de Jesus como *logos*; e no entanto, precisamente no contexto do Evangelho de S. João, é este o seu sentido: que Jesus, como palavra de Deus encarnada, é não só o pastor, mas também o alimento, a verdadeira "pastagem", que Ele oferece a vida, à medida que se dá a si mesmo, Ele que é a vida (cf. Jo 1,4; 3,36; 11,25).

E assim chegamos ao segundo motivo do discurso sobre o pastor, no qual aparece a novidade que vai além de Fílon – não por meio de novos pensamentos, e sim de um novo acontecimento: precisamente a encarnação e a paixão do Filho: "O bom pastor dá a sua vida pelas ovelhas" (Jo 10,11). Assim como o discurso sobre o pão não se detém na referência à palavra, mas fala da palavra que se tornou carne e dom "para a vida do mundo" (Jo 6,51), do mesmo modo para o discurso sobre o pastor é absolutamente central a oblação da vida pelas "ovelhas". A cruz encontra-se no ponto central do discurso sobre o pastor, mas não como ato de violência que apanha Jesus de um modo imprevisto e que é exercido a partir de fora, mas como livre oblação de si mesmo: "Eu dou a minha vida, para de novo a retomar. Ninguém me tira a vida, sou Eu que a dou livremente" (Jo 10,17s). É aqui explicado o que acontece na instituição da eucaristia: Jesus transforma o ato de violência exterior da crucificação num ato de oblação em liberdade que Ele faz de si mesmo em favor dos outros. Jesus não dá "algo", mas dá-se a si mesmo. Ele dá a vida. Havemos de retomar e de aprofundar estes pensamentos quando falarmos da eucaristia e do acontecimento da Páscoa.

Um terceiro motivo essencial do discurso sobre o pastor é o conhecimento recíproco do pastor e do rebanho: "... Ele chama as ovelhas, que lhe pertencem, cada uma pelo seu nome, e as conduz para fora... as ovelhas seguem-n'O; porque elas conhecem a sua voz" (Jo 10,3s). "Eu sou o bom pastor; conheço as minhas ovelhas e as minhas ovelhas conhecem-Me, como o Pai me conhece e Eu conheço o Pai; e Eu dou a minha vida pelas minhas ovelhas" (Jo 10,14s). Nesses versículos encontramos dois cruzamentos conceituais surpreendentes que devemos considerar para compreender o que significa este "conhecer". Desde já, e em primeiro lugar, conhecer e pertencer estão reciprocamente entrelaçados. O pastor conhece as ovelhas, porque elas lhe pertencem, e elas o conhecem precisamente, porque elas são as suas ovelhas. O conhecer e o pertencer (no texto grego, o ser "pertença": *ta idia*) são propriamente uma e a mesma coisa. O verdadeiro pastor não "possui" as ovelhas como uma coisa qualquer, que se pode usar e gastar; elas "lhe pertencem" precisamente no se conhecerem, e esse "conhecer" é um acolhimento interior. Significa um pertencer interior, que vai muito além da posse de coisas.

    Procuremos tornar isso claro com um exemplo da nossa vida. Nenhum homem "pertence" a outro como uma coisa lhe pertence. Os filhos não são "propriedade" dos pais; os esposos não são "propriedade" um do outro. Mas eles "se pertencem" de um modo mais profundo do que, por exemplo, uma peça de madeira ou um campo ou outra coisa qualquer que possa considerar-se "propriedade". Os filhos "pertencem" aos pais e são, no entanto, eles mesmos livres criaturas de Deus, cada um com a sua própria vocação, com a sua própria novidade e unicidade perante Deus. Não lhes pertencem como posse, mas sim em responsabilidade. Eles se pertencem precisamente na medida em que aceitam a liberdade do outro e reciprocamente se suportam na liberdade e no amor – na eternidade, nessa reciprocidade a liberdade e a unidade constituem ao mesmo tempo uma única realidade.

É assim que também "as ovelhas" pertencem ao pastor, não como coisas – que este é o modo como delas procuram apropriar-se o salteador e o ladrão –, mas como pessoas criadas por Deus, à sua imagem. Precisamente esta é a diferença entre o proprietário, o verdadeiro pastor e o salteador: para o salteador, para os ideólogos e os ditadores, os homens são apenas coisas que eles possuem. Para os verdadeiros pastores, porém, são livres para a verdade e para o amor; o pastor prova ser o seu proprietário precisamente porque as conhece e as ama, as quer na liberdade da verdade. Elas lhe pertencem por meio da unidade do "conhecimento", na comunhão da verdade que ele mesmo é. Precisamente por isso é que ele não as usa, mas dá a sua vida por elas. Assim como estão intimamente relacionados o *logos* e a encarnação, o *logos* e a paixão, assim também, em última análise, conhecer e dar-se formam uma unidade.

Escutemos mais uma vez a frase decisiva: "Eu sou o bom pastor; conheço as minhas, e as minhas me conhecem; e Eu dou a minha vida pelas ovelhas" (Jo 10,14s). Nessa frase encontra-se ainda um segundo entrelaçamento, que devemos considerar. O recíproco conhecer-se entre o Pai e o Filho é entretecido com o conhecimento recíproco do pastor e das ovelhas. O conhecimento que liga Jesus com os seus está no campo interior da sua comunhão de conhecimento com o Pai. Os seus estão entrelaçados no diálogo trinitário; veremos isso de novo quando refletirmos sobre a oração sacerdotal. A Igreja e a Trindade estão entretecidas uma na outra, poderemos ver então. Esta reciprocidade de dois níveis de conhecimento é de enorme significado para concebermos a essência do "conhecimento" do qual fala o Evangelho de S. João.

Para transferirmos tudo isso para o mundo da nossa vida, podemos dizer: só em Deus e só a partir de Deus é que o homem conhece verdadeiramente o homem. Um conhecer-se que confina o homem ao que é empírico e inteligível não encontra de modo nenhum a profundidade própria do homem. O homem só se conhece a si mesmo se aprende a compreender-se a partir de Deus e só conhece o outro se vir nele o mistério de Deus. Para o pastor a serviço de Jesus, isso quer dizer que não deve prender os homens em si, no seu próprio e pequeno eu. O conhecer-se que o liga com as ovelhas que lhe foram confiadas deve ter como objetivo conduzirem-se reciprocamente a Deus, levá-las a Ele; deve então ser um encontrar-se na comunhão do conhecimento e do amor de Deus. O pastor a serviço de Jesus deve conduzir-se sempre mais para além de si mesmo, de modo que o outro possa encontrar a sua total liberdade; e por isso mesmo ele deve também transcender-se a si mesmo rumo à unidade com Jesus e com o Deus trinitário.

O próprio Eu de Jesus está sempre aberto para o estar com o Pai; Ele nunca está só, mas somente no receber-se e no restituir-se ao Pai. "A minha doutrina não é minha", o seu Eu é o Eu aberto para a Trindade. Quem O conhece "vê" o Pai, entra na sua comunhão com o Pai. Precisamente esse diálogo que se transcende, que está no encontro com Jesus, mostra-nos de novo o verdadeiro pastor, que não se apodera de nós, mas que nos conduz para a liberdade do nosso ser, na medida em que nos introduz na comunhão com Deus e nos dá a sua vida.

Vamos agora para o último grande motivo do discurso sobre o pastor: a unidade. Ele aparece com grande peso no discurso sobre o pastor em Ezequiel. "Foi-me dirigida a palavra do Senhor: tu, Filho do homem, pega numa vara e escreve nela: a Judá e aos israelitas que estão com ele. Depois pegarás noutra vara e escreverás sobre ela: a José (vara de Efraim) e a toda a casa de Israel que está com ele. Deves juntá-las depois uma à outra de maneira que não formem na tua mão mais do que uma só vara... Assim fala Deus, o Senhor: vou recolher os israelitas dentre as nações por onde estiverem dispersos... Vou reuni-los de toda a parte... para os tornar a trazer para a sua pátria, para as montanhas de Israel, para um único povo... Eles não serão durante mais tempo dois povos e nunca mais se dividirão em duas partes..." (Ez 37,15-17, 21s). O pastor, que é Deus, reúne outra vez, num único povo, Israel separado e disperso.

Os discursos de Jesus sobre o pastor agarram-se nessa visão, mas alargam decisivamente o raio da promessa: "Tenho ainda outras ovelhas que não são deste redil; também a elas devo conduzir e elas escutarão a minha voz; então haverá um só rebanho e um só pastor" (Jo 10,16). A missão de Jesus pastor não diz respeito apenas às ovelhas dispersas da casa de Israel, mas visa absolutamente à recondução "dos filhos de Deus que andam dispersos" (Jo 11,52). Deste modo, a promessa de um só pastor e de um só rebanho diz o mesmo que aparece em S. Mateus na ordem de missão dada pelo ressuscitado: "Fazei de todas as nações meus discípulos" (28,19), e que se encontra também nos Atos dos Apóstolos como palavra do ressuscitado: "Deveis ser minhas testemunhas em Jerusalém, em toda a Judeia e na Samaria e até os confins da terra" (At 1,8).

Aqui se torna visível a razão interior desta missão universal: só há um pastor. O *logos*, que se tornou homem em Jesus, é o pastor de todos os homens, pois que todos foram criados pela única palavra; a partir do *logos* e na sua orientação para ele, em todas as suas dispersões, eles são um só. A humanidade pode, apesar de todas as dispersões, formar uma unidade a partir do verdadeiro pastor, a partir do *logos*, que se fez homem para dar a sua vida e assim oferecer vida em plenitude (Jo 10,10).

A visão do pastor tornou-se, na antiguidade – o que é possível provar a partir do século III –, uma imagem marcante da cristandade antiga. Ela encontrou a figura do guardador de rebanhos, que na superfatigante sociedade urbana apareceu e que foi amada como o sonho de uma vida simples. Mas a cristandade podia imediatamente, a partir da Escritura, compreender a figura de um modo novo; desde logo, por exemplo, a partir do Salmo 23: "O Senhor é o meu pastor. Nada me falta. Ele me leva a descansar em verdes prados... Mesmo que tenha de passar por vales tenebrosos, não temo nenhum mal... A graça e a bondade hão de acompanhar-me todos os dias da minha vida, e na casa de Deus posso habitar por longo tempo". Em Cristo, ela reconhecia o bom pastor que conduz ao longo dos vales tenebrosos da vida; o pastor que passou pelo vale tenebroso da morte; o pastor que conhece o caminho que passa pela noite da morte, que não me abandona nesta derradeira solidão, e que desse vale me leva para os prados verdes da vida, ao lugar "do conforto, da luz e da paz" (*Cânone Romano*). Clemente de Alexandria pôs em versos esta confiança na condução do pastor, e eles nos permitem sentir algo desta esperança e desta confiança da Igreja primitiva tão frequentemente sofredora e sempre repetidamente perseguida: "Conduz, santo Pastor, o teu rebanho espiritual: conduz, Rei, os teus puros filhos. A pegada de Cristo é o caminho para o céu" (*Paed* III 12, 101; van der Meer 23).

Mas, naturalmente, sentiam-se os cristãos recordados também na parábola do pastor que vai atrás da ovelha perdida, coloca-a nos seus ombros e a leva para casa, e do mesmo modo também nos discursos do pastor no Evangelho de S. João. Para os Padres da Igreja, ambas as coisas confluem uma na outra: o pastor, que se põe a caminho para procurar a ovelha perdida, é a palavra eterna, e a ovelha que ele põe nos ombros e amorosamente leva para casa é a humanidade, é o ser humano, que ele tomou sobre si. Na sua encarnação e na sua cruz, Ele leva a ovelha tresmalhada – a humanidade – para casa, leva-me também a mim. O *logos* encarnado é o verdadeiro "guardador de rebanhos" – o pastor, que vai atrás de nós por entre os espinhos e os desertos da nossa vida. Transportados por Ele regressamos para casa. Ele deu a sua vida por nós. Ele mesmo é a vida.

CAPÍTULO 9
Duas balizas importantes no caminho de Jesus: a confissão de Pedro e a transfiguração

1. A CONFISSÃO DE PEDRO

Nos três sinópticos aparece como importante baliza no caminho de Jesus a sua pergunta aos discípulos sobre o que as pessoas diziam e pensavam acerca d'Ele (Mc 8,27-30; Mt 16,13-20; Lc 9,18-21). Nos três Evangelhos, Pedro responde em nome dos 12 apóstolos com uma confissão que se distingue claramente da opinião das "pessoas". Nos três Evangelhos, Jesus anuncia logo a seguir sua paixão e sua ressurreição e continua o anúncio do seu próprio destino com um ensinamento sobre o caminho do discipulado, do seguimento dos Seus passos, que é o crucificado. Nos três Evangelhos, Ele explica, porém, esse seguimento da cruz de um modo radicalmente antropológico, como o necessário caminho da renúncia, sem o qual não é possível ao homem encontrar-se (Mc 8,31-9,1; Mt 16,21-28; Lc 9,22-27). E, finalmente, segue-se nos três Evangelhos o relato da transfiguração de Jesus, o qual explica e aprofunda a confissão de Pedro e ao mesmo tempo faz sua ligação com a morte e a ressurreição de Jesus (Mc 9,2-13; Mt 17,1-3; Lc 9,28-36).

Somente em S. Mateus se encontra, ligada à confissão de Pedro, a transmissão que lhe é feita do poder das chaves – o poder de ligar e de desligar –, a promessa de que sobre ele – Pedro –, como sobre uma pedra, o próprio Jesus havia de edificar a sua Igreja. Do ponto de vista do conteúdo, encontram-se paralelos desta missão e desta promessa em

Lucas, capítulo 22, versículos 31 e 32, no contexto da Última Ceia, e em João, capítulo 21, versículos de 15 a 19, depois da ressurreição de Jesus.

Aliás, encontra-se também em S. João uma confissão de Pedro, que aqui aparece igualmente como uma baliza decisiva do caminho de Jesus e que confere ao círculo dos 12 todo o seu peso e o seu rosto (Jo 6,68s). Na contemplação da confissão de Pedro nos sinópticos, havemos de incluir também este texto, o qual, apesar das diferenças, mostra elementos comuns fundamentais com a tradição sinóptica.

A partir desta exposição um tanto esquemática, deveria tornar-se claro que a confissão de Pedro só pode ser corretamente entendida no contexto em que se encontra com o anúncio do sofrimento e com as palavras acerca do seguimento: estes três elementos – a palavra de Pedro e a dupla resposta de Jesus – estão inseparavelmente ligados, e, assim como a ratificação pelo Pai, pela lei e pelos profetas na cena da transfiguração, são indispensáveis para a compreensão da confissão. Em S. Marcos, a história da transfiguração é precedida por uma "aparente" promessa da parúsia, a qual, por um lado, se prende com as palavras a respeito do seguimento, mas, ao mesmo tempo, introduz na transfiguração de Jesus e assim, a seu modo, explica quer o seguimento quer a promessa da parúsia. As palavras sobre o seguimento, que, segundo S. Marcos e S. Lucas, são dirigidas a todos – em contraste com a profecia da Paixão, que é comunicada apenas às testemunhas –, registram o momento eclesiástico em todo o conjunto; abrem o horizonte para o caminho iniciado por Jesus em direção a Jerusalém (Lc 9,23), como também a sua explicação do seguimento do crucificado tem radicalmente como objetivo a existência humana como tal.

S. João colocou estas palavras no contexto do Domingo de Ramos e em ligação com a pergunta dos gregos a Jesus; deste modo, ele evidenciou muito claramente o caráter universal destas afirmações. Elas estão ligadas também aqui ao destino da cruz de Jesus, que é assim retirado de qualquer casualidade e aparece na sua interior necessidade (Jo 12,24s). Por meio da palavra do grão de trigo que morre ligou, além disso, a afirmação do perder-se e do encontrar-se ao mistério eucarístico, que no fim da história da multiplicação dos pães e da sua explicação no discurso eucarístico de Jesus determina também o contexto da confissão de Pedro.

Voltemo-nos agora para cada um dos elementos individuais deste grande tecido de acontecimento e de palavra. S. Mateus e S. Marcos designam como lugar do ocorrido a região de Cesareia de Filipe, um santuário a Pan (hoje Banjas) construído por Herodes, o Grande, que ficava na nascente do rio Jordão. Herodes tinha então feito desse lugar a capital da sua região e o designado com o nome de César Augusto e com o seu.

A tradição fixou esta cena num lugar em que uma parede de pedra, suspensa sobre as águas do Jordão, oferece às palavras sobre a pedra uma impressionante visibilidade. S. Marcos e S. Lucas introduzem-nos, cada um a seu modo, no lugar interior do acontecimento. S. Marcos diz que Jesus fez esta pergunta "a caminho"; é claro que o caminho do qual ele fala conduz à Jerusalém: o estar a caminho "nas povoações em Cesareia de Filipe" (Mc 8,27) significa o começo da subida para Jerusalém, para o centro da história da salvação, para o lugar no qual deveria consumar-se o destino de Jesus na cruz e na ressurreição, mas também onde, depois desses acontecimentos, a Igreja teve o seu início. A confissão de Pedro e as palavras de Jesus que se seguiram estão no início desse caminho.

Depois do grande tempo da pregação na Galileia, esta é uma baliza fundamental: a partida para a cruz e o convite à decisão, que agora distingue claramente o discipulado daqueles que simplesmente ouvem mas não caminham, marcam especificamente o início da nova família de Jesus – a futura Igreja. Para esta comunidade é característico que está "a caminho" com Jesus – em que caminho, ficará claro precisamente neste contexto. É além disso característico para ela que a sua decisão para caminhar se apoia num conhecimento – num "conhecer" Jesus, que ao mesmo tempo oferece um novo conhecimento de Deus, do único Deus, no qual acreditam como israelitas.

Em S. Lucas – mais especificamente no sentido da sua representação da figura de Jesus –, a confissão de Pedro está ligada a um acontecimento de oração. S. Lucas começa a sua apresentação da história com um propositado paradoxo: "Enquanto Jesus se encontrava sozinho em oração, estavam os seus discípulos com Ele" (Lc 9,18). Os discípulos são introduzidos na sua solidão, na sua total e reservada intimidade com o Pai. Eles podem vê-lo – como refletimos no início deste livro – como aquele que fala com o Pai face a face. Eles podem vê-lo na sua própria e autêntica filiação – naquele ponto a partir do qual surgem as suas palavras, os seus atos, o seu pleno poder. Eles podem ver o que "os outros" não veem, e deste ver surge um conhecimento que vai além da "opinião" dos "outros". É desse ver que vem a sua fé, a sua confissão; sobre isso pode então surgir a Igreja.

A dupla pergunta de Jesus tem aqui o seu lugar interior. A dupla pergunta sobre a opinião dos outros e sobre a convicção dos discípulos pressupõe, por um lado, que há um conhecimento exterior de Jesus que não é simplesmente falso, mas que é, no entanto, insuficiente e que se contrapõe ao conhecimento profundo que está ligado ao discipulado e que só nele pode surgir. Os três sinópticos relatam unanimemente a opinião dos outros, para os quais Jesus é João Batista ou Elias ou um dos outros profetas que ressuscitou; S. Lucas havia anteriormente narrado que Herodes ouvira tais interpretações da pessoa, da ação de Jesus, e daí ter sentido o desejo de O ver. S. Mateus acrescenta como variante a concepção de alguns segundo os quais Jesus é Jeremias.

O comum a essas representações é que elas classificam Jesus na categoria de profeta, que à luz da tradição de Israel estava à disposição como chave da leitura. Em todos os nomes que foram referidos para a interpretação da figura de Jesus oscila, de certo modo, o momento escatológico, a expectativa de uma virada que ao mesmo tempo pode estar ligada com a esperança, mas também com a angústia. Enquanto Elias corporiza mais a esperança de uma reconstituição de Israel, Jeremias é uma figura da paixão, anunciador do fracasso da forma atual da aliança e do santuário, que representava por assim dizer a garantia da aliança; ele é, todavia, portador também da promessa de uma nova aliança, que deve surgir da decadência. No seu sofrimento, Jeremias é o portador vivo deste duplo destino de decadência e de renovação.

Todas essas opiniões não são simplesmente erradas: elas significam aproximações menores ou maiores ao mistério de Jesus, a partir das quais é inteiramente possível encontrar o caminho para o autêntico mistério. Mas elas não alcançam o autêntico Jesus na sua novidade. Elas o explicam a partir do passado, a partir de todo o ocorrido e do possível, não a partir de si mesmo, não na sua unicidade, que em nenhuma outra categoria se pode inserir. Nesse sentido, há também hoje muito claramente a opinião dos "outros", que de algum modo conheceram Jesus, talvez até O tenham estudado cientificamente, mas que não O encontraram na sua autêntica alteridade. Karl Jaspers representou Jesus ao lado de Sócrates, Buda e Confúcio como um dos quatro homens de referência e assim lhe reconheceu um significado fundamental para a procura da autêntica humanidade; mas Jesus não passa de uma entre outras categorias comuns, a partir das quais se esclarece e pode também ser delimitado.

É hoje comum ver-se Jesus como uma das grandes figuras religiosas fundamentais do mundo, às quais foi dada uma profunda experiência de Deus. É por isso que elas podem explicar Deus a outros homens aos quais foi, por assim dizer, recusada esta "religiosa aptidão", levá-los consigo nesta experiência de Deus. No entanto, é certo que se trata aqui de uma experiência humana de Deus, que reflete a realidade infinita no finito e limitado do espírito humano, e por isso significa sempre uma tradução parcial do divino determinada pelo contexto de tempo e de espaço. A palavra experiência alude assim, por um lado, a um real contato com o divino, mas fala também dos limites do sujeito que recebe. Cada sujeito humano pode captar apenas uma determinada parte da realidade perceptível, que além disso precisa de explicação. Assim, cada qual pode, com esta opinião, amar inteiramente Jesus, tomá-lo como guia da própria vida. Mas a "experiência de Deus" que Jesus realiza e à qual alguém se liga permanece, em última instância, algo de relativo e que deve ser completado com as partes que foram percebidas pelos outros grandes nomes representativos da religiosidade. Deste modo, em última instância resta o homem, o sujeito individual, como medida: o indivíduo decide o que aceita das diversas experiências, o que o ajuda ou o que lhe é estranho. Não existe nenhuma obrigatoriedade última.

O conhecimento dos discípulos, que se exprime como confissão, situa-se no lado oposto à opinião das pessoas. Como é que ela se diz? Nos três sinópticos é formulada de um modo diferente por cada um, e por S. João ainda de outro modo. Segundo S. Marcos, Pedro diz a Jesus: "Tu és o Messias" (o Cristo; Mc 8,29). Segundo S. Lucas, Pedro designa-o "o Cristo (o ungido) de Deus" (Lc 9,20); e, de acordo com S. Mateus, Pedro diz: "Tu és o Cristo (o Messias), o Filho do Deus vivo" (16,16). Em S. João, por sua vez, a confissão de Pedro é: "Tu és o santo de Deus" (Jo 6,69).

Podemos ser tentados, a partir destas diferentes versões, a reconstruir uma história do desenvolvimento da confissão cristã. Sem dúvida que se reflete na diversidade dos textos também um caminho de desenvolvimento, no qual lentamente vai aparecendo o que nas primeiras tentativas estava presente de modo impreciso. Do lado católico, foi Grelot quem recentemente interpretou do modo mais radical o contraste dos textos: ele vê ali não um desenvolvimento, mas uma contradição. A confissão messiânica de Pedro, que S. Marcos transmite, reproduziria sem dúvida corretamente o momento histórico; tratar-se-ia ali ainda de uma confissão simplesmente "judaica", que teria explicado Jesus como Messias político no sentido das representações contemporâneas. A representação de S. Marcos é que seria claramente lógica, porque só no quadro de um messianismo político é que se explicaria o protesto de Pedro contra o anúncio do sofrimento, ao qual Jesus – como antes, em reação à oferta de poder feita por Satanás – respondeu com uma enérgica renúncia: "Para trás, Satanás. Tu não tens o pensamento de Deus, mas o dos homens" (Mc 8,33). Esta áspera rejeição só seria consequente se assim fosse proferida a anterior confissão e rejeitada como falsa; ela não teria nenhuma lógica segundo a confissão teologicamente amadurecida da versão de S. Mateus.

Na conclusão que Grelot retira de tudo isso, ele concorda também com aqueles exegetas que não partilham da sua interpretação totalmente negativa do texto de S. Marcos: na confissão de S. Mateus, trata-se de uma palavra pós-pascal; somente depois da ressurreição é que podia ser formulada tal confissão – assim pensa a grande maioria dos intérpretes. Grelot liga isso ainda a uma especial teoria a respeito de uma aparição pascal do ressuscitado a Pedro, que ele coloca em paralelo com o encontro com o ressuscitado no qual Paulo viu o fundamento do seu apostolado. Para a palavra de Jesus "bem-aventurado és tu, Simão, filho de Jonas, porque não foi nem *a carne nem o sangue* que te *revelaram* isto, mas o meu Pai que está nos céus" (Mt 16,17), haveria um surpreendente paralelo na Carta aos Gálatas: "Mas quando Deus, que me escolheu ainda no seio materno e me chamou pela sua graça, na sua bondade me *revelou* o seu Filho, de modo que o anunciasse entre os pagãos, então não tomei imediatamente nem a *carne nem o sangue* como conselheiros..." (Gl 1,15s; cf. Gl 1,11s: "O Evangelho que anunciei não tem origem nos homens; eu não o recebi nem aprendi de nenhum homem, mas recebi-o pela revelação de Jesus Cristo"). Comum ao texto de S. Paulo e à proclamação que Jesus faz da bem-aventurança de S. Pedro é a indicação da revelação e também a afirmação de que esse conhecimento não tem origem nem "na carne nem no sangue".

Daqui conclui Grelot que tanto S. Pedro como S. Paulo foram agraciados com uma especial aparição do ressuscitado (de que na realidade vários textos do Novo Testamento falam) e que, tal como S. Paulo, ao qual foi oferecida uma tal aparição, também ele teria em situação semelhante recebido a sua missão específica. A missão de S. Pedro seria então para a Igreja vinda dos judeus, a de S. Paulo para a Igreja vinda dos pagãos (Gl 2,7). A palavra da promessa dirigida a S. Pedro pertenceria à aparição do ressuscitado a ele e deveria ser vista em estrito paralelo com a missão que S. Paulo recebeu do Senhor glorificado. Não precisamos entrar aqui numa discussão pormenorizada com esta teoria, tanto mais que este livro, como um livro sobre Jesus, formula a pergunta a respeito do Senhor, sendo o tema eclesiástico tratado só na medida do necessário para a correta compreensão da figura de Jesus.

    Quem lê atentamente a Carta aos Gálatas, capítulo 1, versículos de 11 a 17, pode facilmente reconhecer não só os paralelos, mas também as diferenças entre os dois textos. É claro que aqui S. Paulo quer evidenciar a particularidade da sua missão apostólica, que não se deduz do poder de outro, mas que foi concedida pelo Senhor; aqui se trata também da universalidade da sua missão e da especificidade do seu caminho na construção de uma Igreja a partir dos gentios. Mas S. Paulo também sabe que, para a validade do seu serviço, precisa da comunhão (*koinonia*) com os antigos apóstolos (Gl 2,9), que sem essa comunhão cairia no vazio (Gl 2,2). Por isso é que, três anos depois da sua conversão, durante os quais esteve na Arábia e em Damasco, foi a Jerusalém para ver Pedro (Kephas); nessa altura encontrou também Tiago, o irmão do Senhor (Gl 1,18s). Por isso viajou, catorze anos mais tarde, desta vez com Barnabé e Tito, para Jerusalém, e recebeu pelo aperto de mão das "colunas" Tiago, Kephas e João o sinal da comunhão (Gl 2,9). S. Pedro aparece então, em primeiro lugar, e mais tarde as três colunas, como o responsável pela comunhão, como o seu indispensável ponto de relação, responsável pela retidão e pela unidade do Evangelho, e, assim, pela Igreja em construção.

    Mas aqui se torna evidente o significado irrecusável do Jesus histórico, da sua pregação e das suas decisões: o ressuscitado chamou Paulo e assim lhe deu a sua própria autoridade e a sua própria missão; mas o ressuscitado é aquele que antes tinha escolhido os 12, que tinha confiado a Pedro uma missão especial, que com eles tinha ido para Jerusalém, aí sofrido a morte na cruz e ressuscitado ao terceiro dia. Os primeiros apóstolos são os que se responsabilizam por este contexto (At 1,21s), e é a partir desse contexto que a missão confiada a Pedro se distingue fundamentalmente da missão confiada a Paulo.

    Essa missão especial de Pedro aparece não só em S. Mateus, mas também em S. Lucas, em S. João e até mesmo em S. Paulo, de diferentes modos, mas substancialmente análogos. Inclusive na apaixonada apologia da Carta aos Gálatas, ele pressupõe claramente a missão especial de Pedro; este primado está realmente documentado em toda a tradição, em todas as suas diferentes camadas. Reconduzi-lo simplesmente a uma pessoal aparição pascal e assim colocá-lo num perfeito paralelo com a missão de Paulo não corresponde de modo nenhum aos resultados da pesquisa sobre o Novo Testamento.

Mas agora é tempo de voltarmos para a confissão messiânica de Pedro e assim propriamente para o nosso tema. Vimos que Grelot interpreta a confissão de Pedro transmitida por S. Marcos como totalmente "judaica" e devendo por isso ser rejeitada por Jesus. Porém, tal rejeição não se encontra no texto, no qual Jesus apenas proíbe uma pública divulgação dessa confissão, que seria mal-entendida na realidade pela opinião pública de Israel e poderia conduzir, por um lado, a falsas esperanças a seu respeito e, por outro, a um processo político contra ele. É somente a essa proibição que se segue a explicação do que "Messias" realmente significa: o verdadeiro Messias é o "Filho do homem" que será condenado à morte e que somente assim entrará na sua glória, como o ressuscitado, depois de três dias.

A investigação fala, a respeito do cristianismo primitivo, de dois tipos de fórmulas de confissão: a "substantiva" e a "verbal"; poderíamos talvez falar, de modo mais compreensível, de tipos de confissão orientados "ontologicamente" e de tipos de confissão determinados histórico-salvificamente. As três formas da confissão de Pedro, que os sinópticos nos transmitem, são "substantivas" – tu *és* Cristo, o Cristo de Deus, o Cristo o filho do Deus vivo; o Senhor coloca sempre ao lado dessas afirmações substantivas a confissão "verbal": o anúncio do mistério pascal da cruz e da ressurreição. Ambos os tipos de confissão estão intimamente ligados, e cada um, sem o outro, fica incompleto e, em última instância, incompreensível. Sem a concreta história da salvação, os títulos são ambíguos: não só a palavra Messias, mas também a expressão "filho do Deus vivo". Pois também esse título pode ser concebido inteiramente em contraposição ao mistério da cruz.

Inversamente: a simples afirmação histórico-salvífica permanece sem a sua profundidade essencial, se não for claro que quem sofreu, o filho do Deus vivo, é igual a Deus (Fl 2,6), que a si mesmo se despojou e se tornou escravo... Se abaixou até a morte, até a morte na cruz (Fl 2,7s). Neste sentido, somente o entrelaçamento entre a confissão de Pedro e o ensinamento de Jesus aos discípulos é que nos dá a totalidade e o essencial da fé cristã. Por isso, também os grandes símbolos da fé da Igreja sempre ligaram os dois entre si.

E nós sabemos como, ao longo dos séculos, e também hoje, os cristãos – na plena posse da correta confissão da fé – precisam ser ensinados sempre pelo Senhor que o seu caminho ao longo de todas as gerações não é o caminho do poder terreno nem da glória, mas o caminho da cruz. Sabemos e vemos nós mesmos também hoje como os antigos cristãos; chamamos o Senhor à parte para Lhe dizer: "Isso não pode Deus permiti-lo, Senhor! Isso não pode acontecer!" (Mt 16,22). E porque duvidamos, se Deus o impede, tentamos nós mesmos fazê-lo com as nossas artimanhas. E por isso deve também o Senhor sempre dizer-nos: Para trás, Satanás! (Mc 8,33). Toda a cena conserva assim uma terrível atualidade. De fato, ao fim e ao cabo, pensamos sempre a partir da "carne e do sangue", e não a partir da revelação, que devemos acolher na fé.

Mas voltemos aos títulos cristológicos da confissão. É importante ver, em primeiro lugar, que a forma respectiva do título deve ser lida no conjunto de cada um dos Evangelhos e da sua forma especial de transmissão. É sempre importante, por isso, a relação com o processo de Jesus, no qual a confissão dos discípulos reaparece como pergunta e como acusação. Em S. Marcos, a questão do Sumo Sacerdote toma o título Cristo (Messias) e alarga-o: "És Tu o Messias, o filho do Altíssimo?" (Mc 14,61). Essa pergunta pressupõe que, a partir dos círculos dos discípulos, tais interpretações da figura de Jesus eram publicamente conhecidas. A ligação dos títulos Cristo (Messias) e Filho correspondia à tradição bíblica (cf. Sl 2,7; Sl 110). A partir daqui parece relativizada a diferença da confissão de fé entre a concepção de S. Marcos e a de S. Mateus e muito menos profunda do que na exegese de Grelot e de outros. Em S. Lucas, Pedro confessa, como vimos, que Jesus é "o ungido (Cristo, Messias) de Deus". Aqui encontramos de novo o que o velho Simeão tinha dito acerca do Menino Jesus, que ele anunciava como "o ungido (Cristo) do Senhor" (Lc 2,26). Como réplica, os "chefes do povo" escarnecem Jesus, quando dizem debaixo da cruz: "Ajudou os outros, agora que se ajude a si mesmo, se é o Cristo de Deus, o eleito" (Lc 23,35). Assim se estica o arco que vai da infância de Jesus, passando pela confissão em Cesareia de Filipe até a cruz: os três textos afirmam que todos que "o ungido" pertence a Deus.

No Evangelho de S. Lucas deve-se destacar outro acontecimento importante para a fé dos discípulos em Jesus: a história da pesca abundante, que termina com a vocação de Simão Pedro e dos seus companheiros ao discipulado. Os experimentados pescadores não tinham pescado nada durante toda a noite e então recebem a ordem de Jesus para partir de novo em pleno dia e lançar as redes. Isso parece ter pouco sentido, tendo em conta o saber prático desses homens, mas Simão responde: "Mestre... à tua palavra lançarei as redes" (Lc 5,5). Então acontece a surpreendente pesca, que deixa Pedro profundamente assustado. Ele cai na atitude de adoração aos pés de Jesus e diz: "Afasta-Te de mim, Senhor, que eu sou um homem pecador" (Lc 5,8). Diante do ocorrido, ele reconheceu o poder de Deus, que atua por meio da palavra de Jesus, e este encontro direto com o Deus vivo em Jesus abala-o profundamente. À luz e sob o poder desta presença, o homem conhece a sua miséria. Ele não pode suportar o *tremendum* de Deus – é demasiado intenso para ele. Mesmo do ponto de vista da história das religiões, este é um dos textos mais impressionantes para aquilo que acontece quando o homem se sente de repente e imediatamente exposto à proximidade de Deus. Então ele pode apenas assustar-se a respeito de si mesmo e pedir para ser libertado da violência dessa presença. Esta imediata interiorização da proximidade de Deus que invade Jesus exprime-se no título que Pedro usa para Jesus: *Kyrios*, Senhor. É a designação divina que se encontra no Antigo Testamento, com a qual se substituía o inefável nome de Deus da sarça ardente. Enquanto, antes da partida, Jesus fora para Pedro um "*epistáta*", que significa mestre, instrutor, rabino, agora ele O reconhece como o *Kyrios*.

Situação semelhante encontramos na narração de quando Jesus se dirige para o barco dos discípulos sobre as águas do mar tempestuoso. Pedro pede para também ele poder ir ao encontro de Jesus movendo-se sobre as águas. Quando ele corre o perigo de se afundar, Jesus salva-o, estendendo-lhe a mão, e sobe com ele para o barco. Mas, neste momento, o vento acalma-se. Agora acontece o mesmo que vimos na história da pesca milagrosa: os discípulos prostram-se diante de Jesus; isto é ao mesmo tempo susto e adoração. E eles confessam: "Tu és o Filho de Deus" (Mt 14,22-33). É nessas e em experiências semelhantes que percorrem os Evangelhos, que a confissão de fé de Pedro em Mateus, capítulo 16, versículo 16, encontra o seu fundamento. Em Jesus tinha-se tornado sensível para os discípulos, de diferentes modos, a presença do próprio Deus vivo.

Antes de tentarmos compor um quadro a partir de todas estas pedrinhas do mosaico, devemos nos ater, brevemente, à confissão de Pedro em S. João. O discurso eucarístico de Jesus, que ali se segue à multiplicação dos pães, toma, por assim dizer, publicamente o não de Jesus ao tentador, que O tinha convidado a transformar as pedras em pão, isto é, a ver a sua missão na produção de bem-estar material. Em vez disso, chama Jesus a atenção para a relação com o Deus vivo e para o amor que n'Ele tem a sua origem, o qual é o poder verdadeiramente criador, doador de sentido e que dá, portanto, também o pão: assim Ele explica o seu próprio mistério, a si mesmo na sua oblação como o pão vivo. Isso não agrada aos homens: muitos se afastam. Jesus pergunta então aos discípulos: também vós quereis abandonar-me? Pedro responde: "Senhor, a quem havemos de ir? Tu tens palavras de vida eterna. Nós acreditamos e sabemos: Tu és o santo de Deus" (Jo 6,68s).

Meditaremos com mais profundidade sobre esta versão da confissão de Pedro no contexto da Última Ceia. Nela aparece o mistério sacerdotal de Jesus: Aarão é chamado no Salmo 106, versículo 16, de "o santo de Deus". O título é referido ao discurso eucarístico e com ele antecipadamente relacionado ao mistério da cruz de Jesus; ele está, assim, ancorado no mistério pascal, no centro da missão de Jesus, e mostra como é radicalmente diferente a sua figura em relação às formas correntes da esperança messiânica. "O santo de Deus": isso nos recorda o susto de Pedro perante a proximidade do sagrado por ocasião da pesca milagrosa, que lhe fez experimentar de modo dramático a pobreza da sua condição pecadora. Encontramo-nos, assim, no meio do contexto da experiência de Jesus que tiveram os discípulos, que nós procuramos perceber a partir de alguns momentos destacados do seu caminho na comunhão com Jesus.

O que agora podemos reter como resultado? Em primeiro lugar, deve--se dizer que a tentativa de reconstruir historicamente as palavras originais de Pedro e deixar todo o resto como desenvolvimentos tardios da fé pós-pascal leva a um beco sem saída. De onde viria de fato a fé pós-pascal, se Jesus não lhe ofereceu nenhuma base? Com tais reconstruções, a ciência excede-se.

O processo de Jesus diante do Sinédrio mostra precisamente em que consistia realmente o escândalo nele: não um messianismo político – esse existia em Barrabás e mais tarde em Bar Kochbar. Ambos encontraram os seus seguidores, e ambos os movimentos foram reprimidos pelos romanos. O que em Jesus provocou escândalo foi o que já vimos no diálogo do rabino Neusner com o Jesus do Sermão da Montanha: que Ele pareceu colocar-se no mesmo plano que o Deus vivo. Era isso que a fé rigorosamente monoteísta dos judeus não podia admitir; era a isso que Jesus só de um modo lento e progressivo podia conduzir. Era também isso que – mesmo em unidade nunca quebrada com a fé na unicidade de Deus – penetrava toda a sua mensagem e que constituía a sua novidade, especialidade e unicidade. Que então se transformasse o processo diante dos romanos num processo contra um messianismo político, isso correspondia à pragmática dos saduceus. Mas também Pilatos percebeu que na verdade se tratava de algo completamente diferente: que não lhe tinham entregado para ser julgado um "rei" cheio de promessas realmente políticas.

Mas com isto já nos antecipamos. Voltemos às confissões de fé dos discípulos. O que vemos aí, quando consideramos todo o mosaico dos textos? Os discípulos reconheceram que Jesus não se enquadrava em nenhuma das categorias correntes, que Ele era mais e muito diferente do que "um dos profetas". A partir do Sermão da Montanha, bem como ante os seus atos poderosos, do seu poder de perdoar os pecados, da soberania da sua pregação, bem como da sua relação com as tradições da lei: a partir de tudo isso eles reconheciam que Ele era mais do que um dos profetas. Ele era aquele "profeta", aquele que, tal como Moisés, falava com Deus face a face como um amigo; Ele era o Messias e o era de um modo diferente de alguém a quem Deus simplesmente tivesse dado uma missão.

N'Ele se tornaram verdadeiras, de um modo assustador e inesperado, as grandes palavras messiânicas: "Tu és o meu filho, hoje eu te gerei" (Sl 2,7). Nos grandes momentos, sentiam-se os discípulos abalados: Isto é Deus mesmo. Eles não eram capazes de articular tudo isso numa resposta acabada. Eles serviam-se, com razão, das palavras da promessa do Antigo Testamento: Cristo, "o ungido", Filho de Deus, Senhor. São palavras centrais, nas quais se concentrou a sua confissão, que, no entanto, permaneceu sempre como que a tatear um caminho. Só puderam encontrar a sua forma perfeita no momento em que Tomé, ao tocar nas chagas do ressuscitado, exclamou: "Meu Senhor e meu Deus" (Jo 20,28). Mas ao final estamos sempre a caminho com essa palavra. Ela é tão grande que nunca a entendemos de um modo acabado, ela nos precede sempre. Ao longo de toda a sua história, a Igreja está sempre em peregrinação com essa palavra, que só se torna para nós compreensível, bem como uma missão, ao toque das chagas de Jesus e no encontro com a sua ressurreição.

2. A TRANSFIGURAÇÃO

A confissão de Pedro e o relato da transfiguração de Jesus estão nos três sinópticos ligados um ao outro por meio de uma informação temporal. S. Mateus e S. Marcos dizem: "Seis dias depois Jesus tomou à parte

Pedro, Tiago e João" (Mt 17,1; Mc 9,2). S. Lucas escreve: "Cerca de oito dias depois destes discursos..." (Lc 9,28). Isso diz, antes de mais nada, que ambos os acontecimentos, nos quais Pedro desempenha sempre um papel relevante, têm algo a ver um com o outro. Numa primeira aproximação poderíamos dizer: em ambas as vezes se trata da divindade de Jesus, do Filho; mas em ambas as vezes também a aparição da sua glória está ligada com a paixão. A divindade de Jesus está relacionada com a cruz; é somente nesta relação que conhecemos Jesus devidamente. S. João traduziu em palavras este íntimo entrelaçamento da cruz e da glória ao dizer que a cruz é a "elevação" de Jesus, e que a sua elevação não se realiza de outro modo senão na cruz. Mas devemos agora ir mais ao fundo desta notável datação. Há duas diferentes interpretações que não devem, todavia, excluir-se uma à outra.

Foram principalmente J. M. van Cangh e M. van Esbroeck que acentuaram a relação com o calendário das festas judaicas. Chamam a atenção para o fato de que só há duas grandes festas no outono que se separam entre si com um intervalo de cinco dias: está em primeiro lugar o *Yom Kippur*, a grande festa da reconciliação; seis dias depois é então celebrada durante uma semana a festa dos tabernáculos (*Sukkot*). Isso significaria que a confissão de Pedro se deu no grande dia do perdão e, portanto, teologicamente deveria ser compreendida tendo como pano de fundo essa festa, na qual uma vez por ano o Sumo Sacerdote pronuncia solenemente o nome YHWH no Santo dos Santos do Templo. A confissão de Pedro sobre Jesus como o Filho do Deus vivo receberia neste contexto uma dimensão ainda mais profunda. Contrariamente, J. Daniélou relaciona esta informação de data dos evangelistas exclusivamente com a festa dos tabernáculos, que, como já foi dito, durava uma semana inteira. Assim, em última instância, as indicações de tempo de S. Mateus, S. Marcos e S. Lucas concordariam entre si. Os seis, isto é, cerca de oito dias em Lucas designariam então a festa dos tabernáculos, que durava uma semana; a transfiguração de Jesus teria consequentemente tido lugar no último dia dessa festa, que era ao mesmo tempo o seu ponto mais elevado e a sua síntese.

Ambas as explicações têm em comum que a transfiguração de Jesus tem a ver com a festa dos tabernáculos. Observemos que a relação aparece no próprio texto e nos possibilita uma compreensão mais profunda de todo o acontecimento. Mas, especificamente além destes relatos, mostra-se uma característica da vida de Jesus especialmente acentuada por S. João: os grandes acontecimentos da vida de Jesus estão em íntima relação com o calendário das festas judaicas; são, por assim dizer, acontecimentos litúrgicos, nos quais a liturgia, com as suas recordações e esperanças, torna-se realidade, torna-se vida, a qual conduz de novo à liturgia e a partir daqui de novo se torna vida.

Precisamente na análise das relações entre a história da transfiguração e da festa dos tabernáculos se torna claro que todas as festas judaicas transportam em si três dimensões. Elas têm a sua origem em celebrações da religião natural, falam, portanto, do Criador e da criatura; tornam-se depois memoriais da ação histórica de Deus; e, finalmente, a partir daqui, são festas da esperança, que vão ao encontro do Senhor que há de vir, no qual termina a ação histórico-salvífica de Deus e ao mesmo tempo se reconcilia com toda a criação. Veremos como estas três dimensões das festas são mais profundas e recebem uma nova marca em virtude da sua realização na vida e no sofrimento de Jesus.

A esta interpretação litúrgica da data contrapõe-se uma outra explicação especialmente defendida por H. Gese, que não considera suficientemente fundamentada a alusão à festa dos tabernáculos e, em vez disso, lê todo o texto sobre o pano de fundo do Livro do Êxodo, capítulo 24 – a subida de Moisés ao monte Sinai. Decididamente, esse capítulo, no qual é descrita a conclusão da aliança de Deus com Israel, é uma chave de explicação essencial para a história da transfiguração. Nele se diz: "A glória do Senhor desceu sobre o Sinai e a nuvem cobriu o monte durante seis dias. No sétimo dia o Senhor chamou Moisés do meio da nuvem" (Ex 24,16). Que no Êxodo se fale do sétimo dia de modo diferente daquele dos Evangelhos não significa que não haja uma relação entre o capítulo 24 do Êxodo e a história da transfiguração; no entanto, parece-me ser mais convincente a datação a partir do calendário das festas judaicas. De resto, não é nada fora do comum que nos acontecimentos do caminho de Jesus confluam diversos contextos tipológicos, e, assim, torna-se claro o modo como tanto Moisés como os profetas falam de Jesus.

Vamos agora para o próprio texto da história da transfiguração. Aí se diz que Jesus tomou à parte Pedro, Tiago e João e conduziu-os a um alto monte, somente os três (Mc 9,2). Encontraremos de novo os três no monte das Oliveiras (Mc 14,33), na derradeira agonia de Jesus como a réplica da transfiguração, ambas, porém, inseparavelmente relacionadas. Não deve aqui passar despercebida a relação com o referido capítulo do Êxodo, em que Moisés toma consigo na sua subida Aarão, Nadab e Abihu – certamente também setenta dos anciãos de Israel.

De novo encontramos, como já no Sermão da Montanha e nas noites de oração de Jesus, o monte como o lugar da especial proximidade com Deus; de novo devemos pensar em conjunto os diversos montes da vida de Jesus: o monte da tentação; o monte da sua grande pregação; o monte da oração; o monte da transfiguração; o monte da agonia; o monte da cruz; e, finalmente, o monte do ressuscitado, no qual o Senhor – em oposição à oferta que lhe fizera Satanás do domínio sobre o mundo – declara: "Foi-me dado todo o poder no céu e na terra" (Mt 28,18). Por trás aparecem também o Sinai, o Horeb, o Moriah – os montes da revelação do Antigo Testamento –, que são todos ao mesmo tempo montes de paixão e montes de revelação e, por sua vez, também chamam a atenção para o monte do Templo, no qual a revelação se torna liturgia.

Se agora nos interrogarmos acerca da interpretação a dar, então imediatamente aparece o simbolismo geral do monte como pano de fundo: o monte como lugar da subida – não apenas da subida exterior, mas também da interior. O monte como libertação do peso de cada dia, como respiração do ar puro da criação; o monte que oferece o panorama para a vastidão e para a beleza da criação; o monte que me dá elevação interior e me permite pressentir o Criador. A partir da história conhecemos a história de Deus que fala e a experiência da paixão com o seu ponto mais elevado no sacrifício de Isaac, no sacrifício do cordeiro, que chama antecipadamente a atenção para o cordeiro oferecido sobre o monte do Calvário. Moisés e Elias tiveram de receber a revelação no monte de Deus; eles estão agora conversando com aquele que é em pessoa a revelação de Deus.

"E Ele se transfigurou diante deles", diz S. Marcos, de modo muito simples, e acrescenta, um pouco desajeitadamente, quase a gaguejar diante do mistério: "As suas vestes tornaram-se resplandecentes de tal brancura que lavadeira alguma sobre a terra as poderia branquear assim" (Mc 9,3). S. Mateus tem à sua disposição mais palavras: "O seu rosto resplandecia como o sol, e os seus vestidos tornaram-se brancos como a luz" (Mt 17,2). S. Lucas já tinha um pouco antes anunciado o objetivo da subida – "Ele subiu para rezar" – e explica o acontecimento a partir daí, do qual os três serão testemunhas: "Enquanto Ele rezava, o aspecto do seu rosto alterou-se e os seus vestidos tornaram-se de uma brancura fulgurante" (Lc 9,29). A transfiguração é um acontecimento da oração; torna-se claro o que acontece no diálogo de Jesus com o Pai: a mais íntima penetração do seu ser com Deus, que se torna pura luz. Na sua unidade de ser com o Pai, o próprio Jesus é luz de luz. O que Ele é no seu mais íntimo, e o que Pedro tentou dizer na sua confissão, torna-se sensivelmente perceptível nesse momento: o ser de Jesus na luz de Deus, a luminosidade própria da sua condição de ser Filho.

Aqui, tornam-se evidentes a relação e a diferença a respeito da figura de Moisés: "Enquanto Moisés descia do monte, ele não sabia que a pele do seu rosto irradiava luz, porque ele tinha falado com o Senhor" (Ex 34,29-35). Por meio do diálogo com Deus, a luz de Deus brilha sobre ele e o torna também brilhante. Mas é, por assim dizer, um brilho que vem de fora sobre Moisés, que faz que ele também brilhe. Porém Jesus brilha a partir do interior, Ele não só recebe a luz, Ele mesmo é luz da luz.

Mas as vestes brancas de luz de Jesus falam também na transfiguração a respeito do nosso futuro. No Apocalipse, as vestes brancas são expressão do ser celeste – as vestes dos anjos e dos eleitos. Assim, o Apocalipse de S. João fala das vestes brancas que os que foram redimidos podem trazer (cf. especialmente Ap 7,9.13; 19,14). Porém ele nos permite saber agora algo de novo: as vestes dos eleitos são brancas, porque foram lavadas no sangue do cordeiro (Ap 7,14), isto é, porque pelo batismo foram ligadas com a paixão de Jesus, e a sua paixão é a purificação que restitui a veste original, que perdemos pelo pecado (cf. Lc 15,22). Por meio do batismo somos revestidos com Jesus na luz e tornamo-nos nós mesmos luz.

Então aparecem Moisés e Elias e falam com Jesus. O que o ressuscitado explicará aos discípulos no caminho para Emaús aparece aqui claramente. A lei e os profetas falam com Jesus, falam de Jesus. Somente S. Lucas nos conta, pelo menos numa breve alusão, sobre o que as duas grandes testemunhas de Deus falavam com Jesus: "Eles apareceram na glória e falavam sobre o seu 'êxodo', a sua saída, que devia realizar-se em Jerusalém" (Lc 9,31). O tema do seu diálogo é a cruz, mas entendida de um modo envolvente como o êxodo de Jesus, cujo lugar devia ser Jerusalém. A cruz de Jesus é êxodo: partida desta vida, passagem através do "mar vermelho" da paixão e ida para a glória, na qual permanecem os sinais das chagas.

Deste modo, mostra-se claramente que o tema fundamental da lei e dos profetas é a "esperança de Israel", o definitivo êxodo libertador; que o conteúdo desta esperança é o Filho do homem sofredor e servo de Deus, o qual sofrendo abre as portas para a liberdade e para a novidade. Moisés e Elias são eles mesmos figuras e testemunhas da paixão. Eles falam com o Transfigurado sobre aquilo que eles disseram na terra, sobre a paixão de Jesus. Mas, à medida que falam com o Transfigurado, torna-se claro que esta paixão traz redenção; que Ele foi penetrado pela glória de Deus; que a paixão será mudada em luz, em liberdade e alegria.

Neste momento, devemos antecipar o diálogo que os três discípulos tiveram com Jesus ao descer do "alto monte". Jesus fala com eles da sua futura ressurreição dos mortos, que inclui a precedência da cruz.

Os discípulos, pelo contrário, perguntam sobre o regresso de Elias de que falavam os doutores da lei. Jesus diz-lhes, a propósito: "Sim, Elias vem antes e restabelece de novo todas as coisas. Mas por que é que se diz na Escritura a respeito do Filho do homem, que ele deve sofrer muito e ser desprezado? Eu vos digo, Elias já veio, mas eles fizeram com ele o que quiseram, como está na Escritura" (Mc 9,9-13). Deste modo, Jesus confirma, por um lado, a expectativa do regresso de Elias, mas completa e corrige ao mesmo tempo a imagem que dele se fazia. Ele identifica em surdina Elias, que havia de voltar com João Batista: na ação de João Batista acontece o regresso de Elias.

João Batista viera para reunir de novo Israel, para o preparar para a vinda do Messias. Mas se o Messias é mesmo o Filho do homem sofredor e se é só deste modo que abre o caminho para a salvação, então o trabalho de preparação de Elias deve, de algum modo, estar sob o signo da paixão. E na realidade: "Fizeram com ele o que quiseram, como está na Escritura" (Mc 9,13). Jesus recorda-se aqui, por um lado, do verdadeiro destino de João Batista. Mas ele alude certamente também, tendo como referência a Escritura, a tradições vigentes que previam o martírio de Elias: Elias era considerado "o único que na perseguição tinha escapado ao martírio; mas no seu regresso... devia também sofrer a morte" (Pesch II 2, p. 80).

Expectativa de salvação e paixão estão assim geralmente ligadas e desenvolvem uma imagem que está profundamente de acordo com a Escritura, mas que ao mesmo tempo subvertia profundamente as expectativas vigentes: a Escritura devia ser relida com o Cristo sofredor e deve sê-lo sempre. Devemos sempre nos deixar introduzir pelo Senhor no seu diálogo com Moisés e Elias; sempre por Ele, o ressuscitado, aprender a compreender a Escritura.

Mas voltemos à história da transfiguração. Os três discípulos ficaram assustados por causa da grandeza da aparição: o "susto perante Deus" apodera-se deles, como já vimos em outros momentos, que experimentaram a proximidade de Deus em Jesus, sentiram a própria miséria e ficaram mesmo paralisados pelo medo: "Ficaram cheios de medo", nos diz S. Marcos (Mc 9,6). E então fala Pedro, mesmo ele, que, no seu torpor, "não sabia o que devia dizer" (Mc 9,6): "Rabi, é bom estarmos aqui. Queremos fazer três tendas, uma para Ti, uma para Moisés e uma para Elias" (Mc 9,5).

Muito tem sido discutido sobre essas palavras, por assim dizer, estáticas, pronunciadas no meio do medo e ao mesmo tempo na alegria da proximidade de Deus. Elas têm a ver com a festa dos tabernáculos, em cujo último dia se deu a aparição? Gese contesta isso e pensa que o autêntico ponto de contato com o Antigo Testamento é o Livro do Êxodo, capítulo 33, versículos 7 e seguintes, em que é descrito o "ritual do acontecimento do Sinai": segundo esse texto, Moisés monta "fora do acampamento" a tenda da revelação, sobre a qual a coluna de nuvem desceu. Ali falavam o Senhor e Moisés "um com o outro, olhos nos olhos, como os homens falam entre si" (Ex 33,11). Assim, Pedro queria dar aqui estabilidade ao processo da revelação e armar tendas de revelação; o relato da nuvem, que então envolveu os discípulos, poderia confirmar isso. Uma leve semelhança a este texto da Escritura poderia estar inteiramente disponível; tanto a exegese judaica como a cristã primitiva conhecem um entrelaçar de relações de revelação em que relações diferentes confluem e se completam. Mas que devam ser construídas três tendas de revelação contrapõe-se a uma tal relação ou deixa-a pelo menos aparecer como secundária.

A relação com a festa dos tabernáculos torna-se convincente se pensarmos no sentido messiânico dessa festa no judaísmo do tempo de Jesus. Jean Daniélou acentuou de modo concludente este aspecto e ligou-o com o testemunho dos Padres da Igreja, para os quais eram ainda inteiramente conhecidas as tradições judaicas e relidas num contexto cristão. A festa dos tabernáculos mostra a mesma tridimensionalidade característica das grandes festas judaicas: uma festa originariamente tirada da religião natural torna-se uma festa de recordações históricas de atos salvíficos de Deus, e a recordação torna-se esperança da salvação definitiva. Criação, história e esperança ligam-se mutuamente. Se, na festa dos tabernáculos, com o seu sacrifício da água, se havia implorado a necessária chuva para uma terra ressequida, agora a festa transforma-se imediatamente em recordação da peregrinação de Israel pelo deserto, onde os judeus habitavam em tendas (*Sukkot*) (cf. Lv 23,43). Daniélou cita Riesenfeld: "As tendas eram consideradas não apenas recordação da divina proteção no deserto, mas também antecipada representação da divina *sukkot*, na qual habitariam os redimidos do tempo do mundo futuro. Assim, estaria ligado ao rito característico do judaísmo tardio da festa dos tabernáculos um bem definido significado do fim dos tempos" (p. 337). No Novo Testamento encontramos em S. Lucas a referência aos tabernáculos eternos dos justos na vida futura (Lc 16,9). "No Senhor glorificado, Pedro reconhece que o tempo messiânico irrompeu e que a habitação dos justos naquelas celas que a festa dos tabernáculos representava pertencia aos sinais essenciais do tempo messiânico" (p. 342). A experiência da transfiguração durante a festa dos tabernáculos permitiu a Pedro reconhecer no seu êxtase "que agora se tinham efetivado as realidades representadas nos ritos da festa... A cena da transfiguração anuncia a irrupção do tempo messiânico" (p. 343). Só na descida do monte é que Pedro deverá aprender a entender que o tempo messiânico é, antes de mais nada, tempo da cruz, e que a transfiguração – o tornar-se luz a partir do Senhor e com Ele – inclui o nosso ser queimado pela luz da paixão.

    A partir destas relações, ganha também um novo significado a palavra fundamental do prólogo de S. João, no qual o evangelista resume o mistério de Jesus: "E o Verbo encarnou e ergueu a sua tenda entre nós" (Jo 1,14). Sim, o Senhor armou a tenda do seu corpo no meio de nós e assim introduziu o tempo messiânico. Sobre esta esteira, S. Gregório de Nissa pensou, num texto admirável, sobre a relação entre a festa dos tabernáculos e a encarnação. Ele diz que a festa dos tabernáculos tinha sido sempre celebrada, mas não realizada. "Pois a verdadeira festa das tendas ainda não tinha chegado. Mas, segundo a palavra do profeta (alusão ao Salmo 118,27), Deus, o Senhor de todas as coisas, revelou-se a nós para completar a construção da tenda da nossa habitação destruída, a natureza humana" (p. 347).

Depois desta visão panorâmica, voltemos à história da transfiguração. "Veio então uma nuvem e envolveu-os com a sua sombra, e da nuvem fez-se ouvir uma voz: Este é o Meu Filho muito amado, deveis escutá-l'O" (Mc 9,7). A nuvem sagrada, a *shekhina*, é o sinal da presença do próprio Deus. A nuvem sobre a tenda da revelação mostrava a presença de Deus. Jesus é a tenda sagrada, sobre a qual está a nuvem da presença de Deus e a partir daí "cobre os outros com a sua sombra". Repete-se a cena do batismo de Jesus, no qual o próprio Pai, a partir do interior da nuvem, proclamou Jesus como Filho: "Tu és o meu Filho muito amado. Em Ti pus a minha complacência" (Mc 1,11).

Mas a esta solene proclamação da filiação acrescenta-se agora o imperativo: "A Ele deveis escutar". Aqui se torna evidente a relação com a subida de Moisés ao Sinai, que vimos no princípio como pano de fundo da história da transfiguração. Moisés tinha recebido sobre o monte a *Tora*, a palavra de Deus. Agora nos é dito acerca de Jesus: "Deveis escutá-l'O". Gese comentou esta cena de um modo muito preciso: "Jesus tornou-se Ele mesmo a divina palavra da revelação. Os Evangelhos não podem representar isso de um modo mais claro, mais imponente: Jesus é a *Tora* mesma" (p. 81). A aparição está assim terminada, o seu sentido mais profundo está resumido nesta palavra. Os discípulos devem descer outra vez com Jesus e aprender sempre: é a Ele que deveis escutar.

Se aprendemos a compreender o conteúdo da história da transfiguração – a irrupção e o início do tempo messiânico –, podemos então perceber também a palavra obscura que está intercalada: "E Ele lhes disse: Amém, Eu vos digo que alguns dos que estão aqui presentes não experimentarão a morte sem terem visto chegar o reino de Deus com todo o seu poder" (9,1). O que isso quer dizer? Jesus prediz que alguns dos presentes por ocasião da sua parúsia, da definitiva irrupção do Reino de Deus, ainda estarão vivos? Ou então o quê?

Pesch (II 2, p. 66s) mostrou, de modo convincente, que a posição desta palavra logo antes da transfiguração significa claramente a referência a este acontecimento. Aos três acompanhantes de Jesus na Sua subida ao monte é prometido que experimentarão a vinda do reino de Deus "em poder". Sobre o monte, os três veem aparecer a glória de Deus em Jesus. No monte, a nuvem sagrada de Deus cobre-os com a sua sombra. No monte, no diálogo do Jesus transfigurado com a lei e os profetas, eles tomam conhecimento de que a verdadeira festa dos tabernáculos chegou. No monte, eles experimentam que Jesus mesmo é a *Tora* viva, toda a palavra de Deus. No monte, eles veem o "poder" (*dynamis*) do Reino que chega em Cristo.

    Mas, precisamente também no encontro assustador com a glória de Deus em Jesus, devem aprender o que S. Paulo diz aos discípulos de todos os tempos na Primeira Carta aos Coríntios: "Anunciamos Cristo crucificado: que é escândalo para os judeus, loucura para os pagãos, mas para os eleitos, quer judeus quer gregos, o poder (*dynamis*) e a sabedoria de Deus" (1 Cor 1,23s). Esse "poder" que vem do Reino de Deus aparece-lhes em Jesus transfigurado, que fala com as testemunhas do Antigo Testamento sobre a "necessidade" do seu sofrimento como caminho para a glória (cf. Lc 24,26s). Eles experimentam, assim, a parúsia antecipada; eles são, dessa forma, lentamente introduzidos em toda a profundidade do mistério de Jesus.

CAPÍTULO 10
As autoafirmações de Jesus

Já no tempo de Jesus, procuraram as pessoas interpretar a Sua figura misteriosa por meio da aplicação de categorias que lhes eram conhecidas e que deveriam assim decifrar o Seu mistério: Ele era visto como profeta, como Elias ou Jeremias ressuscitados, como João Batista (Mc 8,28). Na sua confissão, S. Pedro utiliza, como vimos, outros títulos mais elevados: Messias, Filho do Deus vivo. O esforço de resumir em títulos o mistério de Jesus, que explicassem o seu ser, continuou depois da Páscoa. Cristalizaram-se então mais três títulos fundamentais: Cristo (Messias), *Kyrios* (Senhor), Filho de Deus.

O primeiro título era como tal quase incompreensível fora do espaço semita. Como título, desapareceu logo e fundiu-se com o nome de Jesus: Jesus Cristo. A palavra interpretativa tornou-se nome, e, assim, nessa palavra se encontra uma profunda afirmação: Ele está completamente unido à sua missão; a sua missão e o seu próprio ser não podem, absolutamente, ser separados. A sua missão tornou-se então uma parte do seu ser.

Permanecem agora os outros dois títulos – *Kyrios* e Filho; ambos apontam na mesma direção. O termo Senhor tornou-se, ao longo do desenvolvimento do Antigo Testamento e do judaísmo tardio, paráfrase do nome de Deus e, então, colocou Jesus na comunidade de ser com o próprio Deus, identificou-O como o Deus vivo tornado presente para nós. Do mesmo modo, a expressão Filho de Deus ligou-O com o ser do próprio Deus. De que espécie seria essa ligação do ser – sobre isso se deveria discutir duramente desde o momento em que a fé quis também afirmar e claramente reconhecer a sua razão. Ele é Filho num sentido derivado; no sentido de uma especial proximidade de Deus, ou a palavra indica que em Deus mesmo há Pai e Filho? Que Ele é realmente "igual" a Deus, Deus verdadeiro de Deus verdadeiro? O Concílio de Niceia resumiu o resultado deste esforço na palavra *homoousios* ("da mesma essência"), a única palavra filosófica que entrou no Credo. Mas essa palavra filosófica serve para proteger a fiabilidade da palavra bíblica; ela quer dizer: se as testemunhas de Jesus nos anunciaram que Jesus é "o Filho", então isto não é entendido em sentido mitológico nem em sentido político, as duas interpretações que se ofereciam a partir do contexto do tempo. Ele deve ser entendido de um modo totalmente literal: sim, no próprio Deus há o eterno diálogo do Pai e do Filho, os dois no Espírito Santo são realmente um só e o mesmo Deus.

Sobre os títulos cristológicos que traduzem a sua majestade, que encontramos no Novo Testamento, existe uma imensa literatura. No entanto, o debate sobre este tema não entra nas intenções deste livro, que procura compreender o caminho de Jesus sobre a terra e a sua pregação, não a elaboração teológica na fé e no pensamento da Igreja primitiva. Pelo contrário, devemos prestar atenção mais de perto nas autodesignações de Jesus, que encontramos nos Evangelhos. São duas. Por um lado, Ele se designa de preferência como "o Filho do homem"; por outro, há textos, sobretudo no Evangelho de S. João, em que Ele fala de si mesmo como o "Filho". O título de "Messias" Jesus não aplicou a si mesmo; o título "filho de Deus" é dito por Ele em algumas passagens do Evangelho de S. João. Quando títulos messiânicos ou análogos lhe foram atribuídos – como de um lado pelos demônios expulsos, e, por outro, na confissão de Pedro –, Ele ordenou o silêncio. Mas sobre a cruz está todavia, agora publicamente para todo o mundo, o título *Messias, rei dos judeus*. E aqui ele deve estar, nas três línguas daquele tempo, porque agora lhe foi retirada qualquer possibilidade de falsa interpretação. A cruz como seu trono confere ao título a sua correta interpretação. *Regnavit a ligno Deus*: a partir do "madeiro" (da cruz) Deus reina, assim cantou a Igreja esta nova realeza.

Voltemo-nos então agora para os dois "títulos" que Jesus, segundo os Evangelhos, utilizou para si mesmo.

1. O Filho do homem

Filho do homem – esta expressão misteriosa é o título que Jesus usou com mais frequência ao falar de si mesmo. Só em S. Marcos, a expressão Filho do homem ocorre catorze vezes na boca de Jesus. Sim, em todo o Novo Testamento a locução Filho do homem só se encontra na boca de Jesus, com a única exceção da visão de Estêvão moribundo, ao qual é oferecida a visão do céu aberto: "Eis que eu vejo o céu aberto e o Filho do homem de pé à direita de Deus" (At 7,56). Estêvão vê, no momento da sua morte, o que Jesus tinha anunciado no processo diante do Grande Conselho: "Vereis o Filho do homem sentado à direita do poder e vê-lo-eis vir sobre as nuvens do céu" (Mc 14,62). Deste modo, Estêvão "cita" uma expressão de Jesus, cuja realidade ele pôde ver precisamente no momento do martírio.

Este dado é importante. A cristologia dos escritores do Novo Testamento, mesmo dos evangelistas, não se constrói sobre o título Filho do homem, mas sobre os títulos Messias (Cristo), *Kyrios* (Senhor) e Filho de Deus, que começaram a ser utilizados ainda durante a vida de Jesus. A predicação Filho do homem é típica para as palavras próprias de Jesus; o seu conteúdo é transposto na pregação apostólica para outros títulos, o título mesmo não é assumido. Isso é propriamente um dado claro. Mas sobre ele se desenvolveu na moderna exegese um enorme debate; quem procura estudá-lo irá se encontrar num cemitério de hipóteses entre si contraditórias. Discuti-las não pertence às intenções deste livro. Mas devemos ter diante dos olhos as suas linhas principais.

Distinguem-se normalmente três grupos de palavras sobre o Filho do homem. O primeiro grupo consiste em palavras sobre o Filho do homem que vai chegar, nas quais Jesus não se designa a si mesmo como sendo este Filho do homem, mas, contrariamente, distingue-se dele. O segundo grupo é formado por palavras sobre a ação terrena do Filho do homem; o terceiro fala dos seus sofrimentos e da sua ressurreição. A tendência dominante dos intérpretes vai no sentido de considerar apenas o primeiro grupo – se for o caso – como autênticas palavras de Jesus; isso corresponde à explicação comum da pregação de Jesus que se caracterizaria pela tensão da proximidade escatológica. O segundo grupo, ao qual pertencem palavras sobre o poder do Filho do homem para perdoar os pecados, sobre o seu poder sobre o sábado, sobre o fato de não possuir nada nem ter casa, foi formado – assim diz uma linha principal das teorias – na tradição palestinense, e por isso deve ser de uma origem antiga, mas que não pode ser reconduzida a Jesus. Finalmente, mais recentes são então as afirmações sobre os sofrimentos e a ressurreição do Filho do homem, as quais, no Evangelho de S. Marcos, assinalam diretamente os trechos do caminho da subida de Jesus para Jerusalém e que, portanto, naturalmente só podem ter sido elaboradas depois desses acontecimentos – talvez precisamente pelo próprio evangelista.

Esta repartição das palavras sobre o Filho do homem distribui os diversos aspectos de um predicado de modo sutilmente cuidadoso e corresponde ao modelo rigoroso do pensamento professoral, mas não à pluralidade do que é vivo, em que se exprime em palavras um conjunto com diversas camadas. O critério fundamental para este tipo de interpretação baseia-se na questão sobre o que se pode atribuir propriamente a Jesus nas circunstâncias da sua vida e na sua representação do mundo. Manifestamente muito pouco! Reais afirmações de grandeza e afirmações sobre a paixão não se ajustam a Ele. Uma espécie de moderada expectativa apocalíptica, tal como então circulava, pode "atribuir-se-lhe": aparentemente, mais nada. Mas, desse modo, não se faz justiça à força do acontecimento que Jesus representa. Ao refletirmos sobre a interpretação que Jülicher dá das parábolas, tivemos de dizer que ninguém teria sido condenado à morte por causa de honestos moralismos.

Para que se chegasse a este confronto radical, de ser concebido até este extremo – de ser entregue aos romanos –, deve ter acontecido, deve ter sido dito algo dramático. O estimulante e o grandioso encontram-se precisamente no princípio; a Igreja em formação só lentamente é que devia reconhecê-los em toda a sua grandeza, gradualmente compreendê-los por meio de uma reflexão que ia se constituindo numa interior "recordação". À comunidade anônima é atribuída uma surpreendente genialidade teológica: quem eram propriamente as grandes figuras que inventaram tal coisa? Não, o grandioso, o novo e estimulante têm a sua origem precisamente em Jesus; na fé e na vida da comunidade isso é desenvolvido, mas não criado. Sim, a "comunidade" não teria de modo nenhum se formado nem sobrevivido se uma realidade extraordinária não a precedesse.

A expressão *Filho do homem*, com a qual Jesus ocultava o Seu mistério e ao mesmo tempo O tornava acessível, era nova e surpreendente. Não era nenhum título corrente de esperança messiânica. Ele se insere perfeitamente no modo de pregação de Jesus, que fala em enigmas e em parábolas e, dessa forma, procura se introduzir no que está escondido, que só no seguimento pode abrir-se realmente. A expressão Filho do homem significa, no uso linguístico, tanto em hebraico como em aramaico, muito simplesmente "homem". A recíproca transição entre a simples palavra homem e a indicação misteriosa de uma nova consciência de missão contida na expressão Filho do homem torna-se clara numa palavra sobre o sábado, que encontramos nos Evangelhos sinópticos. Em S. Marcos, lê-se: "O sábado é para o homem e não o homem para o sábado. Por isso o Filho do homem é também senhor do sábado" (Mc 2,27s). Em S. Mateus e em S. Lucas, falta a primeira frase. Neles, Jesus diz simplesmente: "O Filho do homem é senhor do sábado" (Mt 12,8; Lc 6,5). Sobre isso se pode dizer talvez que S. Mateus e S. Lucas deixaram a primeira frase porque temiam o seu abuso. Seja como for, é evidente que em S. Marcos ambas as frases se relacionam uma com a outra e se interpretam reciprocamente.

Que o sábado seja para o homem e não o homem para o sábado, não é simples expressão de uma posição moderna, liberal, como espontaneamente inferimos da expressão. Que assim não se deva entender o ensinamento de Jesus, já o vimos ao meditarmos sobre o Sermão da Montanha. No "Filho do homem" revela-se o homem, tal como ele propriamente devia ser. A partir do "Filho do homem", a partir da medida que Jesus mesmo é, o homem é livre e sabe como usar corretamente o sábado como o dia da liberdade de Deus e para Deus. "O Filho do homem é senhor do sábado": toda a elevação da pretensão de Jesus, que interpreta a lei com autoridade, porque Ele mesmo é a palavra originária de Deus, torna-se aqui visível. E torna-se visível que espécie de nova liberdade se proporciona absolutamente ao homem: uma liberdade que não tem a ver com uma simples oportunidade. Importante na pretensão do sábado é a interpenetração entre "homem" e "Filho do homem"; vemos que a expressão, em si tão genérica, torna-se agora expressão da especial dignidade de Jesus.

O título "Filho do homem" não existia *como título* no tempo de Jesus. Talvez um primeiro arranque para isso se encontre na visão do Livro de Daniel com os quatro animais e o "Filho do homem". O visionário vê a sucessão das potências mundiais representadas por quatro grandes animais, que sobem do mar, que vêm "de baixo", portanto representam o poder que se baseia sobretudo na violência, que é "bestial". Esboça-se assim um quadro obscuro e profundamente inquietante da história do mundo. No entanto, a visão não permanece totalmente negativa: ao primeiro animal, um leão com asas de águia, são-lhe arrancadas as asas; "foi elevado da terra e como um homem ereto sobre dois pés, e foi-lhe dado um coração humano" (Dn 7,4). A humanização do poder é possível, mesmo neste tempo do mundo: o poder pode receber um rosto humano. Mas esta salvação é relativa; de resto, a história continua e torna-se cada vez mais escura.

Então, depois de um culminar exterior do poder do mal, acontece algo diferente. O vidente vê como de longe o autêntico senhor do mundo na imagem de um ancião dos dias, que põe fim ao fantasma. E então vem "sobre as nuvens do céu um como Filho do homem... A ele é dado poder, dignidade e realeza. Todos os povos, nações e línguas devem servi-lo. O seu reinado é eterno... O seu reino nunca mais tem fim" (Dn 7,13s). Aos animais que vêm do abismo opõe-se o homem que vem de cima. Tal como os animais que vêm do abismo corporizam os reinos do mundo até então existentes, assim também a imagem do "Filho do homem" que vem "sobre as nuvens do céu" anuncia um reino totalmente novo, um reino da "humanidade", do verdadeiro poder que vem do próprio Deus. Com esse reino aparece a verdadeira universalidade, a definitiva e em surdina sempre desejada forma positiva da história. O "Filho do homem", aquele que vem do alto, e assim o oposto dos animais que vêm do abismo do mar: como tal, não significa nenhuma figura individual, mas a representação do "reino", no qual o mundo atinge o seu fim.

Na exegese, difundiu-se a conjectura de que por trás deste texto poderia encontrar-se a redação na qual o Filho do homem seria então uma figura individual, mas essa redação não nos é em todo caso conhecida, permanece como conjectura. Os textos muito citados de 4 Esdras 13 e do Henoc etíope, nos quais o Filho do homem é representado como uma figura individual, são mais recentes do que o Novo Testamento e por isso não podem ser considerados uma fonte para este tema. Naturalmente, recomenda-se que se ligue a visão do Filho do homem com a esperança messiânica e com a figura do Messias, mas não temos à nossa disposição nenhum texto, para este processo, que preceda a ação de Jesus. Por isso resta que, aqui, com a imagem do Filho do homem, é representado o futuro reino da salvação – uma visão à qual Jesus poderia ser ligado, mas à qual Ele deu uma nova forma, na medida em que relacionou esta expectativa consigo mesmo e com a sua ação.

Voltemo-nos agora para as palavras de Jesus. Já vimos que um primeiro grupo de palavras sobre o Filho do homem se refere à sua vinda futura. A maior parte dessas palavras encontra-se nos discursos de Jesus sobre o fim do mundo (Mc 13,24-27) e no processo de Jesus diante do Grande Conselho (Mc 14,62). Elas serão por isso tratadas no segundo volume deste livro. Aqui gostaria apenas de aludir a um ponto importante: estas são palavras sobre a futura glória de Jesus, sobre a sua vinda para julgar e para reunir os justos, os "eleitos". Não podemos, porém, deixar passar despercebido que elas são ditas sobre aquele que está como acusado e como escarnecido pelos seus juízes, e que, por isso, glória e paixão estão indissoluvelmente interligadas.

Não se fala propriamente da paixão, mas ela é a realidade na qual Jesus se situa e fala. Encontramos uma autêntica condensação desta relação na parábola do Juízo Final transmitida por S. Mateus (Mt 25,31-46), na qual o "Filho do homem", como juiz, se identifica com os famintos, com os encarcerados, com todos os que sofrem neste mundo; caracteriza a atitude com eles como sendo a mesma atitude com Ele mesmo. Não se trata aqui de uma ficção posterior a respeito do juiz do mundo. Ele realizou esta identificação na sua encarnação até a sua última concretização. Ele é de fato aquele que nada possui, que não tem casa, que não tem onde possa reclinar a sua cabeça (Mt 8,19; Lc 9,58). Ele é o preso, o acusado, e morre nu na cruz. A identificação do Filho do homem como juiz com os sofredores de toda espécie pressupõe a identidade do juiz com o Jesus terreno e mostra a unidade interior da cruz e da glória, do ser terreno na baixeza, e os plenos poderes futuros para julgar o mundo. O Filho do homem é apenas um só, Jesus. Esta identidade nos mostra o caminho, nos mostra a medida pela qual a nossa vida um dia será julgada.

É claro que nem todas essas palavras sobre o futuro Filho do homem são consideradas autenticamente referentes a Jesus pela crítica. Apenas dois textos deste grupo na versão de S. Lucas – em todo o caso por uma parte da exegese crítica – são classificados como palavras autênticas de Jesus, que podemos "presumir" serem d'Ele. Temos, em primeiro lugar: "Eu vos digo: quem Me confessar diante dos homens, também por ele se confessará o Filho do homem diante dos anjos de Deus. Mas quem

Me negar diante dos homens, também será negado diante dos anjos de Deus..." (Lc 12,8s). O segundo texto é: "Como um relâmpago brilha de um extremo do céu ao outro, assim aparecerá o Filho do homem no seu dia. Mas antes ele deve sofrer muito e ser rejeitado por esta geração..." (Lc 17,24s). A razão pela qual esses textos encontram aceitação está em que neles o Filho do homem e Jesus aparentemente se distinguem; especialmente no primeiro texto, o Filho do homem não se identifica com o Jesus que fala.

Agora, é preciso desde logo dizer que, em todo caso, a mais antiga tradição não o entendeu assim. No texto paralelo de Marcos, capítulo 8, versículo 38 ("Quem se envergonhar de Mim e das minhas palavras diante desta geração infiel e má, dele também se envergonhará o Filho do homem quando vier com os santos anjos na glória do seu Pai"), esta identificação não é nitidamente expressa, mas decorre da estrutura da frase. Na versão do mesmo texto em S. Mateus, falta a expressão Filho do homem. E por isso é ainda mais clara a identidade do Jesus terreno com o juiz que há de vir: "Mas quem Me negar diante dos homens, também Eu o negarei diante do meu Pai que está nos céus" (Mt 10,33). Também no texto de S. Lucas a identidade é perfeita a partir da direção para onde se orienta o conteúdo de todo o conjunto. Certamente, Jesus fala em forma de enigma, o que Lhe é próprio e que deixa aos ouvintes o último passo da compreensão. Mas a identificação funcional no paralelismo entre confissão e negação agora e no juízo, diante de Jesus e do Filho do homem, só tem sentido na base da identidade no plano do ser.

Os juízes do Sinédrio compreenderam Jesus corretamente, e Jesus não se corrigiu, na medida em que poderia dizer mais ou menos: mas vós não me entendeis bem, o Filho do homem que há de vir é outro. A unidade interior entre a *kénosis* vivida de Jesus (Fl 2,5-10) e a sua vinda na glória é o motivo contínuo da ação e do falar de Jesus, precisamente o que é novo, "autenticamente relativo a Jesus", que não foi inventado, mas que é algo próprio da sua figura e das suas palavras. Os textos estão todos relacionados entre si e não é fazendo sobre eles uma operação para desmembrá-los uns dos outros que são mais bem compreendidos. Mais nítido ainda do que em Lucas, capítulo 12, versículos 8 e 9, em que uma tal operação ainda pode encontrar algum fundamento, é isso no segundo texto: Lucas, capítulo 17, versículos 24 e seguintes. De fato, aqui a ligação é claramente realizada. O Filho do homem não virá para aqui ou para ali, mas como um relâmpago de um extremo ao outro da terra para todos brilhará, de tal modo que todos hão de ver o trespassado (cf. Ap 1,7); mas antes – precisamente este Filho do homem – tem de sofrer e de ser rejeitado. Profecia da paixão e anúncio da glória estão inseparavelmente interligados. É claramente um só e o mesmo, de que aqui se trata: precisamente aquele que com estas palavras já se encontra no caminho do sofrimento.

Também nas palavras, nas quais Jesus fala acerca da sua ação presente, encontramos os dois aspectos. Já refletimos brevemente sobre a sua expressão de, como Filho do homem, ser senhor do sábado (Mc 2,28). Nesta passagem mostra-se com rigor o que S. Marcos descreve noutro lugar: eles se assustaram com a sua doutrina, porque Ele ensinava como alguém que tem autoridade e não como os escribas (Mc 1,22). Ele se coloca a si mesmo do lado do legislador, de Deus; Ele não é intérprete, mas senhor.

Isto se torna ainda mais nítido na narração sobre o paralítico, que os amigos puseram aos pés de Jesus descendo-o num catre pelo telhado. Em vez de dizer uma palavra de cura, como esperavam tanto o paralítico como os seus amigos, Jesus diz, inicialmente, para o doente: meu Filho, os teus pecados estão perdoados (2,5). Perdoar pecados, isso é uma questão exclusiva de Deus, objetam com razão os escribas. Se Jesus atribui ao "Filho do homem" este poder, então Ele tem a pretensão de se situar na própria dignidade de Deus e de agir a partir daí. Só depois da promessa do perdão é que vem a palavra esperada: "Para que saibais que o Filho do homem tem o poder de aqui na terra perdoar pecados", diz ao paralítico: "Levanta-te, toma o teu catre e vai para casa" (Mc 2,10s). É precisamente esta pretensão divina que leva à paixão. Neste ponto, as palavras cheias de autoridade de Jesus estão orientadas para o seu sofrimento.

Vamos agora para o terceiro grupo de palavras de Jesus sobre o Filho do homem: as profecias do sofrimento. Já vimos que as três profecias da paixão do Evangelho de S. Marcos – que no texto articulam o caminho de Jesus – anunciam, com crescente nitidez, o seu destino que se aproxima e a sua interior necessidade. Elas encontram o seu meio interior e o seu ponto mais elevado na frase que se segue ao terceiro anúncio da paixão, e a palavra que lhe está intimamente relacionada sobre ser senhor e servir: "Pois também o Filho do homem não veio para ser servido, mas para servir e dar a sua vida em resgate por muitos" (Mc 10,45).

Ao tomar estas palavras dos cânticos do servo de Deus sofredor (Is 53) é introduzido aqui, na imagem do Filho do homem, um outro filão da tradição do Antigo Testamento. Jesus, que se identifica, por um lado, com o futuro juiz do mundo, identifica-se aqui com o servo de Deus sofredor e que morre, antevisto pelo profeta nos cânticos. Torna-se assim visível a unidade entre sofrimento e "elevação", baixeza e majestade. Servir é o verdadeiro modo de ser senhor e permite-nos ter uma ideia de como Deus é senhor, uma ideia sobre o "reinado de Deus". No sofrimento e na morte, a vida do Filho do homem torna-se totalmente "pró-existência"; Ele torna-se redentor e salvador para os "muitos": não só para os filhos de Israel que andavam dispersos, e sim para os Filhos de Deus dispersos (cf Jo 11,52), para a humanidade. Na sua morte "por muitos", Ele ultrapassa os limites de lugar e de tempo, realiza-se a universalidade da sua missão.

A fusão da visão de Daniel a respeito do Filho do homem que ia chegar e das imagens transmitidas por Isaías sobre o servo de Deus sofredor, a mais antiga exegese considerou como o autêntico novo e especial da ideia de Jesus acerca do Filho do homem, precisamente como o meio da sua autoconsciência em absoluto e isso com total razão. Devemos todavia acrescentar que a síntese das tradições do Antigo Testamento que Jesus realizou na imagem do Filho do homem estende-se ainda mais, torna conhecidos ainda outros filões e regatos das tradições do Antigo Testamento.

Temos, em primeiro lugar, a resposta de Jesus à questão se Ele é o Messias, o Filho do Altíssimo, na qual estão fundidos Daniel, capítulo 7, com o Salmo 110(109): Jesus vê-se a si mesmo como aquele que está sentado "à direita do poder", como anuncia o salmo a respeito do futuro rei-sacerdote. Além disso, no terceiro anúncio da paixão com a palavra sobre a rejeição do Filho do homem pelos escribas, anciãos e sumo sacerdotes (Mc 8,31), está a fusão com o Salmo 118: a palavra sobre a pedra que os construtores rejeitaram e que se tornou pedra angular (Sl 118(117)); resulta também uma relação com a parábola dos vinhateiros infiéis, na qual o Senhor usa esta palavra para predizer a sua rejeição e a sua ressurreição, bem como a futura nova comunidade. Por meio da ligação com a parábola, aparece também a identidade entre o "Filho do homem" e o "Filho bem-amado" (Mc 12,1-12). Finalmente, temos presente a corrente da literatura sapiencial: o Livro da Sabedoria 2 descreve a oposição entre o "malfeitor" e o justo: "... ele se gaba de ter Deus como seu pai... Se o justo é realmente filho de Deus, pois que Deus tome conta dele... Queremos condená-lo a uma morte miserável" (Sab 2,16-20). Hampel é do parecer que a palavra de Jesus sobre o resgate não deve vir de Isaías (53,10-12), mas dos Provérbios (21,18) e de Isaías (43,3), o que me parece de todo inverossímil (Schnackenburg). O autêntico contato permanece sendo Isaías, capítulo 53; outros textos mostram apenas que existe um vasto campo de relação para esta visão fundamental.

Jesus viveu a partir do conjunto representado pela lei e pelos profetas, como Ele sempre repetidamente disse aos seus discípulos. Ele considerou o seu ser e a sua ação como unificação e explicação deste conjunto. S. João expressará isso no seu prólogo ao escrever: Jesus mesmo é "a palavra". "Jesus Cristo é o sim a tudo o que Deus prometeu", escreve S. Paulo a propósito (2 Cor 1,20). Na palavra enigmática do Filho do homem encontramos o originariamente próprio da figura de Jesus, da sua missão e do seu ser. Ele vem de Deus, Ele é Deus. Mas precisamente por isso Ele traz – ao aceitar o humano modo de ser – a verdadeira humanidade.

"Preparaste-me um corpo", diz segundo a Carta aos Hebreus (Hb 10,5) ao seu Pai e altera deste modo uma palavra do salmo, no qual se diz: "Abriste-me os ouvidos" (Sl 40(39),7). Isto quer dizer no salmo que a obediência, o sim à palavra de Deus cria a vida, não os sacrifícios nem os holocaustos. Agora, aquele que é a palavra toma Ele mesmo um corpo, vem como homem a partir de Deus e atrai a si todo o ser homem, transporta-o para a palavra de Deus, faz dele "ouvido" para Deus e assim para a "obediência", para a reconciliação entre Deus e o homem (2 Cor 5,18-20). Ele mesmo se torna o verdadeiro "sacrifício" na obediência, bem como doador do amor, amando "até o fim" (Jo 13,1). Ele vem de Deus e cria assim o verdadeiro modo de ser homem. Ele é assim, como S. Paulo diz, em contraste com o primeiro homem, que era terra, e é o segundo, o derradeiro (último) homem, que é "celeste", "Espírito que dá a vida" (1 Cor 15,45-49). Ele vem, e é ao mesmo tempo o novo "reino". Ele não é apenas um, mas faz de todos nós "um único" (Gl 3,28), uma única nova humanidade.

O coletivo ("como um Filho do homem") visto de longe por Daniel torna-se pessoa, mas a pessoa ultrapassa no seu "por muitos" os limites do indivíduo e envolve "muitos", torna-se com muitos "um corpo e um espírito" (1 Cor 6,17). Isto é o "seguimento" para o qual Ele nos chama: deixar-se introduzir na sua nova humanidade e, então, na comunhão com Deus. Mais uma vez, S. Paulo diz, a propósito: "Como o primeiro homem (Adão) era terreno porque da terra, assim são também os seus descendentes. E como aquele que vem do céu é celeste, assim o são também os seus descendentes" (1 Cor 15,48).

A expressão "Filho do homem" permaneceu reservada a Jesus, mas a nova visão da unidade de ser de Deus e do homem, que ali se exprime, atravessa todo o Novo Testamento e marca-o. É desta nova humanidade que vem de Deus que se trata no seguimento de Jesus Cristo.

2. O Filho

No princípio deste capítulo, já vimos sucintamente que os dois títulos – "o Filho de Deus" e "Filho" (sem aditamento) – devem distinguir-se um do outro; eles têm origens e significados totalmente diferentes, mesmo se na formação da fé cristã ambos os sentidos se aproximam e se misturam. Porque já apresentei toda a questão na minha *Introdução ao cristianismo* de modo bastante pormenorizado, posso ocupar-me agora brevemente com a análise da expressão "Filho de Deus".

A expressão "Filho de Deus" tem a sua origem na teologia política do antigo Oriente. Tanto no Egito como na Babilônia, o rei recebia o título de "Filho de Deus"; o ritual da entronização era considerado como a sua "geração" de Filho de Deus, que no Egito era entendida realmente no sentido de uma misteriosa origem divina, enquanto na Babilônia, ao que parece, era, de modo mais sóbrio, entendida como um ato jurídico, como uma divina adoção. Estas representações foram assumidas em Israel de um duplo modo e ao mesmo tempo refundidas pela fé de Israel. Moisés foi encarregado por Deus para ir dizer ao faraó: "Assim fala YHWH: Israel é o meu filho primogênito. Eu digo-te que deixes o meu filho partir, para que me possa adorar!" (Ex 4,22). Os povos são a grande família de Deus; Israel, o seu "filho primogênito", como tal, pertence de um modo especial a Deus com tudo o que "primogênito" significa no antigo Oriente. Com o fortalecimento do reinado de Davi, a ideologia real do antigo Oriente é transferida para o rei no monte Sião.

No discurso de Deus, no qual Natan prediz a Davi a promessa da eterna permanência da sua casa, está a palavra: "Eu vou estabelecer o teu filho corporal como teu sucessor e conceder estabilidade ao seu reinado... Eu quero ser para ele Pai e ele será para mim filho. Se ele errar, hei-de castigá-lo. Mas o meu favor não lhe deverá ser tirado..." (2 Sam 7,12s; cf. Sl 89(88),27s.37s). Sobre isso então se organiza o ritual da entronização dos reis de Israel que encontramos no Salmo 2,7s: "Quero proclamar o decreto do Senhor: tu és meu filho, eu hoje te gerei. Pede-me e eu te darei as nações por herança, os fins da terra como tua propriedade...".

Três coisas são aqui nítidas. O privilégio de Israel, de ser o primogênito de Deus, é concretizado no rei; ele corporiza na sua pessoa a dignidade de Israel. Isto significa, em segundo lugar, que a antiga ideologia real, a geração mítica a partir de Deus, é aqui marginalizada e substituída pela teologia da eleição. A "geração" consiste na eleição; no hoje do ato de entronização condensa-se a ação de Deus que elege, na qual Ele faz de Israel e do rei, que o corporiza, seu "Filho". Mas em terceiro lugar torna-se evidente que a promessa da soberania sobre os povos – tomada dos grandes reis do Oriente – é totalmente fora de propósito perante a realidade concreta do rei que está no monte de Sião. Ele é apenas um senhor muito pequeno com um poder frágil, que finalmente acaba no exílio e depois disso pôde ser restaurado apenas por um curto tempo e em dependência das grandes potências. Então o oráculo do rei de Sião devia tornar-se desde o princípio uma palavra de esperança no rei que havia de vir, que apontava muito para além do momento e do "hoje", do agora da entronização.

O cristianismo primitivo assumiu muito cedo esta palavra e viu-a realizada na ressurreição de Jesus. Segundo Atos dos Apóstolos, capítulo 13, versículos 32 e seguintes, diz S. Paulo, na sua grande apresentação da história da salvação que desemboca em Cristo, aos judeus reunidos na sinagoga de Antioquia na Pisídia: "Deus realizou em nós, os seus filhos, a promessa feita a nossos pais, na medida em que ressuscitou Jesus, como está escrito no Salmo 2: tu és meu filho, eu hoje te gerei". Devemos considerar o discurso que aqui os Atos dos Apóstolos nos transmitem seguramente como um modelo da mais antiga pregação missionária aos judeus, na qual encontramos a leitura cristológica do Antigo Testamento pela Igreja nascente. Encontramos aqui então um terceiro grau da transformação da teologia política do antigo Oriente: ela fora fundada em Israel e no reinado davídico com a teologia da eleição da Antiga Aliança e tornara-se, no interior do processo de desenvolvimento do reinado davídico, expressão da esperança no rei futuro; agora é a ressurreição de Jesus que é acreditada como o hoje esperado do salmo. Deus nomeou agora o seu rei, ao qual concede na realidade os povos como herança.

Mas este "domínio" sobre os povos da terra já não tem caráter político. Este rei não destroça os povos com cetro de ferro (Sl 2,9), ele domina a partir da cruz, de um modo totalmente novo. A universalidade cumpre-se na humildade da comunhão na fé; este rei domina por meio da fé e do amor, não de outra maneira. É possível, assim, compreender-se de um jeito totalmente novo e definitivo a palavra de Deus: tu és meu filho, eu hoje te gerei. A expressão "Filho de Deus" solta-se da espera do poder político e torna-se expressão de uma especial unidade do ser com Deus, que se mostra na cruz e na ressurreição. Quão profundamente alcança essa unidade do ser este "ser Filho de Deus" não é possível esclarecer a partir deste contexto do Antigo Testamento. Outras correntes da fé bíblica e do próprio testemunho de Jesus devem confluir para dar à palavra o seu pleno significado.

Antes de passarmos para a simples autodesignação de Jesus como "o Filho", que oferece ao título "Filho de Deus", vindo originariamente da esfera política, o seu definitivo significado "cristão", devemos concluir, porém, a história da palavra mesma. Efetivamente, ela pertence à teologia real do antigo Oriente que César Augusto, domínio sob o qual Jesus nasceu, transferiu para Roma e a si mesmo se proclamou como "Filho do divino (César)", como Filho de Deus (W. v. Martiz, ThENT VIII 333s; 336). Se isso em César Augusto acontece com alguma cautela, o depressa instituído culto do imperador romano significa que então é assumida em Roma, com obrigatoriedade para todo o Império, a total pretensão da filiação divina e da consequente veneração divina do imperador.

Assim, encontra-se na hora histórica a pretensão de realeza divina do imperador romano com a fé cristã, para a qual só o ressuscitado Cristo é o verdadeiro Filho de Deus, ao qual todos os povos da terra pertencem e somente ao qual, na unidade com o Pai, o Filho e o Espírito, devida a divina veneração. A em si não política fé dos cristãos, que não exige poder político, mas que reconhece a legítima autoridade (Rm 13,1-7), colide assim inevitavelmente no título "Filho de Deus" com a pretensão totalitária do poder político de César e colidirá em todos os tempos com os poderes políticos totalitários, apertada em situação de martírio, na comunhão com o crucificado que só domina a partir da cruz.

Da expressão "Filho de Deus" e da sua complexa pré-história é preciso distinguir com rigor a simples palavra "o Filho", que nós essencialmente só encontramos na boca de Jesus. Fora dos Evangelhos, ela aparece cinco vezes na Carta aos Hebreus (1,2, 8; 3,6; 5,8; 7,28), aliás muito semelhante ao Evangelho de S. João, e uma vez em S. Paulo (1 Cor 15,28); ligada ao joanino autotestemunho de Jesus encontramo-la cinco vezes na Primeira Carta de João e uma vez na Segunda. Decisivo é o testemunho do Evangelho de S. João (ali encontramos a palavra dezoito vezes) e da messiânica exclamação de júbilo transmitida por S. Mateus (11,25ss) e por S. Lucas (10,21s), que – com razão – é caracterizada como um texto joanino no quadro da tradição sinóptica. Consideremos, em primeiro lugar, esta messiânica exclamação de júbilo: "Naquela ocasião Jesus tomou a palavra e disse: 'Bendigo-Te, ó Pai, Senhor do céu e da terra, porque escondeste estas coisas aos sábios e aos entendidos e as revelaste aos pequeninos. Sim, ó Pai, porque isso foi do Teu agrado. Tudo Me foi entregue por Meu Pai, e ninguém conhece o Filho senão o Pai, como ninguém conhece o Pai senão o Filho e aquele a quem o Filho o quiser revelar" (Mt 11,25ss; cf. Lc 10,21s).

Comecemos por esta última frase, a partir da qual o conjunto se decifra. Só o Filho "conhece" realmente o Pai: ao ato de conhecer pertence sempre, de algum modo, igualdade. "Se o olho não fosse unido ao sol, não poderia reconhecer o sol", formulou Goethe em ligação com uma palavra de Plotino. Cada processo do conhecimento inclui sempre, de alguma forma, um processo de tornar igual, uma espécie de interior unidade do que conhece e do que é conhecido, que é diferente segundo o grau de ser do sujeito que conhece e do objeto conhecido. Conhecer verdadeiramente Deus pressupõe comunhão com Deus, unidade de ser com Deus. Deste modo, é dito pelo Senhor numa exclamação de oração o mesmo que escutamos na muito refletida palavra conclusiva do prólogo de S. João: "Ninguém jamais viu a Deus. O único, que é Deus e que repousa no coração de Deus, é que o revelou" (Jo 1,18). Essa palavra fundamental é – isso se mostra agora – explicação daquilo que aparece na oração de Jesus, no seu diálogo filial. Torna-se, assim, ao mesmo tempo evidente o que é "o Filho", o que isto significa: perfeita comunhão de conhecimento, que é ao mesmo tempo comunhão de ser. A unidade do conhecimento só é possível porque é unidade do ser.

Só o "Filho" conhece o Pai, e todo o conhecimento real do Pai é participação no conhecimento do Filho, revelação, que Ele oferece (Ele a deu a conhecer, diz S. João). Só conhece o Pai aquele a quem o Filho o "quiser revelar". Mas a quem o Filho o quer revelar? A vontade do Filho não é arbitrariedade. A palavra sobre a vontade de revelação do Filho no versículo 27 remete para o versículo 25 do início, no qual o Senhor diz ao Pai: "Tu revelaste estas coisas aos simples". Se primeiro encontramos a unidade do conhecimento entre o Pai e o Filho, então se torna visível na relação entre o versículo 25 e o 27 a unidade de vontade dos dois.

A vontade do Filho constitui uma unidade com a vontade do Pai. Isso é sem dúvida um motivo contínuo dos Evangelhos em absoluto. No Evangelho de S. João, é com especial energia evidenciado que Jesus está na sua vontade totalmente imerso na vontade do Pai. De modo dramático, é apresentado o ato da união da vontade e da fusão de ambas as vontades na hora do jardim das Oliveiras, em que Jesus se despoja da vontade humana e se interioriza na sua autêntica vontade de Filho e, assim, na unidade de vontade com o Pai. O terceiro pedido do *Pai-Nosso* tem aqui o seu lugar: nele pedimos que o drama do jardim das Oliveiras, a luta de toda a vida e de toda a ação de Jesus se cumpra em nós, que nos tornemos com Ele, o Filho, uma só vontade na vontade do Pai e assim nós mesmos nos tornemos filhos: na unidade de vontade que se torna unidade de conhecimento.

Torna-se agora compreensível o início da exclamação de júbilo, que à primeira vista pode parecer estranho. O Filho quer levar todos para o seu conhecimento filial, para onde o Pai quer: "Ninguém pode vir a mim se o Pai que me enviou não quiser", diz Jesus nesse sentido no discurso sobre o pão em Cafarnaum (Jo 6,44). Mas quem é que o Pai quer? "Não os sábios nem os inteligentes", diz-nos o Senhor, mas os simples.

Isto é desde logo a simples expressão da concreta experiência de Jesus: não são os conhecedores da Escritura que se ocupam profissionalmente com Deus que O conhecem; eles ficam presos no emaranhado dos seus conhecimentos pormenorizados. O olhar simples para o conjunto, para a realidade do próprio Deus que se revela, está deslocado neles por todo o seu saber – tão simples não pode ser para aqueles que conhecem demasiado a complexidade dos problemas. S. Paulo expressou a mesma experiência e refletiu-a de modo mais desenvolvido: "A palavra da cruz é loucura para aqueles que se perdem; mas para nós, os salvos, é força de Deus... Isso quer dizer nomeadamente na Escritura: eu deixo dissipar-se a sabedoria dos sábios e desaparecer a inteligência dos inteligentes" (Is 29,14). "Permanecei firmes na vossa vocação, irmãos! Não há muitos sábios em sentido terreno, não há muitos poderosos e não há tantos nobres, mas o que é louco no mundo Deus escolheu para confundir os sábios... para que assim ninguém possa gloriar-se diante de Deus..." (1 Cor 1,18.26-29). "Que ninguém se engane. Se alguém julga ser sábio neste mundo, que se torne louco, para que se torne sábio" (1 Cor 3,18). Mas o que se pretende dizer com esse "tornar-se louco", com este "ser menor", que abre o homem para a vontade e para o conhecimento de Deus?

O Sermão da Montanha nos dá a chave por meio da qual se torna visível a razão interior para esta notável experiência e, assim, ao mesmo tempo, o caminho da conversão, do ser aberto para a inclusão no conhecimento filial: "Bem-aventurados os que são puros de coração, porque verão a Deus", diz-se lá (Mt 5,8). É a pureza do coração que faz ver. Nisto consiste aquela última simplicidade que abre a nossa vida para a vontade reveladora de Jesus. Poder-se-ia dizer também: a nossa vontade deve tornar-se a vontade do Filho. Então podemos ver. Mas ser Filho significa estar relacionado; é um conceito de relação. Isso significa desistir da autonomia que se fecha em si mesma; isso inclui o que

Jesus diz com a palavra sobre se tornar criança. Assim compreendemos também o paradoxo que aparece largamente no Evangelho de S. João: que Jesus, por um lado, se submete como Filho totalmente ao Pai e que precisamente assim se situa em igualdade com o Pai, realmente igual a Ele, um só com Ele.

Voltemos à exclamação de júbilo. Este ser igual, que encontramos expresso nos versículos 25 e 27 como um ser uno na vontade e no conhecimento, está ligado na primeira metade do versículo 27 com a missão universal de Jesus e assim relacionado com a história do mundo: "Tudo Me foi entregue por Meu Pai". Se contemplarmos em toda a sua profundidade a exclamação de júbilo nos sinópticos, mostra-se que aqui na realidade já está contida toda a teologia joanina do Filho. Também lá o ser Filho é recíproco conhecer-se e unidade de ser na vontade. Também é o Pai o doador, mas que dá ao Filho "tudo" e assim precisamente O fez Filho, igual a si mesmo: "Tudo o que é Meu é Teu, e tudo o que é Teu é Meu" (Jo 17,10). E também lá esse dar do Pai alcança a sua criação, chega ao "mundo": "Deus amou de tal modo o mundo que lhe deu o Seu único Filho" (Jo 3,16). A palavra do "único" reporta-se, por um lado, ao prólogo, no qual o *Logos* é caracterizado como o "único, que é Deus" (Jo 1,18). Por outro lado, recorda também Abraão, cujo filho, "o único", Deus não retirou (Gn 22,2.12). O "dar" do Pai conclui-se no amor do Filho até o fim (Jo 13,1), quer dizer, até a cruz. O mistério do amor trinitário, que aparece na expressão "o Filho", é totalmente uno com o mistério do amor histórico que se cumpre na Páscoa de Jesus.

Finalmente, também em S. João a expressão "o Filho" tem o seu lugar interior na oração de Jesus. Que todavia é diferente da oração da criatura: é o diálogo do amor em Deus, o diálogo que Deus *é*. Assim, a expressão "o Filho" corresponde à simples alocução "Pai", que o evangelista S. Marcos conservou na sua forma aramaica primitiva Abba na cena do jardim das Oliveiras.

J. Jeremias mostrou em detalhados estudos a unicidade deste modo de Jesus se dirigir a Deus, que na sua intimidade era impossível no mundo de Jesus. Nela se expressa a "unicidade" do "Filho". S. Paulo permite-nos saber que os cristãos, em virtude da participação no seu espírito de filiação que lhes foi oferecida por Jesus, podem dizer: "Abba! Pai" (Rm 8,15; Gl 4,6). É evidente que este novo modo de rezar dos cristãos só é possível a partir de Jesus, a partir d'Ele, o único.

A palavra "Filho", com o seu correspondente Pai-Abba, permite--nos realmente lançar um olhar para o interior de Jesus, sim, para o interior de Deus. A oração de Jesus é a verdadeira origem desta expressão "o Filho". Não tem pré-história, como o Filho mesmo "é novo" e, no entanto, Moisés e os profetas confluem para Ele. A tentativa de construir a partir da literatura pós-bíblica, por exemplo, as *Odes de Salomão* (século II d.C.), uma pré-história "gnóstica" da palavra e fazer S. João dependente dela, não faz sentido, se forem relativamente respeitados os limites e as possibilidades do método histórico. Existe a originalidade de Jesus. Só Ele é "o Filho".

3. Eu sou

Nas palavras de Jesus que nos foram transmitidas pelos Evangelhos, há – na sua maioria em S. João, mas (embora não tão claramente vincados e em menor extensão) também nos sinópticos – o grupo de palavras "Eu sou", e na verdade numa dupla forma. Numa Jesus diz simplesmente, sem nenhum aditamento: "Eu sou", "que Eu sou"; no segundo grupo do "Eu sou", o conteúdo é mais proximamente definido por meio de imagens: Eu sou a luz do mundo, a verdadeira vide, o bom pastor etc. Se esse segundo grupo aparece quase imediatamente compreensível, então o enigma do primeiro grupo é tanto maior.

Eu gostaria de tratar apenas de três passagens joaninas, nas quais a fórmula aparece na sua forma perfeitamente precisa e mais simples, e de uma palavra sinóptica, para a qual existe um claro paralelo em S. João.

As duas palavras mais importantes desta espécie encontram-se na discussão de Jesus, que se segue às suas palavras ditas na festa dos tabernáculos, pelas quais Ele se apresentou a si mesmo como fonte de água viva (Jo 7,37). Isso conduziu a divergências entre o povo: uns se perguntavam então se Ele não seria realmente o profeta esperado, outros chamavam a atenção para o fato de que da Galileia não vinha nenhum profeta (Jo 7,40, 52). Então Jesus lhes diz: "Não sabeis absolutamente de onde é que Eu venho nem para onde vou... Vós não me conheceis nem ao meu Pai" (Jo 8,14, 19). Ele explica isso ainda ao acrescentar: "Vós sois cá de baixo, Eu sou lá de cima; vós sois deste mundo, Eu não sou deste mundo" (Jo 8,23). E então vem a frase decisiva: "Se não acreditardes que Eu sou, morrereis nos vossos pecados" (Jo 8,24).

O que isso quer dizer? Poderíamos perguntar: que és então? Quem és tu? E, na realidade, esta é a resposta dos judeus: "Quem és tu?" (Jo 8,25). O que, então, quer dizer "que Eu sou"? A exegese pôs-se a caminho conceitualmente à procura da origem desta expressão, para poder compreendê-la, e nós devemos também fazer o mesmo. Foram mencionadas diversas origens: os típicos discursos de revelação do Oriente (E. Norden), os escritos mandaicos (E. Schweizer), que, porém, são muito mais recentes do que os livros do Novo Testamento.

Entretanto, tem-se afirmado amplamente a convicção de que não devemos procurar as raízes espirituais desta expressão num lugar qualquer, mas sim no mundo em que Jesus se sentia em casa, no Antigo Testamento e no judaísmo, em que Jesus vivia. Não precisamos considerar aqui o extenso contexto dos textos do Antigo Testamento que os investigadores entretanto mostraram. Eu gostaria apenas de mencionar dois textos essenciais, dos quais tudo depende.

Está em primeiro lugar no Êxodo, capítulo 3, versículo 14, a cena com a sarça ardente, de dentro da qual Deus chama Moisés, o qual por sua vez pergunta a Deus que o chama: como te chamas? É lhe dado como resposta o nome enigmático YHWH, cujo significado Deus explica com a igualmente enigmática frase: "Eu sou aquele que sou". As múltiplas interpretações desta frase não precisam ser tratadas aqui; resta que este Deus a si mesmo se caracteriza como "Eu sou". Ele é simplesmente. E isso significa naturalmente também que Ele está sempre ali, para os homens, ontem, hoje e amanhã.

No grande momento da esperança de um novo êxodo no fim do exílio na Babilônia, o Deutero-Isaías agarrou-se de novo na mensagem da sarça ardente e desenvolveu-a. "Vós sois minhas testemunhas – palavra do Senhor – e também meu servo, que Eu escolhi, para que saibais e acrediteis que Eu sou. Antes de Mim nenhum Deus foi criado. E também depois de Mim não haverá nenhum. Eu sou YHWH. Eu, e fora de Mim não há nenhum redentor" (Is 43,10s). "Para que saibais e acrediteis em Mim, que Eu sou" – a antiga fórmula "ani" YHWH é agora contraída na palavra "anihu" – eu ele, eu sou. "Eu sou" tornou-se mais expressivo e, embora o mistério permaneça, também mais nítido.

No tempo em que Israel não tinha território e o Templo não existia, Deus estava eliminado da concorrência das divindades, pois um Deus que não tem um território e que não podia ser venerado, não era, precisamente por isso mesmo, Deus nenhum. Neste tempo, Israel tinha aprendido a compreender a diferença e a novidade do seu Deus: que Ele precisamente não era somente o "seu" Deus, o Deus de um povo ou de um território, mas Deus simplesmente, o Deus do universo, ao qual todas as terras, o céu e tudo que há nele pertencem; o Deus que de tudo dispõe; o Deus que não precisa da veneração por meio da oferta de bodes ou de touros, mas que só por meio da ação correta é realmente venerado.

Mais ainda: Israel reconheceu que o seu Deus era "Deus" simplesmente. E assim o "Eu sou" da sarça ardente tinha reencontrado o seu significado: esse Deus é simples. Ele se apresenta precisamente como aquele que é na sua particularidade na expressão "Eu sou". Isto é certamente uma delimitação a respeito das muitas divindades que havia, mas sobretudo, muito positivamente, a aparição da sua unicidade e particularidade que não podia ser descrita.

Quando Jesus diz "Eu sou", Ele assume essa história e refere-a a si. Ele mostra a sua unicidade: n'Ele está pessoalmente presente o mistério do único Deus. "Eu e o Pai somos um só." H. Zimmermann acentuou com razão que Jesus, com este "Eu sou", não aparece *ao lado* do Eu do Pai (TPhZ 69[1960] 6), mas remete ao Pai. É precisamente assim também para si mesmo. Trata-se justamente da inseparabilidade do Pai e do Filho. Porque Ele é o Filho, Ele pode colocar na sua boca a autoapresentação do Pai. "Quem Me vê, vê o Pai" (Jo 14,9). Porque assim é, Ele pode pôr na sua boca a palavra de revelação do Pai.

Em toda a discussão na qual o versículo se situa, trata-se precisamente da unidade do ser do Pai e do Filho. Para compreendermos corretamente, devemos nos recordar sobretudo do que já refletimos sobre a expressão "o Filho", que está ancorada no diálogo do Pai e do Filho. Ali vimos que Jesus é totalmente "relacional", em todo o seu ser nada mais é do que relação para com o seu Pai. A partir dessa relação é que há de se compreender o uso da fórmula que se encontra em Isaías e na sarça ardente, o "Eu sou" situa-se totalmente na relação entre o Pai e o Filho.

Depois da pergunta dos judeus – que também é a nossa pergunta, "quem és tu?" –, Jesus chama em primeiro lugar a atenção para aquele que o enviou e a partir do qual Ele fala para o mundo. Ele repete mais uma vez a fórmula de revelação, "Eu sou", mas que Ele agora alarga para toda a história futura. "Quando tiverdes elevado o Filho do homem, então conhecereis quem Eu sou" (Jo 8,28). Na cruz será dada a conhecer a sua filiação, a sua unidade de ser com o Pai. A cruz é a verdadeira "elevação". Ela é a elevação do "amor até o fim" (Jo 13,1); na cruz, Jesus está na "elevação" de Deus, que é o amor.

A sarça ardente é a cruz. A mais elevada pretensão de revelação, o "Eu sou", e a cruz de Jesus são inseparáveis. Aqui encontramos não uma especulação metafísica, mas se mostra a realidade de Deus no meio da história, para nós. "Então conhecereis quem Eu sou": quando é que este "então" se realiza? Realiza-se sempre na história, a começar pelo dia do Pentecostes no qual os judeus se sentiram "profundamente tocados mesmo no coração" (At 2,37) pela pregação de Pedro e, segundo o relato dos Atos dos Apóstolos, três mil deixaram-se batizar, juntaram-se à comunidade dos apóstolos (At 2,41). Ele se realiza plenamente no fim da história, do qual o vidente da misteriosa revelação diz: "Todos O verão, mesmo aqueles que O trespassaram..." (Ap 1,7).

No fim da discussão do capítulo 8 aparece mais uma vez o "Eu sou" de Jesus, agora alargado e interpretado noutra direção. Mas permanece sempre no espaço a pergunta "quem és tu?", que ao mesmo tempo envolve a pergunta "de onde vens?". Deste modo, vem a debate a origem dos judeus a partir de Abraão e em última instância a própria paternidade de Deus: "Abraão é o nosso Pai [...] Não descendemos de nenhum adultério, mas só temos um *único* Pai – Deus" (Jo 8,39.41).

A chamada de atenção dos interlocutores de Jesus para a paternidade de Deus por Abraão oferece ao Senhor a oportunidade de mais uma vez esclarecer de modo muito nítido a sua origem, na qual, de fato, se realiza o mistério de Israel, a que os judeus tinham aludido passando da sua origem em Abraão, a qual por sua vez se encontra em Deus, a verdadeira origem de Israel, cujo mistério se cumpre em Jesus.

Assim, Abraão nos mostra Jesus, não só chama a atenção, para além de si mesmo, para Deus como Pai – ele chama a atenção sobretudo para Ele, Jesus: "Abraão, vosso Pai, alegrou-se porque ele podia ver o meu dia. Ele o viu e se alegrou" (Jo 8,56). À objeção dos judeus, de que Abraão não podia absolutamente ter visto Jesus, segue-se a resposta: "Ainda antes que Abraão existisse, Eu sou" (Jo 8,58). "Eu sou": de novo está aí misteriosamente erguido o simples "Eu sou", mas agora definido pela oposição ao "existisse" de Abraão. Ao mundo do vir e do passar, ao mundo do devir e do desaparecer, opõe-se o "Eu sou" de Jesus. Schnackenburg mostra com razão que aqui não se trata apenas de uma categoria temporal, mas "de uma fundamental diferença de ser". "É claramente formulada a pretensão de Jesus a um modo único de ser que ultrapassa totalmente as categorias humanas" (Johannesevangelium, II, p. 61).

Vamos agora para a história transmitida por S. Marcos sobre a caminhada de Jesus sobre a água em seguida à primeira multiplicação dos pães (Mc 6,45-52), para a qual existe um paralelo, em muitos aspectos concordante, no Evangelho de S. João (Jo 6,16-21). H. Zimmermann analisou cuidadosamente o texto (TTthZ [1960] 12s). No essencial, queremos segui-lo.

Depois da multiplicação dos pães, Jesus faz que os discípulos subam para o barco e partam para Betsaida; o próprio Jesus se retira "para o monte", para rezar. Os discípulos não conseguem avançar com o seu barco no meio do mar por causa de um vento contrário. O Senhor, em oração, vê-os e vai ao seu encontro sobre as águas. O susto dos discípulos, vendo Jesus a caminhar sobre as águas, é enorme; gritam e "estavam totalmente confusos". Mas Jesus lhes fala com bondade: "Coragem, sou Eu. Não tenhais medo!" (Mc 6,50).

À primeira vista, tomar-se-á este "Eu sou" como simples fórmula de identificação, com a qual Jesus se dá a conhecer e assim quer acalmar os seus. Mas esta interpretação não enquadra totalmente. De fato, Jesus sobe para o barco, o vento acalma-se; S. João acrescenta que eles alcançaram muito depressa a margem. O interessante é que só então os discípulos se assustaram: eles estavam totalmente fora de si, assim se exprime drasticamente S. Marcos (Mc 6,51). Por que então? O temor dos discípulos, provocado pelo medo de verem um fantasma, não foi dominado; ao contrário, aumenta precisamente no momento em que Jesus sobe para o barco e o vento de repente se acalma.

Temos aqui claramente o temor "teofânico" típico, o temor que invade o homem que se vê exposto imediatamente à presença do próprio Deus. Nós já o encontramos no final da pesca abundante, quando S. Pedro não se mostra alegremente agradecido, mas sim abalado no mais íntimo da sua alma, prostrando-se diante de Jesus e dizendo: "Afasta-Te de mim, que sou um homem pecador" (Lc 5,8). Trata-se do "terror perante Deus" que invade os discípulos. De fato, andar sobre as águas é coisa de Deus: "Que estende o céu, ele só, que anda de um lado para o outro sobre as ondas do mar", diz-se no Livro de Jó acerca de Deus (Jó 9,8; cf. Sl 76,20; Is 43,16). O Jesus que anda sobre as águas não é apenas o Jesus no qual confiam – n'Ele reconhecem imediatamente a presença de Deus.

E por isso mesmo é o acalmar da tempestade um processo que vai além dos limites das possibilidades humanas e que chama a atenção para o poder próprio de Deus. Então os discípulos dizem uns para os outros, na história clássica da tempestade acalmada: "Quem é este que até o vento e a água Lhe obedecem?" (Mc 4,41). Neste contexto, também a locução "Eu sou" adquire outro tom: é mais do que uma autoidentificação de Jesus; o misterioso "Eu sou" dos escritos de S. João parece ecoar também aqui. Não há, portanto, dúvida de que todo o acontecimento tem o valor de uma teofania, de encontro com o mistério divino de Jesus, pelo que muito logicamente em S. Mateus termina com a adoração (*Proskynesis*) e com a palavra dos discípulos: "Verdadeiramente tu és o Filho de Deus" (Mt 14,33).

Vamos agora para as palavras nas quais o "Eu sou" é concretizado com algumas imagens que definem o seu conteúdo; há em S. João sete dessas imagens; que sejam precisamente sete isso não é puro acaso: Eu sou o pão da vida; a luz do mundo; a porta; o bom pastor; a ressurreição e a vida; o caminho, a verdade e a vida; a verdadeira videira. Schnackenburg com razão chama a atenção para o fato de que a estas grandes imagens deveríamos acrescentar ainda aquela da fonte de água, para a qual, é verdade, não há propriamente nenhuma expressão "Eu sou", mas há uma palavra de Jesus na qual Ele se apresenta como essa fonte (4,14; 6,35; 7,38 e 19,34). Já meditamos cuidadosamente sobre algumas dessas imagens no capítulo sobre S. João. Por isso é suficiente aqui chamar a atenção muito resumidamente para o significado geral destas joaninas palavras de Jesus.

Shnackenburg chama a atenção para o fato de que todas essas imagens "são uma variação do único tema, que Jesus veio para que o homem tenha a vida e a tenha em abundância" (Jo 10,10). Só existe o único dom da vida e Ele pode dá-lo, porque n'Ele está presente a vida de Deus na sua plenitude mais originária e inesgotável..." (Joh II 69s). O homem precisa e em última análise só deseja uma coisa: vida, a vida plena, a "felicidade". Numa passagem em S. João, Jesus chama a isto que nós esperamos de a "perfeita alegria" (Jo 16,24).

Esta única coisa de que se trata em todos os desejos e esperanças do homem é também expressa no segundo pedido do *Pai-Nosso*: que o Teu Reino venha. O "Reino de Deus" é a vida em plenitude, precisamente porque não é apenas "felicidade" particular, alegria individual, mas o mundo que chegou à sua forma certa – a unidade entre Deus e o mundo.

O homem precisa, em última instância, apenas de uma coisa, na qual tudo está contido; mas ele deve aprender a ir além dos seus desejos e anseios primários, a querer aquilo de que realmente precisa e que realmente quer. Ele precisa de Deus. E só assim é que podemos então ver que por trás de todos os discursos em imagens está em última instância isto: Jesus dá-nos a "vida", porque Ele nos dá Deus. Ele pode dá-Lo, porque Ele mesmo é um só com Deus. Porque Ele é o Filho de Deus. Ele mesmo é o dom – Ele *é* "a vida". Precisamente por isso é que Ele é em todo o seu ser comunicação, "pró-existência". É precisamente isso que aparece na cruz como sua verdadeira elevação.

Olhemos agora para trás. Encontramos três palavras nas quais Jesus simultaneamente oculta e revela o seu mistério: Filho do homem, Filho, Eu sou. Todas as três palavras mostram o seu profundo enraizamento na palavra de Deus, na Bíblia de Israel, no Antigo Testamento. Mas só n'Ele é que todas essas palavras alcançam o seu pleno sentido; por assim dizer, elas esperaram por Ele.

Em todas as três palavras aparece a originalidade de Jesus, o que Ele tem de novo, que Lhe é exclusivamente próprio, para as quais não há mais nenhuma derivação. Todas as três só são, portanto, possíveis na sua boca – é central a palavra de oração "Filho", a que corresponde a aclamação Abba-Pai. Nenhuma dessas três palavras podia, portanto, tal como está, ser uma palavra da confissão da "comunidade", da Igreja em formação.

O conteúdo das três palavras com o centro "o Filho" colocou a Igreja nascente na locução "Filho de Deus", que, assim, definitivamente desligou da sua pré-história mitológica e política. Sobre o terreno da teologia da eleição de Israel, ela alcança agora um significado totalmente novo, que fora já pré-traçado pelos discursos de Jesus como o Filho e como "Eu sou".

Esse novo significado devia ser esclarecido em diversos e difíceis processos de distinção e de luta e assegurado contra interpretações tanto mítico-politeístas como políticas. Para isso, serviu no Concílio de Niceia (325 d.C.) a expressão "de igual essência" (*homoousios*). Esta palavra não helenizou a fé, não a carregou com uma filosofia estranha, mas precisamente segurou o incomparavelmente novo e diferente, que aparecera no conversar de Jesus com o Pai. Na confissão de Niceia, a Igreja diz sempre com S. Pedro a Jesus: "Tu és Cristo, o Filho do Deus vivo" (Mt 16,16).

Nota editorial

Ao longo do texto, são utilizadas as seguintes siglas:

ATD: *Das Alte Testament Deutsch*, sob direção de Volkmar Herntrich e Artur Weiser, Göttingen, 1949ss. Trata-se de um famoso comentário ao Antigo Testamento em alemão. Nas referências, são indicados o número da página e o volume.

CSEL: *Corpus Scriptorum Ecclesiasticorum Latinorum*, Viena, 1866ss. É uma coleção de fontes cristãs em língua latina.

HThKNT: *Herders Theologischer Kommentar zum Neuen Testament*, sob direção de Alfred Wikenhauser, Herder, Friburgo, 1953ss. É um famoso comentário ao Novo Testamento publicado originalmente pela editora Herder.

"IkaZ Communio": "Internacionale Katholische Zeitschrift Communio". É uma publicação fundada por Henri de Lubac, Hans Urs von Balthasar e Joseph Ratzinger em 1972.

PG: *Patrologia Greca*, sob direção de Jacques-Paul Migne, 161 volumes, Paris, 1857-1866. Trata-se de uma coleção de fontes cristãs antigas em língua grega.

RGG: *Die Religionen in Geschichte und Gegenwart*, Tubinga, 1909-1913; 2º, 1927-1932; 3º, 1956ss. A última edição conta com a contribuição de alguns artigos do jovem professor Ratzinger (cf. *La mia vita*, San Paolo, Cinisello Balsamo, 1977, p. 73).

TThZ: *Trierer Theologische Zeitschrift*.

Bibliografia

Como foi dito no prólogo, este livro pressupõe a exegese histórico--crítica e serve-se dos seus conhecimentos, mas quer ao mesmo tempo superar esse método no sentido de uma autêntica interpretação teológica. Não pretende entrar no debate da pesquisa histórico-crítica. Por isso também renunciei, no que diz respeito à literatura utilizada, a qualquer espécie de exaustividade, que aliás é inacessível. As obras utilizadas são respectivamente indicadas de modo breve entre parênteses; o título completo encontra-se nestas indicações bibliográficas. Mas em primeiro lugar menciona alguns dos livros recentes mais importantes sobre Jesus.

- GNILKA, J. *Jesus von Nazareth. Botschaft und Geschichte*. Herder, 1990.
- BERGER, K. *Jesus*. München, 2004. Na base de um conhecimento exegético profundo, o autor apresenta a figura e a mensagem de Jesus essencialmente em diálogo com as questões do presente.
- SCHÜRMANN, H. *Jesus. Gestalt und Geheimnis*. Gesammelte Beiträge hg. von Kl. Scholtissek. Paderborn, 1994.
- MEIER, J. P. *A marginal Jew. Rethinking the historical Jesus*. Doubleday, 1991ff. Esta obra em vários volumes de um jesuíta americano é, sob diversos pontos de vista, um modelo da exegese histórico-crítica, cujo significado, bem como os seus limites, nela se tornam visíveis.

Vale a pena ler a resenha do primeiro volume feita por J. Neusner, *Who needs the historical Jesus?* Chronicles, July, 1993, p. 32-34.
- SÖDING, T. *Der Gottessohn aus Nazareth. Das Menschsein Jesu im Neuen Testament.* Herder, 2006. O livro não pretende fazer uma cópia do Jesus histórico, mas apresentar o testemunho da fé dos diversos escritos do Novo Testamento.
- SCHNACKENBURG, R. *Die Person Jesu Christi im Spiegel der vier Evangelien.* Herder, 1993. Depois deste livro, a que nos referimos no prefácio, Schnackenburg publicou ainda uma última obra, menor e muito pessoal: *Freundschaft mit Jesus.* Herder, 1995, na qual ele, todavia, coloca "o acento menos no que é possível conhecer... do que nos efeitos", "que Jesus produz nas almas e nos corações dos homens" (p. 7) e assim – como ele se exprime – procura um "ato que se balanceia entre razão e vida".
- Na interpretação dos Evangelhos, apoio-me sobretudo nos volumes do *Herders Theologischer Kommentar zum Neuen Testament* (HThKNT), que infelizmente ficou incompleto. As abreviaturas correspondem às da terceira edição do *Lexikon für Theologie und Kirche* (LThK), 1993.
- Um rico material para a história de Jesus encontra-se na obra em seis volumes *La storia di Gesù.* Rizzoli, 1983-1985 (org. V. Levi, conselho científico Martini-Rossano-Gilbert-Dupont; vários autores).

Capítulo 1
O BATISMO DE JESUS

- EVDOKIMOV, P. *L'art de l'icône. Théologie de la beauté.* Desclée de Brouwer, 1970, pp. 239-247. Para a teologia icônica e os textos dos Padres da Igreja
- JEREMIAS, J. V.amnos. In: *ThWNT I*, pp. 342-345.
- GNILKA, J. *Das Matthäusevangelium I 1*, (HThKNT), 1986.
- GUARDINI, R. *Das Wesen des Christentums. Die menschliche Wirklichkeit des Herrn. Beiträge zu einer Psychologie Jesu.* Mainz--Paderborn, 1991.

INDICAÇÕES BIBLIOGRÁFICAS

Capítulo 2
AS TENTAÇÕES DE JESUS

Este capítulo é em grande parte idêntico ao que eu no meu livro *Unterwegs zu Jesus Christus* (Augsburg, 2003), p. 84-99, desenvolvi sobre as tentações de Jesus, no qual se encontra muita literatura. Aqui gostaria de chamar a atenção apenas para W. Solowjew, *Kurze Erzählung vom Antichrist.* (München, 1986) traduzido e comentado por L. Müller.

Capítulo 3
O EVANGELHO DO REINO DE DEUS

- von HARNACK, A. *Das Wesen des Christentums.* Neuauflage hg. von R. Bultmann. Stuttgart, 1950 (Erstauflage, 1900).
- MOLTMANN, J. *Theologie der Hoffnung.* München, 1985.
- STUHLMACHER, P. *Biblische Theologie des Neuen Testaments.* I Grundlegung. Von Jesus zu Paulus. II Von der Paulusschule bis zur Johannesoffenbarung. Göttingen, 1992 u. 1999.

Capítulo 4
O SERMÃO DA MONTANHA

- NEUSNER, J. A *Rabbi talks with Jesus. An intermillenial interfaith exchange.* Doubleday, 1993 (deutsch: *Ein Rabbi spricht mit Jesus. Ein jüdisch-christlicher Dialog.* Claudius Verlag, München, 1997. Cito segundo a edição alemã).
- GNILKA, J. *Das Matthäusevangelium I.* (HThKNT, 1986).
- ELLIGER, K. *Das Buch der zwölf kleinen Propheten.* ATD 25. Göttingen, 1964.
- DINKLER, E. *Signum Crucis.* Tübingen, 1967 S. 1-54 (sobre o sinal Tau).

- von CLAIRVAUX, Bernhard. *Sämtliche Werke lateinisch-deutsch,* hg. von Gerhard B. Winkler Bd. V Innsbruck, 1994 S. 394. Conferir sobre este texto e a sua pré-história H. de Lubac, *Geist aus der Geschichte.* Em alemão por H.U. v. Balthasar. Einsiedeln, 1968, p. 284ff.
- Sobre a crítica ao cristianismo de F. Nietzsche, sobre a qual existe uma imensa literatura, chamo a atenção para H. de Lubac, *Über Gott hinaus. Tragödie des atheistischen Humanismus* (alemão: E. Steinacker - H.U. v. Balthasar) Einsiedeln, 1984, esp. 13-94.
- Para a parte "Compromisso e profética radicalidade" devo as sugestões essenciais a duas contribuições que o Prof. O. Artus, Paris, 2003 e 2004 elaborou para a Pontifícia Comissão Bíblica. Para a dialética entre ambas as figuras jurídicas – casuística e apodíctica – chama especialmente a atenção para F. Crüsemann, *Die Tora.* München, 1992.

Capítulo 5
A ORAÇÃO DO SENHOR

- A literatura sobre o *Pai-Nosso* é imensa. Exegeticamente oriento-me sobretudo por J. Gnilka, *Das Matthäusevangelium I.*
- Sobre as diversas relações interdisciplinares, podemos encontrar as primeiras orientações em F. Trenner (Hg.), *Vater unser im Himmel.* München, 2004.
- Para o horizonte judaico, M. Limbeck, *Von Jesus beten lernen. Das Vaterunser auf dem Hintergrund des Alten Testamentes.* Stuttgart, 1980.
- BROCKE, M.; PETUCHOWSKI, J. J.; STROLZ, W. (Hg.). *Das Vaterunser. Gemeinsames im Beten von Juden und Christen.* Herder, 1976.
- Do rico tesouro da interpretação espiritual, menciono a obra tardia pouco considerada de R. Guardini, *Gebet und Wahrheit. Meditationen über das Vaterunser.* Würzburg, 1960. Mainz-Paderborn, 1988.
- SCHNEIDER, Reinhold. *Das Vaterunser.* Herder, 1953, 1978.

- KOLVENBACH, P. H. *Der österliche Weg. Exerzitien zur Lebenserneuerung.* Herder 1988, S. 63-104.
- MARTINI, C. M. *Non spreccate parole. Esercizi spirituali con il Padre Nostro.* Portalupi Editore, 2005.
- Das interpretações patrísticas do *Pai-Nosso*, é para mim pessoalmente muito querida, e por isso frequentemente citada, a de S. Cipriano de Cartago (c. 200-258), *De dominica oratione, in: Thasci Caecilli Cypriani Opera omnia.* CSEL III 1. S. 265-294.
- Sobre o Apocalipse 12-13, conferir, por exemplo, B. G. Ravasi, *Apocalisse.* Piemme, 2000 p. 108-130.

Capítulo 6
OS DISCÍPULOS

- PESCH, R. *Das Markusevangelium* I, 1976 (HThK II 1).
- SCHLIER, H. *Der Brief an die Epheser. Ein Kommentar.* Düsseldorf, 1958.
- BISER, E. *Einweisung in das Christentum.* Düsseldorf, 1997.

Capítulo 7
A MENSAGEM DAS PARÁBOLAS

- JEREMIAS, J. *Die Gleichnisse Jesu.* Göttingen, 1956.
- JÜLICHER, A. *Die Gleichnisreden Jesu.* I u. II Tübingen, 1899; 1910.
- DODD, C. H. *The Parables of Kingdom.* London, 1938.
- GRELOT, J. *Les Paroles de Jésus Christ* (Introduction à la Bible, Nouveau Testament 7). Desclée, 1986.
- AUGUSTINUS. *Sermones* ed. G. Morin (Neuausgabe Caillau u. Saint-Yves) II 11, bei Morin S. 256-264. Deutsch bei: H.U. v. Balthasar, Augustinus. Das Antlitz der Kirche. Einsiedeln, 1942 S. 92-99.

Capítulo 8
AS GRANDES IMAGENS DE SÃO JOÃO

- HENGEL, M. *Der Sohn Gottes.* Tübingen, 1975.
- HENGEL, M. *Die johanneische Frage.* Tübingen, 1993.
- PESCH, R. *Antisemitismus in der Bibel? Das Johannesevangelium auf dem Prüfstand.* Augsburg, 2005.
- CAZELLES, H. Johannes. Ein Sohn des Zebedäus. "Priester" und Apostel. In: *IkaZ Communio* 2002 (31) 479-484.
- STUHLMACHER, P. *Biblische Theologie des Neuen Testaments* I 1992 II 1999 (s. Literaturangaben zum 3. Kapitel).
- WILCKENS, U. *Theologie des Neuen Testaments* Bd. I Teilband 4. Neukirchener Verlag 2005, bes. S. 155-158.
- BROER, I. *Einleitung in das Neue Testament* (Die neue Echter-Bibel Ergänzungsband 2/I). Würzburg, 1998.
- No que diz respeito a comentários sobre o Evangelho de S. João, está diante dos meus olhos sobretudo o comentário em três volumes de R. Schnackenburg HThK IV 1-3. Herder, 1965-1975. Interpretações complementares e excursos, 1984.
- BARRETT, C. K. *Das Evangelium nach Johannes.* Göttingen, 1990 (Meyers kritisch-exegetischer Kommentar über das Neue Testament, hg. v. F. Hahn).
- MOLONEY, F. J. *Belief in the Word. Reading John 1-4.* Minneapolis, 1993; *Signs and Shadows. Reading John 5-12.* 1996; *Glory not dishonor. Reading John 13-21.* 1998.
- BROWN, R. E. *The Gospel according John.* 2 Bände. Doubleday, 1966-1970.

As grandes imagens do Evangelho de S. João

a) Água
- RECH, P. *Inbild des Kosmos. Eine Symbolik der Schöpfung.* 2 Bände. Salzburg, 1966.

INDICAÇÕES BIBLIOGRÁFICAS

- RAHNER, H. *Symbole der Kirche. Die Ekklesiologie der Väter.* Salzburg, 1964, bes.: Flumina de ventre Christi. Die patristische Auslegung von Joh 7,37.38 S. 177-235.
- SCHNACKENBURG, R. *Johannesevangelium* II. Teil S. 209-218.

b) A videira e o vinho
- Além dos já mencionados comentários sobre o Evangelho de S. João e Ph. Rech gostaria especialmente de aludir a contribuições muito úteis de P. Henrici, M. Figura, B. Dolna, H. Zaborowski, in: *IkaZ Communio* 2006 (35) Heft 1.
- Zu Jes 5,1-7: O. Kaiser, *Der Prophet Jesaja. Kap. 1-12.* Göttingen, 1963 (ATD 17) 45-49.

c) O pão
- SCHÖNBORN, C. *Weihnacht. Mythos und Wirklichkeit. Meditationen zur Menschwerdung.* Johannes-Verlag, 1992, bes. 15-30.

d) O Pastor
- JEREMIAS, J. poimh.n ktl ThWNT VI 484-501.
- ELLIGER, K. *Das Buch der zwölf Kleinen Propheten* II ATD 25, Göttingen, 1964 S. 168-177.
- MEER, F. van der; SIBBELEE, H. *Christus. Der Menschensohn in der abendländischen Plastik.* Herder, 1980, bes. 21-23.

Capítulo 9
DUAS BALIZAS IMPORTANTES NO CAMINHO DE JESUS:
A CONFISSÃO DE PEDRO E A TRANSFIGURAÇÃO

- PESCH, R. *Das Markusevangelium* II. Teil (HThKNT II/2) Herder, 1977.
- JASPERS, K. *Die großen Philosophen* I München, 1957, S. 186-228.
- GRELOT, P. *Les paroles de Jésus Christ.* Desclée, 1986 (s. Kap. 7!), pp. 174-205.

- WELTE, B. (Hg.). *Zur Frühgeschichte der Christologie*. Herder, 1970 (QD 51); importante é sobretudo o contributo de H. Schlier, Die Anfänge des christologischen Credo. S. 13-58.
- van CANGH, J. M.; van Esbroek, M. La primauté de Pierre (Mt 16,16-19) et son contexte judaïque. In: *Revue Théologique de Louvain* 1980 (11) 310-324.
- GESE, H. *Zur biblischen Theologie*. München, 1977, S. 81.
- DANIÉLOU, J. *Liturgie und Bibel. Die Symbolik der Sakramente bei den Kirchenvätern*. München, 1963 S. 336-350.
- RIESEN, H. *Jésus transfiguré. L'arrière-plan du récit de la transfiguration de Notre Seigneur*. Copenhague: Munksgaartd, 1947. p. 188s.
- Por este livro ser dedicado à figura de Jesus, renunciei conscientemente, no contexto da confissão de Pedro, a uma interpretação das palavras sobre o primado. Sobre esse assunto remeto para O. Cullmann, *Petrus – Jünger – Apostel – Märtyrer*. Zürich, 1952.
- PESCH, R. *Simon-Petrus, Geschichte und geschichtliche Bedeutung des ersten Jüngers Jesu Christi*. Stuttgart, 1980.
- PESCH, R. *Die biblischen Grundlagen des Primats*. Herder, 2001 (QD 187).
- GNILKA, J. *Petrus und Rom. Das Petrusbild in den ersten zwei Jahrhunderten*. Herder, 2002.
- HENGEL, M. *Der unterschätzte Petrus. Zwei Studien*. Mohr Siebeck, 2006.

Capítulo 10
AS AUTOAFIRMAÇÕES DE JESUS

- HAHN, F. *Christologische Hoheitstitel. Ihre Geschichte im frühen Christentum*. Göttingen, 1966.
- ROBINSON, J. M. *Kerygma und historischer Jesus*. Zürich, 1960 (zur Menschensohn-Frage 122ff).
- SCHNACKENBURG, R. *Die Person Jesu Christi im Spiegel der vier Evangelien*. Herder, 1993 (Menschensohn S. 66-75).

Indicações bibliográficas

- SCHNACKENBURG, R. *Johannesevangelium* II S. 59-70 (Herkunft und Sinn der Formel "egó eimi"), S. 150-168 («Der Sohn» als Selbstbezeichnung Jesu im Johannesevangelium).
- ZIMMERMANN, H. Das absolute "Ich bin" in der Redeweise Jesu. In: *TThZ* 1960 (69) 1-20.
- ZIMMERMANN, H. Das absolute "egó eimi" als die neutestamentliche Offenbarungsformel. In: BZ, NF4 1960, 54-69, 266-276.
- Para a relação entre cristologia bíblica e cristologia conciliar, chamo a atenção para a palavra fundamental de A. Grillmeier, *Jesus der Christus im Glauben der Kirche, Bd. 1. Von der apostolischen Zeit bis zum Konzil von Chalcedon (451).* Herder, 1979.

Lista de abreviações

Antigo Testamento

Gn	Gênesis
Ex	Êxodo
Lv	Levítico
Num	Números
Dt	Deuteronômio
1 Sam	I livro de Samuel
2 Sam	II livro de Samuel
1 Rs	I livro dos Reis
1 Cr	I livro das Crônicas
2 Cr	II livro das Crônicas
1 Mac	I livro dos Macabeus
Jó	Livro de Jó
Sl	Livro dos Salmos
Pr	Livro dos Provérbios
Cant	Cântico dos Cânticos
Sab	Livro da Sabedoria
Is	Isaías
Jer	Jeremias
Ez	Ezequiel
Dn	Daniel
Os	Oseias
Am	Amós
Jon	Jonas
Miq	Miqueias
Hab	Habacuc
Zc	Zacarias
Mal	Malaquias

Novo Testamento

Mt	Evangelho de Mateus
Mc	Evangelho de Marcos
Lc	Evangelho de Lucas
Jo	Evangelho de João
At	Atos dos Apóstolos
Rm	Epístola aos Romanos
1 Cor	Primeira epístola aos Coríntios
2 Cor	Segunda epístola aos Coríntios
Gl	Epístola aos Gálatas
Ef	Epístola aos Efésios
Fl	Epístola aos Filipenses
Cl	Epístola aos Colossenses
2 Tm	Segunda epístola a Timóteo
Hb	Epístola aos Hebreus
Tg	Epístola de Tiago
1 Pd	Primeira epístola de São Pedro
1 Jo	Primeira epístola de São João
2 Jo	Segunda epístola de São João
3 Jo	Terceira epístola de São João
Ap	Apocalipse

Índice de citações bíblicas e documentos do magistério

1. Antigo Testamento

Gn
1,1-2,4: 86
1,2: 37
3,8: 60
22,2: 290
22,12: 290
28,10-22: 155
28,12: 55

Ex
1,5: 161
3,6: 132
3,14: 292
4,22: 284
12,46: 238
16,16-22: 140
17,7: 48
19,16-18: 218
20,7: 132
20,12: 109
20,19: 73, 74
20,22-23,19: 117
22,20s: 118
23,9-12: 118
23,20: 31
24: 262
24,16: 262
33,7s: 267
33,11: 23, 230, 267
33,18: 24, 230
33,20: 24
33,22s: 230
33,23: 24
34,29-35: 264

Lv
11,44: 103
19,2: 103
19,18: 174
23,43: 268

Num
12: 85
12,3: 84
15,37-41: 65
20,1-13: 213
25,6-13: 159-60

Dt
5,11: 132
6,4s: 65
6,5: 174
6,13: 54
6,16: 48
8,3: 45, 142
11,13: 65
16,14: 221
18,9-12: 22
18,15: 22, 116, 119, 207
18,18: 229
32,8: 161
34,10: 23, 207, 230

1 Sam
15,22: 105
28: 22

2 Sam
7,12s: 284

1 Rs
3,9: 135
12,31: 154
13,33: 154
19,1-13: 73

Is
2,4: 53
5,1-7: 221
6,9s: 169
6,10: 170
8,23: 71
9,1: 71
11,2: 39
11,6: 41, 53
25,6: 217
29,14: 289
40,3: 31
43,3: 282
43,10s: 293
43,16: 296
45,23: 18
49,15: 130
53: 147, 281, 282
53,4-6: 145
53,7: 36
53,10-12: 282
61,1: 39
66,13: 129

Jer
17: 96
17,5-8: 90
17,7s: 76

Ez
9,4: 89
9,9: 89
34-37: 236
34,13: 236

34,15-16: 236
37,15-17: 244
37,21s: 244
47,1: 215
47,1-12: 215

Os
6,6: 105
11,1-9: 183
11,2: 183
11,6: 183
11,8s: 183

Am
9,11s: 29

Jon
1,12: 33

Miq
4,1-3: 53

Hab
2,4: 103

Zc
9: 85
9,9s: 84, 204
12,10: 237
12,11: 237
13,1: 215, 237
13,7: 237, 238
14,8: 215

Mal
3,1: 31

Sl
1: 76, 90, 96
2,7s: 256, 260, 284
2,9: 286
15: 95
17,14s: 189
22,7: 191
23: 245
23,4: 236
23,2: 240
23,5s: 240
24: 94, 96
24,3s: 94
24,6: 94
27,8: 19
33,15: 128
37,11: 83
40,7: 283
40,7-9: 138
44,15-23: 187
47: 65
69,10: 203
73,3-11: 188
73,13s: 188
73,22: 188
73,23: 189
73,25: 189
73,28: 189
76,20: 296
80,18: 225

80,9-13: 222
80,16-20: 222
91: 48, 49
91,11s: 41, 46, 55
93: 65
95,9: 173
96: 65
97: 65
98: 65
99: 65
104,14s: 217
106,16: 258
110: 221, 256, 282
118: 282
118,22s: 224
118,27: 268
119: 231

Jó
9,8: 296

Pr
9,5: 231
21,18: 282

Cant
2,15: 222
7,13: 222

Dn
7: 282
7,4: 276
7,13s: 277
9,23: 92

1 Cr
22,9s: 87

2 Cr
1,11: 135

1 Mac
2,17-28: 160

Sab
2,16-20: 282
2,18: 43

2. Novo Testamento

Mt
3,14: 33
3,15: 33, 34
3,18: 37
4,1: 40
4,2: 42
4,3: 43
4,4: 45, 142
4,10: 54
4,11: 55
4,12-25: 71, 72
4,15s: 71
4,17: 71
4,4:45
5,1: 72
5,3: 82
5,3-12: 79
5,5: 83, 176
5,6: 92
5,8: 93, 289
5,9: 87
5,11: 73, 91
5,17s: 76
5,17-19: 101
5,17-7,27: 99
5,20: 69, 101, 119
5,21-48: 76
5,23s: 144
5,44s: 127
6,25: 138
6,28s: 82
6,33: 126, 134

7,9s: 127-128
7,28: 101
8,19: 278
8,20: 79
9,17: 163
9,35: 57
9,38: 154
10,1: 156, 158
10,33: 279
11,10: 31
11,12: 67
11,25ss: 287
11,25-30: 106
11,27: 287
11,28-30: 106
11,29: 79, 84
12,4-8: 105
12,28: 66
12,39s: 191
12,46-50: 110
12,8: 275
13,24-30: 67
13,33: 62
13,44ss: 67
14,13-21: 229
14,22-33: 258
14,33: 297
15,32-38: 229
16,13s: 155
16,13-20: 247
16,16: 252, 258, 299
16,17: 253

16,21-28: 247
16,22: 52, 256
17,1: 261
17,1-3: 247
17,2: 264
18,23-35: 144
19,21: 103
19,30: 176
21,4s: 85
21,28-32: 180
23,2: 72
23,9: 132
25,31-46: 278
26,31: 237
26,39: 34, 138
26,42: 138
27,16: 51
27,40: 43
28,16: 49
28,18: 49, 263
28,19s: 38, 50, 245

Mc
1,13:55
1,2: 31
1,5: 31-32
1,9: 32
1,11: 269
1,13: 40, 55
1,14s: 57
1,15: 66, 68
1,22: 101, 280
2,5: 280
2,10s: 280

2,18s: 220
2,22: 163
2,27s: 104, 275
2, 28: 280
3,13: 154
3,13-19: 153
3,14s: 154, 156
3,17: 34
3,34s: 112
4,1-20: 166
4,3-9: 62
4,10: 165
4,12: 169
4,26-29: 62
4,30-32: 62
4,41: 297
6,32-44: 229
6,37: 139
6,45-52: 296
6,50: 296
6,51: 296
8,1-10: 229
8,27: 249
8,27-30: 247
8,28: 271
8,29: 252
8,31: 282
8,31-9: 247
8,33s: 239, 252, 256
8,38: 279
9,1: 269
9,2: 261, 263
9,2-13: 247
9,3: 264

9,5: 267
9,6: 267
9,7: 207, 269
9,9-13: 266
9,13: 266
10,19: 76
10,38: 34
10,45: 281
12,1-12: 171, 222, 282
12,9: 223
12,17: 29
12,35-37: 221
13,24-27: 278
14,33: 263
14,61: 200, 256
14,62: 273, 278
15,7: 51

Lc
1,5: 28
1,76: 31
2,1: 28
2,14: 88
2,19: 205
2,26: 257
2,51: 205
3,1s: 29
3,21: 33
4,3: 43
4,18: 39
4,32: 101
5,5: 257
5,8: 257, 296
5,10: 160

5,39: 163
6,5: 275
6,12s: 154
6,17s: 75
6,20s: 75, 76, 82
6,24-26: 96
7,27: 31
8,1-3: 162
8,3: 162
9,10b-17: 229
9,18: 250
9,18-21: 247
9,19s: 124
9,20: 252
9,22-27: 247
9,23: 248
9,28s: 124, 261
9,28-36: 247
9,29: 264
9,31: 265
9,52s: 175
9,58: 278
10,1-12: 161
10,21s: 287
10,25: 174
10,25-37: 174
10,30: 178
10,42: 128
11,1: 124
11,9-13: 139
11,13: 128, 228
11,20: 68
11,22: 35
11,29s: 191

12,8s: 279, 280
12,16ss: 167
12,50: 34
13,20: 62
15,1s: 180
15,2: 185
15,11: 180
15,11-32: 179
15,17: 181
15,20: 183
15,22: 265
15,29: 184
15,31: 129, 185
15,32: 182
16,1ss: 167
16,9: 268
16,17: 76
16,19-31: 187
17,20s: 67
17,21: 66
17,24s: 279, 280
18,9-14: 69
19,30: 85
22,31s: 248
23,19: 51
23,25: 51
23,34: 144
23,35: 257
24,25s: 53, 71
24,26s: 270

Jo
1,4: 241
1,14: 268

1,16-18: 207
1,18: 25, 197, 230, 288, 290
1,29: 35-36, 238
1,30s: 68
1,30-33: 31
1,35: 196
1,40: 196
1,45: 206
1,47: 66
1,51: 55, 155, 210
2: 224
2,1: 218
2,1-12: 217
2,7: 160
2,13-25: 207
2,17: 203
2,21: 215
2,22: 204
3,5: 210
3,16: 290
3,36: 241
4,14: 210, 297
4,23: 124
4,34: 113, 137, 232
5,1: 207
5,46: 206
6,4: 207
6,1-15: 229
6,14: 229
6,16-21: 296
6,26: 231
6,28: 232
6,33: 232
6,35: 232, 297

6,44: 289
6,51: 233, 241
6,53: 233
6,60: 74
6,63: 143, 234
6,68s: 248, 258
6,69: 252
7,37s: 213, 292
7,38s: 207, 214, 297
7,40: 292
7,52: 292
8,14: 292
8,19: 292
8,23: 292
8,24: 292
8,25: 292
8,28: 294
8,39: 295
8,41: 295
8,56: 295
8,58: 206, 295
9,7: 211-212
10,1s: 239
10,3s: 239, 242
10,7: 238
10,10: 214, 240, 245, 297
10,11: 241
10,14s: 242, 243
10,16: 245
10,17s: 241
10,22: 208
11,25: 241
11,45-53: 191
11,52: 226, 245, 281

12,1: 208
12,8: 217
12,14s: 204
12,15: 85
12,16: 204
12,21s: 160
12,24s: 45, 170, 234, 249
12,32: 170
13,1: 68, 78, 127, 227, 283, 290, 294
13,4s: 212
13,23: 196
13,25: 196
14,8s: 128
14,9: 26, 294
15: 221
15,1-10: 217, 227
15,26: 213
16,10: 213
16,13: 205
16,24: 298
16,25: 171
17,6: 133
17,10: 129, 185, 290
17,26: 228
18,15s: 196, 198
18,40: 51
19,26: 196
19,34: 199, 212, 216, 238, 297
19,35: 196, 203
19,36: 36, 238
19,37: 238
20,2-10: 196
20,28: 260
21,7: 196

21,15-17: 239
21,15-19: 248
21,19: 239
21,24: 196

At
1,8: 155, 245
1,21s: 155, 254
2,37: 294
2,41: 295
5,29: 29
7,56: 273
13,32s: 285

Rm
2,15: 136
5,8: 184
6: 34
6,12: 60
8,15: 291
8,19: 41
8,26: 123
8,31-39: 151
8,36: 187
13,1-7: 286-287

1 Cor
1,18s: 289
1,23s: 270
1,26-29: 289
3,18: 289
4,9-13: 77
5,7: 36
6,17: 283

7,29s: 83
8,5s: 157
10,3s: 213
10,13: 149
15,26: 90
15,26-28: 136
15,28: 287
15,45: 234
15,45-49: 283
15,48: 283

2 Cor
1,19s: 225
1,20: 282
4,4: 129
4,8-10: 77
4,11: 78
5,18-20: 283
5,20: 88, 185
6,8-10: 77

Gl
1,11s: 253
1,11-17: 254
1,15s: 253
1,18s: 254
2,2: 254
2,7: 253
2,9: 254
2,20: 78-79, 95
3,28: 135-136, 283
4,6: 291
5,1s: 99
5,13: 99, 114

6,2: 99

Ef
3,14s: 132
6,10-12: 157

Fl
2,5: 95, 125
2,5-10: 279
2,6: 255-256
2,7s: 256
2,6-9: 96
2,6-11:17

Cl
1,15: 129

2 Tm
2,13: 225

Hb
1,2: 287
1,8: 287
2,17s: 40
2,18: 147
3,6: 287
4,15: 40, 147
5,7: 138
5,8: 287
7,28: 287
9,11-24: 25
10,5s: 138, 233, 283
11,26: 141
13,12: 191

Tg
1,13: 146

1 Pd
1,19: 36

1 Jo
1,1s: 203
5,6-8: 212
4,7: 78
4,16: 78
4,19: 179

2 Jo
1,1: 199

3 Jo
1,1: 199

Ap
1,1: 197
1,4: 197
1,5: 29
1,7: 280, 295
2,5: 224
2,17: 121
5,6: 36
7,9: 265
7,13: 265
7,14: 265
12: 150
12,10: 147

3. Documentos do magistério

Divino afflante spiritu: 12

Dei Verbum
n. 12 12

A interpretação da Bíblia na Igreja: 12

O povo judeu e a sua Escritura Sagrada na Bíblia cristã: 12

Índice onomástico

Abel, 180
Abihu, 263
Abraão, 27, 29, 42, 54, 65, 75, 85,
    100, 109, 111, 112, 132, 190, 191,
    206, 290, 295
Adam, Karl, 9
Agostinho, Santo, 183, 214, 228
Amós, 118
Ana, 80, 92
Anás, 28, 29
André (apóstolo), 160
André (irmão de Simão), 160
Antão, Santo, 81, 149
Antíoco, 160
Arão, 258, 263
Aristion, 199
Artus, Olivier, 118
Augusto, Caio Júlio César Otaviano,
    28, 29, 87, 249, 287

Barrabás, 50, 51, 259
Barrett, Charles K., 225

Bento, São, 123
Bernardo de Claraval, São, 89
Biser, Eugen, 158
Bloch, Ernst, 62
Boismard, Marie-Emile, 198
Broer, Ingo, 201
Buber, Martin, 134
Buda, 251
Bultmann, Rudolf, 58, 62, 194,
    195, 206

Caifás, 28, 29
Caim, 180
Cangh, Jean-Marie van, 261
Cazelles, Henri, 198
Cipriano, São, 124, 139, 143, 148,
    149, 151, 214
Cirilo de Jerusalém, São, 35
Cléofas, 89
Colson, Jean, 198
Confúcio, 251
Crüsemann, Frank, 118

Daniel, 65, 92, 276, 281-283
Daniélou, Jean, 261, 267, 268
Daniel-Rops (pseudônimo de Henri Petiot), 9
Dante Alighieri, 35
Davi, 21, 27-29, 87, 103, 105, 215, 237, 284
Delp, Alfred, 45
Dodd, Charles H., 168, 169
Dschullnigg, Peter, 200

Efrém, Santo, 214
Elias, 73, 250, 264-267, 271
Elliger, Karl, 84, 238
Esaú, 180
Esbroeck, Michel van, 261
Estêvão, 273
Eusébio de Cesareia, 199
Ezequiel, 88, 89, 215, 236, 237, 244

Filipe (apóstolo), 128, 160, 206
Filipe (irmão de Herodes), 28
Fílon de Alexandria, 220, 221, 241
Francisco de Assis, São, 81-83, 98
Francisco Xavier, São, 148

Gandhi, Mohandas Karamchand, dito Mahatma, 117
Gese, Hartmut, 262, 267, 269
Gnilka, Joachim, 46
Goethe, Johann Wolfgang, 287
Gregório de Nissa, São, 268
Grelot, Pierre, 179, 183, 184, 186, 252, 253, 255, 256

Guardini, Romano, 9, 38

Hampel, Volker, 282
Harnack, Adolf von, 26, 61, 108, 116
Heidegger, Martin, 62
Hengel, Martin, 194, 195, 200, 202, 203
Herodes, 28, 29, 30, 195, 249, 250
Hipólito, Santo, 214

Irineu de Lião, Santo, 183, 197, 214
Isaac, 54, 109, 111, 112, 132, 180, 263
Isabel, 80, 92
Isaías, 18, 31, 36, 39, 41, 103, 118, 169, 170, 218, 222, 223, 225, 226, 281, 294
Ismael, 180

Jacó, 54, 55, 109, 111, 112, 132, 137, 155, 161, 180, 210
Jaspers, Karl, 251
Jeremias, 76, 96, 250, 251, 271
Jeremias, Joachim, 36, 165-169, 179, 190, 291
Jerônimo, São, 141, 214
Jó, 147-149, 297
João (presbítero), 199, 200
João Batista, São, 27, 28, 30-33, 35, 36, 38, 57, 250, 266, 271
João Crisóstomo, São, 35, 139
João Evangelista, São, 78, 89, 160, 175, 197-201, 205, 206, 211-215, 221, 225, 226, 233, 238, 248, 254,

ÍNDICE ONOMÁSTICO

258, 261-263, 297
Jonas, 33, 191, 253
José (filho de Jacó), 180
José de Arimateia, 189
José (pai de Jesus), 80, 92
Judá (filho de Jacó), 155, 244
Judas Iscariotes, 30, 88, 159
Judas, o galileu, 29
Jülicher, Adolf, 165-167, 274
Justino, São, 214

Kolvenbach, Hans-Peter, 126, 139
Kuhn, Helmut, 176

Lázaro, 96, 167, 173, 187, 188, 191
Lewis, Clive Staples, 235
Lia, 109
Loisy, Alfred, 58
Lubac, Henri de, 156
Lucas, São, 27, 28, 39, 41, 42, 74-77, 81, 87, 96, 124, 126, 128, 153, 154, 162, 163, 173, 205, 228, 248-250, 252, 254, 257, 261, 264, 265, 275, 278, 279

Marcião, 116
Marcos, São, 31, 40, 55, 57, 58, 155, 159, 169, 248, 249, 252, 253, 255, 256, 273-275, 280, 281, 290-291, 296
Maria (mãe de Jesus), 51, 80, 89, 92, 205, 217-219
Maria de Magdala, 89
Marx, Karl, 178

Matatias, 160
Mateus, São, 27, 28, 33, 41-43, 51, 71, 72, 79, 81-83, 85, 88, 90, 100, 101, 106, 121, 124, 125, 160, 237, 245, 247, 249, 250, 253, 254, 256, 264, 275, 279, 287
Melquisedec, 221
Messori, Vittorio, 51
Miqueias, 118
Moisés, 21, 23-25, 38, 42, 48, 53, 54, 72-75, 84, 99, 101, 103, 112, 116, 132, 133, 206, 207, 211, 213, 214, 229-231, 260, 262-267, 269, 284, 291, 292
Moltmann, Jürgen, 62

Nadab, 263
Natanael, 155, 206, 210
Neusner, Jacob, 75, 101-111, 113, 115, 117, 259
Newman, John Henry, cardeal, 145
Nicodemos, 189, 210
Nietzsche, Friedrich, 97, 98
Norden, Eduard, 292

Orígenes, 51, 59, 60, 68, 141, 214
Oseias, 118, 183

Papias de Hierápolis, 199
Papini, Giovanni, 9
Paulo, São, 34, 36, 41, 77, 78, 80, 87, 92, 98-100, 111, 113, 114, 116, 132, 149, 151, 156, 157, 162,

165, 185, 213, 225, 233, 234, 253-255, 270, 282, 283, 285, 287, 289, 291
Pedro, São, 18, 52, 53, 88, 124, 155, 160, 196, 197, 200, 239, 247-250, 252-261, 263, 264, 267, 268, 271, 272, 294, 296, 299
Pesch, Rudolf, 195, 269
Pinchas, 159
Platão, 91
Plotino, 287
Pôncio Pilatos, 28, 29, 50, 51, 259

Raquel, 109
Rebeca, 109
Rech, Photina, 210
Riesenfeld, Harald von, 268
Ruckstuhl, Eugen, 200

Salomão, 82, 87, 135
Samuel, 22
Sara, 109
Saul, 22
Schlier, Heinrich, 157
Schnackenburg, Rudolf, 10, 11, 18, 213, 214, 282, 295, 297
Schneider, Reinhold, 127, 136, 145
Schönborn, Christoph, 235
Schweitzer, Albert, 61

Schweizer, Eduard, 292
Simão, 160, 239, 253, 257
Simão, o zeloso, 30, 159
Simeão, 80, 92, 257
Smith, Charles W. F., 167
Sócrates, 251
Solowjew, Vladimir, 46, 47, 52
Stein, Edith, 93
Stuhlmacher, Peter, 199-200

Teófilo di Antioquia, 94
Teresa de Calcutá, madre, 98
Teresa de Lisieux (Marie-Françoise -Thérèse Martin), 80, 149
Tertuliano, 210
Tiago, São, 146, 160, 175, 200, 254, 261, 263

Weiss, Johannes, 61
Wilckens, Ulrich, 197
Willam, Franz Michel, 9
Winandy, Jacques, 198

Zacarias (pai de João Batista), 80, 92
Zacarias (profeta), 84-86, 215, 237, 238
Zebedeu, 198, 199
Zimmermann, Heinrich, 293, 296